普通高校经济管理类应用型本科系列规划教材

公关与礼仪

主　编／管　琳
副主编／谢晶晶　李冬敏
编　委／管　琳　姚　垚　冯一纲
　　　　洪　虹　谢晶晶　李冬敏
　　　　郑嬗婷

中国科学技术大学出版社

内 容 简 介

本书根据经济管理类专业实践性强的课程特点和教学要求,把"公共关系学"和"礼仪"两部分融合在一起进行编排,主要包括公共关系理论与实务、现代礼仪规范以及公关与礼仪实训等内容。如此编排既阐述了公关与现代礼仪的理论框架,又论述了公关与现代礼仪的基本内容,并且把"以素质和能力培养为本"作为教学的依据和主线,把公关技巧和礼仪规范的详细要点细致、准确地编写出来,使教材的内容既能丰富学生的知识结构,又能提高学生的公共关系素质和公共关系技能。

图书在版编目(CIP)数据

公关与礼仪/管琳主编. —合肥:中国科学技术大学出版社,2019.1
ISBN 978-7-312-04604-9

Ⅰ. 公⋯　Ⅱ. 管⋯　Ⅲ. 公共关系学—礼仪　Ⅳ. C912.32

中国版本图书馆 CIP 数据核字(2018)第 271290 号

出版	中国科学技术大学出版社
	安徽省合肥市金寨路 96 号,230026
	http://press.ustc.edu.cn
	http://zgkxjsdxcbs.tmall.com
印刷	安徽省瑞隆印务有限公司
发行	中国科学技术大学出版社
经销	全国新华书店
开本	787 mm×1092 mm　1/16
印张	16.75
字数	429 千
版次	2019 年 1 月第 1 版
印次	2019 年 1 月第 1 次印刷
定价	42.00 元

前　言

公共关系是一门以建立组织与公众之间良好的沟通关系、树立组织的良好形象为宗旨的现代管理科学。公共关系还是社会组织自身与决定其成功的相关公众，建立和维持良好关系而发挥的一种独特的管理功能。尤其是进入21世纪以来，网络媒体的兴起使得公共关系有了更加便利的沟通平台，也因此获得了更好的发展契机。如今公共关系学已被广泛应用于各个领域，在塑造组织形象、协调公众关系以及处理危机事件等方面体现出无可替代的价值和作用。中国古话说，"国之交在于民相亲"，和谐的基础在于人与人之间的了解、理解与合作。随着人与人之间、社会组织与社会组织之间、社会组织与个人之间的社会联系日益广泛、复杂化，需要我们转变传统、狭隘、落后的"关系"观念，增强人们在市场经济条件下的现代社会生活中所需要的诸如变革、开放、互补、适应、协调等观念，有效地运用公共关系学的原理，来拓展合作关系，加强竞争能力。

在新时代中国特色社会主义市场经济发展的新阶段，市场竞争日趋激烈，人民生活水平不断提高，国家实力日益增强，这些都标志着全面建成社会主义现代化强国和实现中华民族伟大复兴的时代已经到来。在这种大环境下，不论是政府、企业还是个人，都已经十分清楚地意识到公共关系的重要性。可以说，任何一个社会组织在生存发展的过程中都离不开公共关系，都必须加倍重视公共关系。

公关与礼仪是一门应用性、实践性很强的课程，通过教学旨在丰富学习者的知识结构，提高学习者的公共关系素质和公共关系技能，了解和理解公共关系的基本概念、基本原理以及公共关系在组织管理中的职能，掌握组织与公众沟通的过程、手段、方法和技巧。通过学习使学习者具有一定的公关理念，树立良好的组织形象和个人形象意识，熟悉公共关系的内涵，掌握公关危机的处理方法；初步掌握公众常见心理分析，熟悉传播的要素及模式，了解公关礼仪规范，增强学习者的礼仪素养。

公关与礼仪课程理论知识浅显易懂，实际操作点多面广，针对这一特征，本教材从框架体系、章节内容选择、体例格式等方面进行了独创性的设计，力求使其结构体系更合理，知识内容更丰富，实用性、操作性特点更鲜明。本教材特别注重理论联系实际，紧紧抓住其应用性学科的特点对理论问题以简练、通俗的语言阐述，用充足的篇幅介绍了操作性的方法和技巧，尽量做到具体、细致、实用，使学习者能理解并会运用；每章开始设计了"教学目标""重点难点"和"案例导入",让学习者从典型案例切入,明确各章学习重点和核心内容。章节内容中通过"知识小贴士"和"拓展阅读"的设计拓宽了相关知识点的范围和视野,丰富了学习内容。章末的本章精要、即测即评和思考与练习的设计便于学习者对本章的知识总结与回顾。每章后所附的"案例讨论"将公关与礼仪的最新典型案例呈现给学习者,大大增强了启发性和可操作性,能更好地把握公关与礼仪的最新操作方式,引发其更深层的思考。本教材特别增设了"公关与礼仪实训"单元,精心安排了10个实训项目,每个实训项目设计科学、程序清晰、要求明确,具有较强的实用性和可操作性,通过实训可以进一步提高学习者运用公关技巧解决实际问题的能力,提升现代礼仪的素养。总之,本教材事理兼顾、和谐统一、内容翔实、体例新颖、深入浅出,加之新知识、新观点、新方法、新材料、新案例的大量运用,更加引人入胜。

本教材是在编写组认真讨论的基础上,由各位编者共同努力完成的。本书的分工是(按章节编写顺序):李冬敏编写第一、二、三章,洪虹编写第四章,管琳编写第五、七章,姚垚编写第六、十三章,郑嬛婷编写第八章,谢晶晶编写第九、十、十二、十四章,冯一纲编写第十一章。合肥师范学院经济与管理学院院长方小教教授审阅了全稿,并提出了宝贵的意见。

本教材一方面尽可能地反映公共关系学研究与公关实践的最新动态,并且尽可能地把阐述公共关系学的理论与分析公关实践的案例有机结合起来;另一方面,本书有意将着力点放在现代礼仪及公关实践上,以增强其适用性,扩大其使用范围。因而,《公关与礼仪》的适用面较广,既可以作为高等院校经管类专业的教材或参考用书,也可以作为企事业单位员工的培训教材或学习资料。

本教材在编写过程中,参阅了部分国内外同类教材和专家学者的研究成果,在此特别说明,并对相关作者表示衷心的感谢!同时,本教材也得到了中国科学技术大学出版社的帮助,在此一并表示诚挚的谢意!由于编者水平有限,书中难免有不足和疏漏之处,敬请读者批评斧正。

编者
2018年10月

目 录

前言 ……………………………………………………………………………………（ⅰ）

第一单元　公共关系理论与实务

第一章　公共关系基本原理 …………………………………………………………（2）
　第一节　公共关系的内涵 ……………………………………………………………（4）
　第二节　公共关系的职能与原则 …………………………………………………（12）
　第三节　公共关系在中国 …………………………………………………………（17）
　本章精要 / 24　即测即评 / 24　思考与练习 / 26　延伸阅读 / 27
　即测即评答案 / 27　思考与练习参考答案 / 27

第二章　公共关系的四步工作法 …………………………………………………（29）
　第一节　公共关系调查 ……………………………………………………………（30）
　第二节　公共关系策划 ……………………………………………………………（39）
　第三节　公共关系实施 ……………………………………………………………（45）
　第四节　公共关系评估 ……………………………………………………………（48）
　本章精要 / 51　即测即评 / 51　思考与练习 / 53　延伸阅读 / 53
　即测即评答案 / 54　思考与练习参考答案 / 54

第三章　公共关系活动方式 …………………………………………………………（55）
　第一节　战略型公共关系活动方式 ………………………………………………（56）
　第二节　战术型公共关系活动方式 ………………………………………………（61）
　本章精要 / 68　即测即评 / 68　思考与练习 / 70　延伸阅读 / 71
　即测即评答案 / 71　思考与练习参考答案 / 71

第四章　公共关系专题活动 …………………………………………………………（73）
　第一节　新闻发布会 ………………………………………………………………（75）
　第二节　庆典活动 …………………………………………………………………（79）
　第三节　展览会 ……………………………………………………………………（82）
　第四节　赞助活动 …………………………………………………………………（86）
　本章精要 / 90　即测即评 / 90　思考与练习 / 91　延伸阅读 / 92
　即测即评答案 / 93　思考与练习参考答案 / 93

第五章　公共关系危机公关 …………………………………………………………（95）
　第一节　公共关系危机概述 ………………………………………………………（96）
　第二节　公共关系危机管理 ………………………………………………………（99）
　本章精要 / 103　即测即评 / 104　思考与练习 / 105　延伸阅读 / 106

即测即评答案 / 106　　思考与练习参考答案 / 107

第六章　公共关系形象塑造 ………………………………………………（108）
第一节　公共关系形象概述 …………………………………………（109）
第二节　公共关系形象定位 …………………………………………（111）
第三节　公共关系形象设计 …………………………………………（113）
　　本章精要 / 120　　即测即评 / 120　　思考与练习 / 121　　延伸阅读 / 122
　　即测即评答案 / 123　　思考与练习参考答案 / 123

第七章　网络公共关系的崛起 ……………………………………………（125）
第一节　网络公共关系概述 …………………………………………（127）
第二节　网络公共关系的特征 ………………………………………（130）
第三节　网络公共关系的发展 ………………………………………（132）
　　本章精要 / 136　　即测即评 / 136　　思考与练习 / 137　　延伸阅读 / 138
　　即测即评答案 / 139　　思考与练习参考答案 / 139

第二单元　现代礼仪规范

第八章　现代礼仪概述 ……………………………………………………（142）
第一节　现代礼仪简介 ………………………………………………（143）
第二节　公关礼仪 ……………………………………………………（146）
　　本章精要 / 148　　即测即评 / 148　　思考与练习 / 150　　延伸阅读 / 151
　　即测即评答案 / 151　　思考与练习参考答案 / 151

第九章　形象礼仪 …………………………………………………………（153）
第一节　仪表礼仪 ……………………………………………………（154）
第二节　仪容礼仪 ……………………………………………………（161）
第三节　仪态礼仪 ……………………………………………………（167）
　　本章精要 / 175　　即测即评 / 175　　思考与练习 / 177　　延伸阅读 / 178
　　即测即评答案 / 178　　思考与练习参考答案 / 178

第十章　语言礼仪 …………………………………………………………（180）
第一节　交谈的基本要求 ……………………………………………（182）
第二节　谈话的礼貌用语 ……………………………………………（183）
第三节　谈话的语言艺术 ……………………………………………（186）
　　本章精要 / 193　　即测即评 / 193　　思考与练习 / 195　　延伸阅读 / 196
　　即测即评答案 / 196　　思考与练习参考答案 / 196

第十一章　社交礼仪 ………………………………………………………（198）
第一节　见面礼仪 ……………………………………………………（199）
第二节　宴请礼仪 ……………………………………………………（203）
第三节　通信礼仪 ……………………………………………………（209）
　　本章精要 / 212　　即测即评 / 212　　思考与练习 / 215　　延伸阅读 / 215
　　即测即评答案 / 216　　思考与练习参考答案 / 216

第十二章 职场礼仪 ·· (217)
第一节 服务礼仪 ·· (219)
第二节 外贸礼仪 ·· (226)
第三节 教师礼仪 ·· (227)
第四节 政务礼仪 ·· (230)

本章精要 / 236　即测即评 / 237　思考与练习 / 239　延伸阅读 / 240

即测即评答案 / 240　思考与练习参考答案 / 240

第三单元　公关与礼仪实训

第十三章 公关能力实训 ·· (244)
第一节 公关能力实训的作用和意义 ·· (244)
第二节 公关能力实训的要求 ·· (245)
第三节 公关能力实训项目 ·· (246)
　　实训项目一　公共关系调查的组织与实施 ···································· (246)
　　实训项目二　新闻发布会的组织 ·· (247)
　　实训项目三　庆典活动的组织与实施 ·· (248)
　　实训项目四　危机公关 ·· (248)

第十四章 现代礼仪实训 ·· (250)
第一节 现代礼仪实训的作用和意义 ·· (250)
第二节 现代礼仪实训的要求 ·· (250)
第三节 现代礼仪实训项目 ·· (251)
　　实训项目一　形象礼仪 ·· (251)
　　实训项目二　交往礼仪 ·· (252)
　　实训项目三　中餐宴请 ·· (253)
　　实训项目四　电话礼仪 ·· (254)
　　实训项目五　会议服务 ·· (254)
　　实训项目六　应聘礼仪 ·· (255)

参考文献 ·· (257)

第一单元

公共关系理论与实务

第一章　公共关系基本原理

本章知识结构图

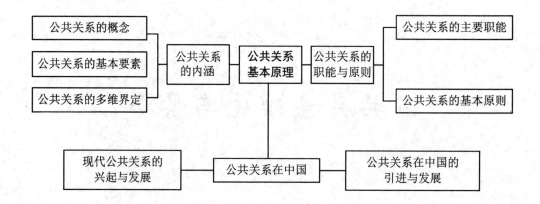

 **学习目标**

知识目标：掌握公共关系的内在含义；理解公共关系的基本要素；熟悉公共关系的基本职能与原则；了解公共关系在中国的发展。

能力目标：能运用所学知识，结合案例和具体实践分析界定公共关系的内涵，并能正确界定公共关系与市场营销、公共关系与庸俗关系的关系。

本章重点：公共关系的基本职能与本质属性。

本章难点：对公共关系科学内涵的正确理解。

 **导入案例**

中国国家形象片亮相纽约时报广场

2011年1月17日，美国纽约时报广场的电子显示屏播出由中国国务院新闻办筹拍的《中国国家形象片——人物篇》。中国各领域杰出代表和普通百姓在片中逐一亮相，让美国观众了解一个更直观、更立体的中国国家新形象。该宣传片从17日开始在纽约时报广场首播，每小时播放15次，从每天上午6时至次日凌晨2时播放20小时共300次，并一直播放到2月14日，共计播放8400次。同时美国有线电视新闻网也从17日起分时段陆续播放该片。中国社会科学院世界经济与政治研究所副所长李向阳对此曾指出："中国到了需要来树立国家形象的阶段。"中国传媒大学研究员李未柠认为，这标志着中国开始更加自信、主动地展示自己的"软实力"，争夺国际话语权，中国国家公关时代已经来临。

思考题一：什么是公共关系？

思考题二：为什么说中国国家公关时代已经来临？

资料来源：据新华网2011年1月18日相关报道整理而成。

案例解读：党的十九大报告指出，实践没有止境，理论创新也没有止境。世界每时每刻都在发生变化，中国也每时每刻都在发生变化，我们必须在理论上跟上时代，不断认识规律，不断推进理论创新、实践创新、制度创新、文化创新以及其他各方面创新。公共关系也需要创新。它是一种科学的现代管理方法，是协调、处理现代组织与公众之间的各种关系，保证事业成功的一门不可缺少的学问。有人曾经把公共关系与技术、管理一起列为现代企业的三大支柱；也有人把公共关系与资金、人才、设备一起列为现代企业的四大支柱；还有人把以电脑为代表的科学技术水平、以旅游为代表的生活富裕程度、以公共关系为代表的经营管理效能并列为一个国家发达程度的三大标志；更有人把公共关系形象地比喻为通行于21世纪的"绿卡"、通向社会主义市场经济的"绿卡"、通向"地球村"的"绿卡"。实践证明，公共关系作为信息沟通、关系协调的柔性管理手段，已经成为一种时代的要求和社会发展的必然趋势。

第一节　公共关系的内涵

一、公共关系的概念

(一)"公共关系"词语的来源

"公共关系"一词来自英语 public relations，英文缩写为 PR。"public"既可以译为形容词"公关的"和"公众的"，也可译为名词"公众"；"relations"可译为"关系"。由于"relations"是"relation"的复数形式，显然，这个"关系"指的是与"众多人"之间的关系，所以"public relations"也可翻译为"公众关系"。但这种"公众关系"既可以理解为"与公众的关系"，也可以理解为"公众间的关系"，对于一个社会组织来说，前者具有单向性，后者则具有无关性。因此，翻译为"公共关系"更容易被人们准确理解。

为了准确把握"公共关系"的含义，必须对它进行科学的分析。那么，究竟什么是公共关系呢？比如北欧航空公司公关部的一位经理在向公共关系培训班的学员讲解什么是公共关系时，这样说道："好比一名青年要追求伴侣，可以有许多办法，大献殷勤就是一种，这不算公共关系，而是推销；努力修饰自己的外貌和风度，讲究谈吐举止，也是吸引人的一种办法，不过这也不是公共关系，而是广告；如果这位青年经过周密的研究思考，制订一个计划出来，而且埋头苦干，以成绩来获得他人的称赞，然后通过他人之口将自己的优良评价传递出去，这就是公共关系了。"显然，这位公关部经理试图通过比喻的形式，向人们说明公共关系的含义，可是这种形象的比喻代替不了科学的定义。

公共关系学是一门涉及管理学、社会学、心理学、传播学、语言学、经济学等多种学科的边缘交叉学科，其实践性很强，产生时间较短，迄今为止还没有一个普遍而统一的定义。

(二)公共关系的表现形式

关于对"公共关系"概念的理解，还可以从不同的角度去分析，使其表现出不同的形式。

1. 公共关系状态

从静态公共关系的角度来看，公共关系首先是一种社会状态，即一个组织所处的公众关系状态和社会舆论状态。从图1.1可以看出，社会组织的公共关系状态是无形的、客观的，任何社会组织都处在一定的公共关系状态中，这种状态是不以社会组织的意志为转移的。这种客观存在的公共关系状态形成了对社会组织有利的或不利的内外环境，对组织的生存和发展起着积极的或消极的作用。

任何一个企业或组织，只要它存在一天，客观上就处在某种公共关系状态之中，创造良好的公共关系状态，防止公共关系状态的恶化，便成了每个组织的公共关系任务。

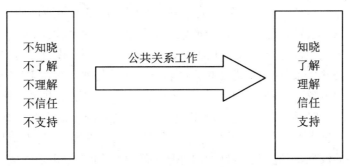

图 1.1 公共关系工作

资料来源：周朝霞.公共关系理论与实务[M].北京：高等教育出版社，2013.

知识小贴士 1.1

形 象

"形象"的概念用于公共关系，是指组织的总体特征和实际表现在公众中的反映，亦指社会上获得的关于其"好坏"的综合评价。一个组织的形象，体现了它的社会关系状态和社会舆论状态的总和。公共关系形成的形象，是一个组织的总体形象，不只是它的产品、品牌或人员的形象。公共关系意义上的组织形象，是特定的组织通过传播与沟通，影响公众观念、态度而形成的。

资料来源：钟育赣.公共关系学[M].北京：高等教育出版社，2016.

2. 公共关系活动

从动态公共关系的角度来看，公共关系又是一种活动或工作。美国普林斯顿大学资深的公共关系教授蔡尔兹认为："公共关系是我们所从事的各种活动、所发生的各种关系的通称，这些活动与关系都是公众性的，并且都有社会意义。"我国《公关员国家职业标准》认为，"公共关系是从事组织机构公众信息传播、关系协调与形象管理实务的调查、咨询、策划和实施的一种实践活动"[1]，其关键词是"信息传播、关系协调和信息管理"。[2] 所以，公共关系活动是一种特殊的社会实践活动。现代社会组织的公共关系活动已发展为一系列专业性、规范性的传播沟通业务，成为组织的一种经营管理操作实务，由专门的职能机构和人员来实施。现代社会组织已经不能仅仅依赖于日常的公共关系活动，而必须在此基础上，开展由公关机构的专业人员实施的有构思、有计划、有监控的公关活动。

3. 公共关系意识

公共关系意识是指人们对公共关系活动的一种自觉的认识和理解，是人们在公共关系实践中形成的影响人们行为倾向的思想或观念，主要包括公众意识、服务意识、形象意识、互惠意识、协调意识等方面。公共关系意识影响和指导着组织决策与行为的价值取向，作用于人们的公共关系活动，从而影响公共关系状态。因此，现代社会组织必须提升公共关系意

---

[1] 郭惠民，居易，等.公关员职业培训与鉴定教材[M].上海：复旦大学出版社，1999：4.

[2] 郭惠民.解码"公共、关系"[J].国际新闻界，2002(12).

识,强化公共关系理念,理性开展公共关系活动,以维护组织形象,塑造人和环境。

4. 公共关系职业

公共关系职业是指专门以提供公共关系方面的劳务而获取报酬的职业,其职能是协调组织与公众的关系,塑造组织良好的社会形象,以促进组织不断发展和完善。公共关系职业产生于1903年,人们通常把美国的新闻记者艾维·李(Ivy Lee)尊为"现代公共关系之父"。事实上,这里的"公共关系"主要是指公共关系职业。正是艾维·李在1903年创办了世界第一家公共关系咨询事务所,并公开对外营业,才使社会上出现了公共关系职业。现在,公共关系职业已成为一种时髦的职业,越来越多能力强、素质高的人加入这一行业,使这一职业的地位得到提高。进入21世纪,公共关系职业得到了快速发展,因为不论是个人还是组织都希望获得更多的信息,创造一个良好的内外部环境,以谋求自身事业的成功。

5. 公共关系是一种管理职能

公共关系可以理解成一种管理职能。美国学者卡特李普(Scott M. Cutlip)和森特(Allen H. Centre)在其合著的《有效公共关系》一书中认为:一个社会组织的成功取决于公众。公共关系是一种管理职能,它能够建立和维护组织与公众之间的互利互惠关系,为组织的成功提供保障。国际公共关系协会认为:公共关系是一种管理职能,它具有连续性和计划性。通过公共关系,公立的或私人的组织机构试图赢得与它们有关的公众的理解、同情和支持,借助对舆论的估价,以调整自己的政策和做法,依靠有计划的、广泛的信息传播,赢得更有效的合作,更好地实现组织与公众的共同利益。美国学者莱克斯·哈罗博士认为:公共关系是一种特殊的管理职能,"它帮助一个组织建立并保持与公众之间的交流、理解、认可与合作;它参与处理各种问题与事件,使管理部门了解民意,并对其做出反应;它确定并强调企业为公众利益服务的责任;它帮助管理层及时了解和有效利用环境变化,以便作为一个早期警报系统帮助预测发展趋势"。

6. 公共关系是一门科学

公共关系学是以公共关系的客观现实和活动规律为研究对象的一门综合性的应用学科,是研究组织与公众之间传播与沟通的行为、规律和方法的一门学科。公共关系学科具有如下特点:首先,它是一门应用性很强的边缘性学科;其次,在理论上它又是一门具有综合性、交叉性的学科,涉及的学科有社会学、哲学、政治学、传播学、管理学、心理学、营销学、伦理学、经济学等,是以传播学和管理学为基础建立起来的新兴学科。这就要求公共关系人员具有广博的知识和多方面的技能,这样才能做好公共关系的实务和应用好相应的技能。

(三)本教材的公共关系内涵

公共关系是指社会组织利用传播、沟通等手段在公众心目中塑造良好形象,以实现社会组织与社会公众共同发展的一门管理科学与艺术。

根据以上分析可以看出,"公共关系"一词从不同的角度理解时往往会有不同的含义。因此,我们在使用"公共关系"这一概念时,应尽量区分它的各种含义,在不同的场合使用不同的术语,以避免因语义不同而导致不必要的混乱。

二、公共关系的基本要素

公共关系主要由社会组织、社会公众和传播沟通三个要素构成,具体如图1.2所示。

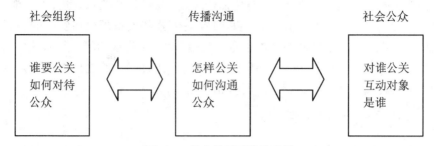

图 1.2 公共关系要素关系图

资料来源：钟育赣.公共关系学[M].北京：高等教育出版社，2016.

从图 1.2 可以看出，公共关系主要有三大要素：社会组织、社会公众和传播沟通。公共关系的主体是社会组织，客体是社会公众，连接主体与客体的媒介是传播沟通。这三个要素构成了公共关系的基本范畴，公共关系的理论研究、实际操作和运行发展都围绕三者的关系层层展开。

（一）公共关系的主体——社会组织

社会组织简称组织，是指由一定的社会成员按照一定的规范、围绕一定的目标聚合而成的社会团体。公共关系的行为主体是组织机构，而非个人，是人们有意识地为实现某个特定的目标、依照一定的结构形式而组成的有机整体。可以说，公共关系活动的发起者和实施者主要是社会组织，无论是营利性组织还是非营利性组织，每一个社会组织都是为了实现与决定其成功的各类公众建立和维持互惠互利的持久关系而开展公共关系活动。

公共关系的主体可以很大，也可以很小，国家、家庭、学校都可以是主体。任何一个社会组织的生存与发展，都需要得到社会的认可、接受和支持，都需要一定的现实条件和环境，因此，需要公共关系管理活动的帮助，创造良好的环境和塑造美好的形象。

（二）公共关系的客体——社会公众

社会公众是公共关系工作的对象，在公共关系工作中是一个特殊的范畴，具有特定的含义。"public"（公众）一词来源于拉丁文"poplicus"或"populus"，意为"社会群体"，它不是泛指社会生活中的所有个人或大多数人，一般是指与社会组织有某种直接和间接联系的个人、群体和组织的总称。公众总是与特定的公共关系主体相关，公众的态度和行为会影响组织的目标、决策和行为；相反，组织的目标、决策和行为也会影响公众的态度和行为，这种相互影响和相互作用具有社会性的意义。

因此，"公众"是任何公关活动不可缺少的一个方面，离开了公众，组织的一切公共关系活动都是毫无意义的。一个社会组织会面对众多的公众，如雇员公众、股东公众、顾客公众、媒介公众、政府公众、社区公众等，这就要求任何组织在计划和实施自己的公关工作时，都必须首先确认和研究自己的公众对象，根据公众对象的特点去制定公共关系工作的目标和计划，随着公众对象的变化去调整自己的公关政策和行为。

（三）公共关系的媒介——双向传播沟通

传播沟通是指社会组织为了实现某个目标而运用传播媒介工具与公众进行信息、思想、观念相互传递的过程。传播沟通包括各种言语沟通、组织传播、公众传播、大众传播的形式，包括各种印刷媒介、电子媒介、实物媒介的技术。

传播沟通是公共关系活动的方式、手段和过程，是公共关系得以建立的法宝，是公共关系的主体与客体互动的桥梁和纽带,没有传播沟通,就没有公共关系,也就不可能建立和完善组织与公众之间良好的关系。传播沟通是贯穿整个公共关系理论与实践的主线,也是公共关系的精髓。组织通过传播将自己的信息传递给公众,使公众知晓、了解、认可组织,公众通过沟通将自己的信息反馈给组织,组织照此调整自己的行为,使之更加符合公众的意愿。通过这种双向的传播与沟通,实现相互调整、相互适应、相互合作。

三、公共关系的多维界定

在公共关系的理论研究和实际操作过程中,由于公共关系与某些传统的具体工作方式、工作内容有相似或交叉之处,公共关系学与某些学科有融合交叉关系,再加上传统观念导致的误解,需要澄清公共关系的正确含义,了解它与其他相关领域的区别。

(一)公共关系与市场营销

1. 公共关系与市场营销的联系

(1)共同的前提条件——商品生产的高度发展。市场营销学的产生,是由于资本主义高度发展,使企业外部环境发生了很大的变化。一方面,买方市场形成,消费者对产品的需求变化很大,条件也越来越苛刻;另一方面,同行竞争也日益剧烈。企业面临这样一种情况,不得不重视"市场",重视"营销",重视企业外部公众——顾客、消费者等。从这一点上看,公共关系学的产生也是同样的,公共关系学也是在商品经济高度发展情况下,企业为争取消费者,不仅要在产品质量、品种技术、价格等方面竞争,更重要的是企业整体形象的竞争。企业为赢得良好的社会舆论,就必须与各方面建立良好关系,即开展公共关系活动。

(2)共同的对象——顾客和消费者。作为工商企业的公共关系,最重要的外部公众是消费者、顾客,这也是市场营销的对象,因此,企业公关对象与市场营销对象是一致的。

(3)共同的指导思想——用户第一、社会效益第一。新的市场营销观念提出,不仅要满足消费者的需要和欲望并由此获得企业的利润,而且要符合消费者自身和整个社会的长远利益,要正确处理消费者欲望、消费者利益和社会长远利益之间的矛盾。公共关系的最高原则是"顾客总是正确的"。它典型地概括了社会组织与消费者的关系状态的最佳效果,而且直接反映了社会组织在处理调节消费者关系时应处于主动地位。虽然任何社会组织都要生存,都要追求效益,尤其对经济组织来说,不能不追求利润、讲究经济效益,但从公共关系的角度来说,一个社会组织不仅要考虑自身的效益,还要注重整个社会的效益,并且只有把个别社会组织的效益同整个社会的整体效益相结合,才能始终处于不败之地。从这个角度来看两者的指导思想是一致的。

(4)相似的传播媒介——大众传播媒介。在公共关系与市场营销的业务活动中,要与对象进行沟通,就必须借助大众传播媒介。现代大众传播媒介可以使社会交往摆脱时空的限制,使市场摆脱国家、地区的限制。在现代化社会中,一个组织无论是从扩大影响的目的出发,还是为扩大产品销路,都离不开大众传播。

(5)相辅相成,关系互补。社会组织通过实施有效的公共关系,与相关公众建立良好的互惠互利关系,构建和谐的发展环境,为市场营销努力做出贡献,为市场营销的实现铺平道路。同样,成功的市场营销和满意的顾客将有助于建立和维护与其他各类公众的良好关系。因此,为了实现组织的目标,社会组织必须对公共关系和市场营销两者都给予关注,它们各自都为建立和维护对于组织生存和发展来说必不可少的众多关系做出了独特而又互补的贡献,无视其中一个,就是在甘冒另一个失败的风险。

2. 公共关系与市场营销的区别

很多人会把公共关系与市场营销这两种管理功能相混淆,即使是在美国等西方国家里,至今也仍然存在着给"公共关系人员"留下的工作空缺。在我国,大多数组织也是将公共关系事务交由营销部门来处理,这两个功能经常没有区别。实际上公共关系与市场营销是两种不同的管理功能,它们的区别也是非常明显的。

(1) 追求目标不同。市场营销以推销产品为目标,是一种纯粹的商业性行为,较多考虑如何实现企业的经济利益。而公共关系是关于一个组织与较为广泛的各种公众的相互影响或制约关系,追求的是组织形象,以实现组织整体效益为目标。

(2) 目标公众不同。市场营销的目标公众主要是客户、消费者。而公共关系的目标公众更广泛,有内部公众(包括员工公众和股东公众)和外部公众(包括顾客公众、媒体公众、政府公众、社区公众、竞争者公众等)。

(3) 工作内容不同。市场营销的工作内容围绕产品的设计(包装、装潢)、商标、商品的价格、促销的方法(可借助于广告的展示、营业推广、人员直接推销、公共关系的策划)以及分销的渠道来展开;而公共关系工作的主要内容则包括收集信息、调查研究、策划、实施、评估等,比营销管理更复杂。所以,公共关系立足于长远,它以塑造良好组织形象为目标,以互惠互利为原则,以真实诚恳为信条,以传播沟通为手段,主要借助于各类型公共关系活动及时跟踪公众需求导向,尽力满足公众需求,保持社会组织与公众之间良好的沟通关系。

(4) 效果评估不同。公共关系的成功与否主要是看企业在社会上的知名度、美誉度。其中,知名度的计算公式是:调查人数知名度=(知晓人数/调查人数)×100%,美誉度的计算公式是:知名人数美誉度=美誉度/知名人数;市场营销成功与否主要看企业的利润、销售额是多少。

(5) 两者使用范围不同。市场营销是企业独有的一种经济活动,而公共关系则适用于包括企业在内的一切社会活动,还可以是政府、学校、医院、教会、研究所、报社等组织。在企业中,市场营销只是企业经营管理的一个方面,而公共关系则贯穿于企业管理的全方位、全过程。在这一点上,公共关系学比市场营销学有更广泛的社会性,学科应用范围更广阔。

(二) 公共关系与广告

广告,是指广告主通过一定媒体,传播以事实为依据的信息的传播手段。它是指为了推销产品或服务,借助报刊、广播、电视等传播媒介,面向消费者开展的宣传活动。

公共关系与广告有紧密联系。公共关系作为一门塑造形象的艺术,要充分利用传播手段,向社会公众展示本组织的产品、服务和员工风貌,公共关系运用广告做形象宣传时就形成了公共关系广告。正因为公共关系与广告在传播工具、传播对象等方面有相似之处,有人把公共关系误认为免费广告,实际上,两者的区别还是显而易见的。

(1) 目标不同。商业广告的目的是销售产品和推销服务。公共关系的目标则是要通过各种传播媒介在公众心目中树立组织形象,引起公众对本组织的好感和信任,得到公众的理解和支持,使组织或企业有一个生存和发展的良好环境。从这个意义上来讲,公共关系更具有战略性,更能影响公众。

(2) 传播方式不同。广告可以利用的媒介是比较有限的,而公共关系既可以利用大众传播媒介,又可以利用人际交往等媒介,其影响范围和活动空间更为广阔。

(3) 传播周期不同。一般来说,广告的传播周期是短暂的,短则十天半月,长则数月一年,通常不会太长,而且具有比较明显的季节性、阶段性;而公共关系的传播周期是长期的,其任务主要是树立整个企业的信誉和形象,这绝不是一件容易的事,它需要公共关系通过有计划、有步骤、长期的甚至是永久性的不断努力才能奏效。

(4) 公共关系广告不同于一般的商业广告。公共关系广告仍属于公共关系的范畴,不是商业广告。公共关系广告只能以信息的真实性、客观性为基础,宣传组织形象,而不能采取一般商业广告的艺术夸张和渲染手法。

(5) 效果不同。通常来说,广告的效果是直接的、可测的,其经济效果是显而易见的,且某则广告的效果又往往是局部的,只影响到某个产品或某项服务的销路,因此,广告的效果又是局部性的、战术性的。而公共关系的效果则是战略性的、全局性的。一个企业如果确立了正确的公共关系思想,并开展了成功的公共关系工作,取得的效益应该是包含政治、经济、社会等各方面效益的社会整体效益。一般来说,这样的整体效益是难以通过利润来直接衡量的。

(三) 公共关系与宣传

宣传,是指社会组织有意识地把某种观念、意见、态度和情绪,以及风俗、信仰传播于社会的一种有意控制社会心理的活动。公共关系与宣传的联系主要表现在:两者本质上都是一种传播过程,并具有一些共同的活动特点,比如两者都必须以一定的传播对象为活动的指向,都需要借助各种新闻媒介作为工具,都必须了解受众的需求与希望等。另外,两者的工作内容有时也是相同的,比如每个组织都有团结内部成员,增强群体凝聚力、向心力,荣誉感等方面的任务,这既是组织内部宣传工作的内容,也是组织内部公共关系工作的目标。

公共关系与宣传也是有区别的,宣传仅仅是公共关系工作的一个重要工具。宣传是为特定目的而有意识进行的传播活动,其目的可能是为了推销产品,也可能是为了传播某个信息,灌输某种观念。而公共关系的目的则是为赢得社会公众的广泛理解、信任和支持,是为了建立组织的美好形象;一般宣传只是一种单向的传播、教育和灌输,而公共关系则强调双向的交流、沟通和理解,既有宣传又有征询;一般宣传强调的是"如何说",而公共关系更强调"怎样做",是以实在的服务、实在的工作、实在的形象来赢得公众的,因此,公共关系宣传是建立在客观事实基础上,通过传播媒介和事实本身一起向公众宣传。可见,公共关系需要宣传,但不仅仅是宣传。

(四) 公共关系与庸俗关系

有人一听公共关系就联想上庸俗关系,认为公共关系就是叫人"花言巧语,搞不正之风"。其实这是一种极大的误解。庸俗关系是指日常生活或经济交往中,利用金钱或职权,"拉关系""走后门""套私情",为个人谋取好处等不正当的人际交往活动。实际上,这两者的性质是完全不同的,公共关系与庸俗关系有着本质上的区别。

1. 两者的对象不同

公共关系学的对象是社会组织同各种社会公众之间公开的、正当的社会关系。而庸俗关系主要是各种偷偷摸摸、躲躲闪闪、见不得人、搞不正之风的私人关系。

2. 两者产生的基础不同

公共关系是商品经济高度发达、现代民主制度不断发展、信息手段十分先进的产物;庸俗关系则是在封闭落后的经济条件下,生产力不发达、市场经济发育不完善、物质供应不充足的产物,带有浓厚的血缘、地缘色彩。

3. 两者的理论依据不同

公共关系以现代科学理论为指导,按照正确的目标、科学的方式、规范的组织形式、严格的工作程序和道德准则来进行;庸俗关系则建立在市侩经验的基础上,其方法是险恶的权术,奉行的是"人不为己,天诛地灭"的信条。

4. 两者运用的手段不同

公共关系主要是通过正式渠道,采取大众传播或人际传播等手段,并公开地进行活动,其活动是正大光明的,是社会组织与社会公众之间的正当联系。庸俗关系是个人之间的不正当联系,是私人之间相互利用的一种不正当的活动。其参与者尽量掩盖其所作所为,进行幕后交易。如通过奉承拍马、内外勾结、营私舞弊、行贿受贿等庸俗手段,进行暗中拉关系、谋私利的活动。这些活动不能在公众场合下公开进行,只能在暗地里偷偷进行。

5. 两者追求的目的不同

公共关系以建立良好的组织形象、提高知名度与美誉度、维护组织与公众双方的合理利益为目标,恪守公正诚实、信誉至上的原则,从而使组织获取较好的社会效益与经济效益;庸俗关系则是通过各种卑劣手段来达到谋取个人私利的目的,如搞些紧俏商品、买些便宜货、谋个好职位、在竞标中搞到竞标项目等。前者是为公共利益而奋斗,后者只是为个人的私利而投机钻营。

6. 两者产生的效果不同

公共关系是指把组织利益与公众利益有机地结合,谋求双方的共赢,有利于组织,也利国利民;为社会创造一种以诚相见、讲求信誉、提高声望的良好风气;有利于形成和谐、友善、正常、健康的人际关系;有利于提高社会文明程度,促进社会的发展。庸俗关系则是指损公肥私,以权谋私,害人害己,祸国殃民,这种庸俗关系败坏了社会风气,给建立正常的公共关系和人际关系造成了困难。

(五) 公共关系与人际关系

在心理学体系中,人际关系被定义为人与人在交往过程中建立起来的直接的心理上的联系。社会学将人际关系定义为人们在生产或生活活动中建立起来的一种社会关系,是人与人之间交往关系的总称。人是社会中的人,人际关系对每个人的情绪、生活、工作有很大的影响,对组织的行为、沟通、运作、效率以及个人与组织之间的关系均有极大的影响。

公共关系与人际关系两个概念联系密切。人际关系是公共关系的一个侧面,是公共关系的一个表现。公共关系离不开人际关系,人际关系也离不开公共关系;公共关系通过人际关系来实现,人际关系依附于公共关系。

公共关系与人际关系的区别是多方面的。公共关系的行为主体是组织,人际关系的行为主体是个人;公共关系的对象是公众,人际关系的对象是个人;公共关系是组织的管理职能,是一种主动行为,人际关系是个人的交际技巧,有时表现为一定的被动性;公共关系强调运用大众传播,在大多数情况下是"公"交,而不是私交,其目的是为整体利益,考虑的是长远目标。人际关系局限于人际传播,一般交往中经常有短期行为出现;人际关系具有增进情感沟通、促进信息交流的功能,公共关系要协调组织内外的关系,必然要将人际交往作为一个重要手段。

拓展阅读 1.1

再议"公关第一,广告第二"

自阿尔·里斯的《公关第一,广告第二》这本书出版以来,业界有关公关、广告孰先孰后的争论就从来没有停止过。尤其是近几年,随着企业市场推广需求的日益提升,这种争论颇有些甚嚣尘上的味道。事实上,"公关第一,广告第二"的观点,从来没有把两者对立起来,只是因其职能手段的不同,注定了在营销传播过程当中必须是"公关为先,广告辅之"的逻辑顺序。一些论点施展"乾坤大挪移"的手段偷换概念,大有混淆视听的意味。因此,我们认为有必要对"公关第一,广告第二"的观点再做论述。

公关先行还是广告先行?在时间上,公关先行,广告随后,更符合整合营销传播的思想。在做广告之前,首先运用新闻传播手段,不仅能够帮助企业建立良好的口碑,放大随后的广告效果,而且还可以大大降低传播费用。有时候,公关的效果甚至要远远好于广告的效果,比如正在兴起的城市营销。如今,公关先行的功效正在被市场广泛认可。

此外,由于网络等新媒体的普及,广告和公关的界限越来越模糊,用公关思维做广告也越来越普遍。当然,以上论述,笔者并不是要刻意贬低广告的作用,只是强调在整合市场营销传播当中,"公关为先,广告辅之",两者是相辅相成的。

资料来源:杨为民.再议"公关第一,广告第二"[J].国际公关,2010(6).

第二节 公共关系的职能与原则

公共关系的职能和原则是公共关系学的重要内容。各类社会组织只有在学习和了解公共关系的职能和原则的前提下,才能根据组织内外部的公众环境与公众的特点,自觉地在其原则的指导下,充分发挥公共关系的各项职能,积极有效地开展公共关系活动。

一、公共关系的主要职能

职能是组织和个人所发挥的作用和功能。公共关系的职能主要是指公共关系在组织中担当的职责和所发挥的功能。公共关系的具体目标是塑造组织的形象,为此公共关系具有以下五个方面的职能:收集信息,监测环境;咨询建议,辅助决策;塑造形象,扩大影响;传播沟通,协调关系;危机处理。公共关系的主要职能如图1.3所示。

收集信息,监测环境　咨询建议,辅助决策　塑造形象,扩大影响　传播沟通,协调关系　危机处理

图1.3 公共关系的主要职能

(一)收集信息,监测环境

明确地说,公共关系的一个主要职能是收集信息,监测环境,它包括信息收集及信息沟通等多个方面的内容。现代社会是一个高度信息化的社会。在信息社会中,知识与信息都是重要的战略资源,是竞争力与生产力。在市场经济中,信息已成为一项宝贵的资源,是当今科技发展的三大支柱之一,是构成提高竞争力和创造经济成就的关键因素,这已成为现代社会人们的共识。所以说,信息沟通是公共关系的本质,就是通过双方沟通,有效实现组织与公众之间的信息交流。

广泛地收集信息才能监测环境变化。从刚刚更新工作的角度来看，有三类信息是其职能范围内应当注意优先采集的，这就是产品形象信息、组织形象信息和组织环境信息。产品形象信息主要包括消费公众对产品和服务的质量、价格、性能、款式、包装和用途等各项指标的反映，同时也包括对产品和服务的优点和缺点两个方面的意见和建议。组织形象信息是指组织的整体形象，还反映在公众对组织其他要素的评价上，这些要素主要包括公众对组织机构的评价、公众对组织管理水平的评价，以及公众对组织人员素质的评价。组织环境信息主要包括政策立法信息和市场竞争信息。

信息是管理的前提、决策的基础，是决策选择和制度的最重要依据。世界公共关系协会大会通过的关于公共关系的定义指出，公共关系学是一门分析发展趋势，预测其结果，为组织领导提供决策咨询的科学。公共关系人员只有掌握大量历史和现状的信息，知己知彼，并运用科学的分析方法对信息进行处理，才能具有预先筹备的能力和实现料及的见识。因此，对信息的收集、整理、传递和反馈，是公共关系部门的重要职责。公共关系活动的有效性在很大程度上取决于公关人员能否成功运用现代传播理论和方法、传播媒介和手段，沟通组织和公众的关系，以提高组织的工作效率和知名度。例如，为公关界人士及国际友人所熟知的北京长城饭店，是在成功地接待了美国里根总统后才名扬五洲的。正是长城饭店公共关系人员的成功策划，使长城饭店在全球有了较高的知名度。而这个成功策划的前提和基础，正是该饭店的公共关系人员及时搜集到了里根总统将要访华的重要信息，并且比其他组织提前得知这一消息的。因此，为该店策划和实施这次活动争取了时间，他们通过公关活动，取得了美国驻华使馆的好感和认可，一步步走向成功。这一事例表明，公共关系具有收集信息、监测环境的职能。公共关系活动的基本目的就是通过双向的信息沟通，有效地达成组织与公众之间的信息交流。信息管理已成为公共关系工作的一项主要功能。

（二）咨询建议，辅助决策

咨询建议，辅助决策是指公共关系专业人员向组织领导提供有关公众方面的可靠情况说明和意见，从而使决策更加科学化和系统化，使组织形象更加完善，与公众关系更加和谐。根据英国公关专家杰夫金斯的说法，咨询建议是"专门性的、创造性的服务"。公关人员向决策层提供的咨询一般包括公众的一般情况咨询、公众的专门性情况咨询以及公众心理变化和趋势的咨询。咨询建议，辅助决策是公共关系最有价值的职能，因此，公共关系也被称为"咨询业""智业"。人们经常把公关人员当作"智囊""开方专家"，把公关部当作"思想库"，就是从这个角度讲的。这种职能协助决策者考虑各种复杂的社会因素，平衡各类复杂的公众关系，帮助领导层在决策中将组织的利益和公众的利益结合起来，将组织的近期目标和长远目标统一起来，从而使组织的决策方案具有较强的社会适应性和社会应变力，使决策目标的实现能够赢得良好的社会评价和社会影响。

公共关系的咨询建议，辅助决策职能与信息沟通是密切相关的。获取信息是其前提，没有足够的信息沟通，一切咨询建议都只是空谈。信息沟通只有通过提供有效的咨询和建议，才能发挥其参谋职能，实现其价值。比如，某伞厂生产的一种伞，轻巧美观、价格低廉，但不耐用，用不了多久就散架了。在我国市场销售过程中，这种雨伞被消费者称为"短命伞"。以"经久耐用"为消费观念的消费者难以接受这类产品，因此，这种伞不仅没有销路，而且还坏了名声。正当这家伞厂面临经营危机的时刻，是信息使它转危为安。由于收集到了美国消费市场的信息，厂家了解到"短命伞"正适合美国消费者的需要。对于日常生活用品，美国消费者不讲究"经久耐用"，而崇尚不断更新换代、常用常新。这种伞很容易打入美国市场,并且销量可观,是信息使这家伞厂从"山重水复疑无路"中走出来,迎来了"柳暗花明又一村"。

(三)塑造形象,扩大影响

公共关系活动的目的在于为组织塑造良好形象,以赢得有利于组织生存发展的环境。塑造良好的组织形象不仅涉及企业自身的利益和效益,并且涉及社会公众的整体利益和长远利益。因此,塑造良好形象,应该是每个组织开展公共关系活动要实现的重要职能。塑造形象,扩大影响的职能,即通过各种传播媒介,将组织的有关信息及时、准确、有效地传播出去,争取公众对组织的了解和理解,提高组织的知名度和美誉度,为组织创造良好的社会环境,树立良好的组织形象。

公共关系旨在树立良好形象,强调长远利益,但是,它对营销仍会起到极大的推进作用。"好形象赢得大市场",从这个意义上完全可以说,"公共关系是一种无形的推销术"。当代美国最有影响力的市场营销专家菲利普·科特勒提出了大市场营销观,不仅保留了原有的产品(product)、价格(price)、渠道(place)和促销(promotion)手段四个策略,还增加了两个策略,即公共关系(public relations)和政治权力(political power),由4P变为6P,这就充分地表明公共关系与市场营销的联系更紧密了。例如,北京长城饭店运用"二抢美国总统"的谋略,提高了自己的知名度和美誉度,又采取组织首都百对青年举办集体婚礼的手法来克服中国人的心理误区,消除了公众"中国人进不去"的疑虑和误解。其结果是:公众对长城饭店产生了特殊的感情,形成了无形的形象吸引力。因此,公共关系是一种富有生命力的组织(企业)营销手段。如果企业具有良好的形象,就应该珍惜并予以保护,因为这是经过长期努力才建立起来的,是宝贵的财富。企业一旦建立了良好的形象,就能使组织提高产品和服务的价格,吸引优秀人才,获得资本与贷款,也能理所当然地吸引更多的消费者,这就增强了企业的竞争优势。

塑造组织形象,一般来说可以从两个方面着手:一是扩大组织的知名度;二是提高组织的美誉度。组织的知名度是一个组织及产品和服务为公众所知晓、了解的程度,这是评价组织"名气"大小的客观尺度。知名度是组织开展各项活动的前提。组织的美誉度是一个组织获得社会公众的接受、信任和赞许的标志,这是评价组织的社会影响好坏程度的指标。组织的美誉度是社会组织最宝贵的无形资产。知名度侧重于对组织形象"量"的评价,美誉度侧重于对组织形象"质"的评价。一个组织的知名度高,并不意味着其美誉度一定高;而美誉度高,也不意味着其知名度一定高。因此,组织要塑造良好形象,就必须双管齐下,既要提高组织的知名度,又要提高组织的美誉度。

(四)传播沟通,协调关系

公共关系活动的过程,主要是指组织与公众之间进行传播与沟通的过程。公共关系中的传播沟通,协调关系职能是指组织与其公众在信息传递的基础上相互认知,调整其中的不合理因素,对内提高组织的向心力、凝聚力,对外争取公众的好感和支持,为组织的生存和发展创造一个"人和"环境。

沟通协调既是目的又是手段,具有两重性。公共关系发挥沟通协调职能的领域主要有内部沟通协调和外部沟通协调。组织内部关系是组织生存和发展的基础。公共关系要重视内部协调、沟通的任务,也就是通过建立和完善组织内部的各种沟通渠道和协调机制,促进组织内部的信息及交流,上情下达、下情上达,横向联系,分享信息。这包括管理层与员工的关系,组织内部各个职能部门间的联系,使组织在充分的信息交流和分享的基础上保持和谐状态,以提高组织的向心力与凝聚力。公共关系是一种内求团结、外求发展的经营管理艺术。内部团结是外部发展的前提和保证,公共关系首先要为创造良好的内部人事气氛而努力。在对外交往方面,公共关系承担着组织的"外交部"的繁重任务,要运用各种交际手段和沟通方式,热情地迎来送往,积极地对外联络,为组织开拓关系,广结人缘,为组织的生存和发展减少各种社会障碍,增加各种有利的机会,创造和谐的公众环境。

沟通协调关系旨在使组织与公众相互理解支持,建立信任关系,处于一种和谐的状态。例如,襄阳轴承厂是一个拥有7000多名员工的大型企业。该厂过去因未重视公共关系与人际关系调节手段,吞下过不少苦果。在深化企业改革的过程中,该厂通过公开选聘产生了新厂长。新厂长原是总经济师,干供销工作多年,深知人际关系、公关工作的重要性,任职后第一件事就是到上级机关、当地政府、邻厂进行拜访。平时也注重友好交往,以诚相待。由于改善了人际关系,那些老大难问题得到了妥善解决。襄阳轴承厂为进一步密切与用户的关系,派人到全国各地上门服务,不仅催回了一批陈年拖欠款,还使相互拖欠款大幅减少。在电力、资金、材料三紧的情况下,由于注重了公共关系的处理,企业的发展势头良好。由上可知,襄阳轴承厂新厂长注重人际关系的协调,运用心理、礼仪等柔性手段,先予后取,解决了多年未解决的矛盾。人气理顺了,关系和谐了,企业就得到了迅速的发展。

(五)危机处理

组织危机是指组织与公众发生冲突,或出现冲突事件,使公众舆论反应激烈,组织形象受到严重损害而陷入困境的状况。危机处理包括常见的公关纠纷处理和恶性突发事件的处理。危机是组织生存发展的大敌,若不能及时应对和处理危机,往往会给组织造成重大损失,甚至断送组织的"生命",因此,公共关系将危机处理作为其主要职能和工作重点之一。

公共关系的危机处理职能就是在组织的公共关系严重失调、组织形象受到严重损害时,公共关系部门采取一系列有效措施,做好善后处理工作,配合组织其他部门改善被损害的形象,挽回组织声誉,重建组织形象的职能。英国公关专家弗兰克·杰夫金斯认为:"做事后诸葛亮是容易的,说什么如果我们怎么怎么办,这种事就不会发生。由于管理不善发生事故太平常了。在日常生活中,事故每日每时都在发生。"由此可以看出,隐患随时存在,危机经常可以发生,为此要对危机做好准备。这就是公共关系的危机处理职能,一般被称作危机公关。例如,美国芝加哥地区发生了一起震惊全美国的药物中毒事件:7人由于服用了一种叫作泰诺(Tylenol)的药片而突然死亡。泰诺药片是强生公司的产品。危机出现了,首先是泰诺镇痛药被立即停售。但是,强生公司马上求助于当时美国最大的公共关系公司——博雅公司。博雅公司从1978年起就一直进行泰诺镇痛药的宣传工作。这次它们密切合作,开始了挽救泰诺的工作。由此可见,企业利用公关手段处理公关危机是一项很重要的工作。

二、公共关系的基本原则

为了实现公共关系的目标,公共关系活动过程中必须遵循一定的原则。

(一)真实性原则

真实性原则是指一切公关活动都必须掌握基本事实,诚实守信,主要包含三层含义:一是真实,应该讲真话,不夸大、不缩小事实;二是客观,要尊重事实,依靠事实,不弄虚作假和扭曲事实;三是真诚,对每个公众都要一视同仁,真心相待,坦诚相见。求真务实是一个社会组织科学决策的前提,是其树立良好形象的前提和基础,也是公共关系最终走向和谐的前提。

(二) 公众性原则

公众性原则就是要求社会组织时时处处要考虑自己的行为对公众利益的影响,自觉地保持在组织利益与公众利益一致下发展。社会公众是社会组织的服务对象,也是其发展壮大的决定性因素。因此,从公共关系的性质来看,社会组织不仅要为其目标服务,还要照顾到公众的利益,必须在力所能及的范围内保证特定公众的利益得以实现。只有公众的利益得到满足,组织的利益才能得以实现。

(三) 创新性原则

要做好公共关系工作,必须了解并迎合公众心理,引起公众的兴趣和重视。满足公众心理的一个重要工作原则就是创新。"创新"原意是指创造前所未有的事物,但对于社会组织来说,主要是指能设计或提出有助于组织塑造形象的活动,使公共关系工作充满生机与活力。

公共关系活动讲究借势、造势。社会组织要根据环境的态势与企业的要求设计出新颖独到、令人耳目一新的公共关系活动,才能引起公众对企业及其产品的关注。例如,每年一度的"广交会"历来是全国名牌厂家展示实力、吸引外商的"竞技会"。海尔集团在一次"秋交会"上使出高招,聘请外国留学生做咨询公关小姐。当时"洋公关"出现在广交会上还是头一次。也许是"老乡见老乡"倍感亲切,"秋交会"开幕式过后,"海尔"展台旁挤满了外商。4名洋小姐金发碧眼,温文尔雅,彬彬有礼,操着流利的英语,向客人介绍着本公司的新产品,特别吸引客户的注意。海尔这一新招,可谓收到了事半功倍的效果。在广交会上聘请外国留学生做咨询公关,一方面提高了企业形象,另一方面说明海尔集团具备让自己的产品迈向国际大市场的信心和实力。据了解,海尔在国外同外商做生意时,就实行本土化战略这一绝招。目前该公司在国外的专营店,全部是"老外"替中国人打工——推销海尔产品,在国外占据了一定的市场份额,其公关营销手段可谓独到。

(四) 互惠互利原则

互惠互利是指在公共关系活动中,既要考虑组织本身的利益,也要考虑社会公众的利益,实现双赢。

在市场经济条件下和新时代背景下,任何社会组织的发展,都离不开公众的支持,任何组织都要与公众建立长期友好的合作关系。如果只顾组织自身的利益而不考虑公众的利益,最终将会失去公众,因此,任何社会组织都必须坚持互惠互利的原则。坚持互惠互利原则必须要做到以下三点:一是对公众负责,社会组织要切实解决由组织行为引起的问题,同公众一起承担社会问题的责任;二是实现组织与公众共发展,在满足公众利益需求的前提下,求得组织的生存、发展、壮大;三是公众利益至上,如果组织与公众的利益产生矛盾,必要时需要牺牲组织的眼前利益,满足公众的利益要求,这是公共关系的战略要求,也是对一个组织生存、发展环境的维护。

(五) 全员公关原则

全员公关原则简称"全员PR",是指社会组织中所有工作人员都参与公共关系活动。公关工作的成功,不仅要依靠公共关系专门机构和专职人员去做,而且还需要组织各部门的密切配合和全体员工的共同关心与参与,有利于增强组织全体员工的公关意识,上下齐心,合力搞好公共关系。

一个组织上至最高领导,下至每一个成员,都是公关人员。在公关理论中有一个"唐松定律",即"100－1＝0"。这个定律的意思是说100个员工为组织形象而努力,只要有一个人损害组织的形象,这些努力就可能付之东流。因此,公共关系工作是全方位的,不能脱离组织的其他工作而独立存在,而是要渗透到组织的每一项活动中去,从每一个人做起,人人讲公共关系,人人做公共关系大使。美国IBM公司(国际商用机器公司)的口号是"人人参与销售""人人参与服务"。

拓展阅读1.2

顾客争座时,肯德基怎么办

江西第一家肯德基餐厅落户南昌时,开张数周,一直人如蜂拥,非常火爆,不想一月未到,即有顾客因争座被殴打而向报社投诉肯德基,造成一场不小的风波。事件经过大致如下:一位女顾客用所携带物品占座位后去排队购买套餐时,座位被一位男顾客坐住而发生争执。男顾客大打出手,打伤女顾客后离店,别的顾客也纷纷离座外逃或远远地看热闹。女顾客非常气愤,当即要求肯德基餐厅对此事负责,并加以赔偿。到此时,其影响面还局限于人际范围,如果餐店经理能满足顾客的要求,女顾客就不至于向报社投诉。但餐厅经理表示"这是顾客之间的事情,肯德基不应负责",拒绝了女顾客的要求。女顾客马上打电话向《南昌晚报》《江西都市报》两报投诉。两报立即派出记者到场采访。女顾客陈述了事件的经过并坚持自己的要求,而餐厅经理在接受采访时对女顾客被殴表示同情和遗憾,但是认为餐厅没有责任,不能做出道歉和赔偿。两报很快对此事做了报道,结果引起众多市民的议论和有关法律专家的关注。事后,根据消费者权益保护法,肯德基被认为对此事负有部分责任,并向女顾客公开道歉,赔偿部分医药费,两报也对此都做了后续报道。

资料来源:何伟祥,张百章.公共关系原理与实务[M].大连:东北财经大学出版社,2002.

第三节 公共关系在中国

一、现代公共关系的兴起与发展

(一)巴纳姆时期——"公众受愚弄"时期

现代公共关系萌芽于19世纪30年代,以美国的"报刊宣传运动"为标志。19世纪30年代左右,新闻报刊业在美国得到了社会各界的关注,形成了一场较大规模的"报刊宣传活动"。当时的一些政治组织和公司企业发现利用报刊宣传自己的主张、美化自己的形象有意想不到的效果,于是纷纷雇用一些能在报刊上发表文章的记者和与新闻界有关系的人员为本组织展开宣传,挖空心思"制造新闻"。报纸为了扩大发行量,也推波助澜,以"制造"的"新闻"吸引读者,以离奇的故事引起公众的好奇和对自己的注意。

这一时期,最具影响力的人物是费尼斯·巴纳姆(Phines T. Barnum)。巴纳姆是新闻传播专家,具有很强的吸引公众注意的能力。他的工作信条是"凡宣传皆好事"。他运用自己的才能和技巧,编造荒诞离奇的故事吸引公众的注意和好奇,在制造新闻、愚弄公众方面达到了登峰造极的地步。比如,巴纳姆受雇于一家马戏团时,为了销售马戏团的门票,编造"新闻"说马戏团有一名黑人女仆海斯已经160多岁,曾经哺育过美国第一任总统华盛顿,以此引起了公众的好奇心,公众纷纷要求到马戏团一睹海斯的风采,这为马戏团吸引来大量的观众。实际上,人们通过对海斯尸体解剖,确定她最多不超过80岁,一时舆论哗然。历史上这一事件被称为"海斯事件"。可以说,巴纳姆这种所谓的"宣传"完全不顾公众的利益,忽视了公众的理性,与公共关系的公众利益理念背道而驰,并且这种做法与公共关系的基本要求和道德准则大相径庭。因此,这就使整个巴纳姆时期在公共关系的历史上成了一个不太光彩的时期,有人则称之为"公众受愚弄的时期"或"反公共关系的时期"。

这一时期的公关活动,无论是政治领域反对殖民统治的活动,还是巴纳姆等人运用报刊等大众传播媒介为组织进行宣传、愚弄公众的行为,客观上都促进了传播业的发展,促成了现代公共关系的诞生。

(二) 艾维·李时期——现代公共关系职业化时期

艾维·李(Ivy Lee)是美国佐治亚州一个牧师的儿子,毕业于普林斯顿大学,曾求学于哈佛大学法学院。他早期受雇于《纽约世界报》当记者。1903年,他创办了历史上第一家公共关系事务所,成为第一个职业公共关系人员,这标志着现代公共关系的问世。1906年,他在处理无烟煤矿工人罢工事件时,向新闻界发表了著名的具有里程碑意义的《原则宣言》,全面阐明了他的事务所的宗旨:"我们的计划,是代表企业单位及公众组织,对与公众有影响且为公众乐闻的课题,向报界和公众提供迅速而准确的消息。"这就是所谓企业管理的"门户开放政策"。

艾维·李的公共关系思想的核心就是"讲真话"。他坚守"公众必须被告知"的信条。他认为,一家公司、一个组织要获得好的声誉,就必须把真相告诉公众;如果真相的披露对公司、组织不利,那么就应该调整公司或组织的行为;企业与其员工和社会关系的紧张摩擦,主要是由于企业管理人员采取保守秘密的做法,妨碍了意见和消息的充分沟通。另一方面,他积极协助企业管理人员改革旧的政策和做法,尤其是改善对待员工和公众的态度,使企业的一言一行迎合公众和新闻媒介的要求。

可以说,艾维·李顺应了时代的要求,他以公众需求为出发点,致力于改变无中生有、制造"新闻"的状况,倡导公众利益理念,使公共关系进入了一个"讲真话"的时代,走向了职业化。"公众必须被告知"的命题将"公共利益与诚实"带进了公共关系的领域,使公共关系这门学科从对一些简单问题的探讨上升为探求带有某些规律性的原则和方法,大大推动了这门学科的发展。正由于艾维·李对现代公共关系发展做出的杰出贡献,他被后人誉为"公共关系之父"。

由于时代的局限,艾维·李的咨询指导主要还是凭经验和直觉而进行的,缺乏对公众舆论严密的、大量的科学调查。因此,有人批评艾维·李的公关咨询只有艺术性而无科学性。无论如何,艾维·李作为公共关系职业的先驱者的地位是无可争议的。

知识小贴士1.2

艾维·李的《原则宣言》

在解决无烟煤矿工人罢工问题期间,艾维·李发表了著名的《原则宣言》。

"这不是一个秘密的新闻机构,我们的全部工作都是公开进行的,旨在提供新闻。这也不是一个广告公司,如果认为我们送给你们的资料有任何不准确之处,请不要用它。我们务求资料准确。我们将尽快地提供有关任何受到处理的主题的进一步细节,任何一位编辑、记者在直接核对任何事实的陈述方面,都将愉快地得到我们的帮助。"

"我们的计划是代表企业单位和公共机构,对与公众有影响且为公众感兴趣的课题,坦率并公开地向美国新闻界和公众提供迅速、准确的信息。"

《原则宣言》的精神,后来被概括为"公众必须被告知"(公开)和"诚实地与公众沟通"(说真话)这两个公共关系的原则。

资料来源:钟育赣.公共关系学[M].北京:高等教育出版社,2016.

(三)爱德华·伯纳斯时期——现代公共关系科学化时期

伴随公共关系职业的兴起和实践活动的增多,公共关系开始在理论上有所建树。继艾维·李之后,对现代公共关系发展有重大贡献的是爱德华·伯纳斯。伯纳斯1891年出生于奥地利,次年随父母移居美国。相对艾维·李来说,他更注重公共关系的理论研究,并努力使之形成一个独立的科学体系。1913年,伯纳斯被聘为美国福特汽车公司的公共关系部经理。他为该公司筹划并实施了一系列旨在发展公众福利及社会服务的计划,大大地提高了该公司在公众及社会中的影响,为促进福特公司的发展起了重大作用。第一次世界大战爆发后,伯纳斯参加了"美国公共信息委员会",其具体工作是向国外的新闻界提供有关美国参战情况的背景及解释性材料。

第一次世界大战结束后,他和妻子在纽约开办了一家公共关系公司,开始致力于公共关系的教学和理论研究。1923年,他撰成《舆论之凝结》一书。同年,他在纽约大学开设并主讲公共关系课程。1928年,《舆论》一书出版。1952年,他编撰教材《公共关系学》,该书从理论上对20世纪美国的公共关系实践进行了概括与总结,并使之成果化。这些理论成果为公共关系学科体系的初步形成和建立奠定了基础。

伯纳斯的公共关系核心思想是"投公众所好"。他认为,以公众为中心,了解公众的喜好,掌握公众对企业或组织有什么要求或期望,确定公众价值取向和态度应当是公共关系的基础工作。然后,按照公众的意愿进行宣传沟通,才能做好公共关系工作。

伯纳斯对现代公共关系发展的主要贡献在于,他把公关关系学理论从新闻传播领域中分离出来,并对公共关系的原理与方法进行较系统的研究,使之系统化、完整化,最终成为一门独立完整的新兴学科。可以说,伯纳斯不仅是一位公共关系理论家,同时又是一位公共关系的实践家,他为公共关系教育和学科的发展做出了重要贡献,由此使他享有"公共关系学先驱者之一"的美誉。伯纳斯在公共关系理论上做出的贡献,对于公共关系学科的形成和发展具有划时代的意义。

(四)突飞猛进的发展时期

第二次世界大战之后,公共关系实践和理论的发展进入了一个全新阶段。1947年,美国公共关系学会成立,哈洛博士成为第一任主席。1955年,国际公共关系协会(IPRA)在英国成立。这一时期,以斯科特·卡特里普、阿伦·森特和弗兰克·杰夫金斯为代表的大批公共关系专家和大师,把公共关系推向了一个新的历史发展阶段,无论从实践上还是理论上公共关系都趋向于成熟。其中,卡特里普和森特提出的"双向对称"公共关系模式最具有代表性。

艾维·李的"讲真话"原则,伯纳斯的"投公众所好"原则都是正确的。可是,在实际公共关系运作中,紧靠这些理论还远远不够,因为公众具有个性差异性,而且公众的需求、喜欢、态度及价值观也会随着时间的推移而改变。所以,建立一种适应这种变化的机制,就成为公共关系发展的一大课题。

斯科特·卡特里普1915年生于美国的西弗吉尼亚,1939年获雪城大学学士学位,1941年获威斯康星大学哲学硕士学位,1971年在西弗吉尼亚卫斯理学院获文学博士学位,曾担任过记者、编辑,1941～1942年任西弗吉尼亚公路委员会公共关系主任,1946～1975年历任威斯康星大学副教授、教授、副校长。1952年,斯科特·卡特里普与阿伦·森特共同出版了他们的权威性的公共关系专著《有效的公共关系》[①],论述了"双向对称"的公共关系模式,一方面把组织的行为和信息传递给公众,另一方面又把公众的态度和信息传递给组织,使组织和公众之间达到一种互动的交流状态。至此,公共关系正式进入学科化阶段。一门充满时代特征的、具有强大实用性的新兴学科以其崭新的身姿崛起于学科之林中。

卡特里普说:"本世纪初,公共关系经常被用来保护大企业的利益,抵御新闻部门的攻击与政府的管理。虽然这一时期公共关系有许多积极作用,但它的重点是介绍自己的情况,制定对应策略,影响公众舆论,避免公共政策变化给企业经营活动带来的影响。在这些早期的岁月中人们把公共关系看成是影响别人的一种宣传活动。第二次世界大战后的几十年中,公共关系从早期的概念发展到了包容双向交流、相互作用和组织行为的概念,有关公关的定义中增加了'相互作用''双方''两者之间'这样的字眼。这表明,公共关系已从单向影响发展到了一种公共关系相互作用的观点。"

当今世界,社会政治经济模式日新月异,新思想、新观念不断涌现,任何一个个体组织都会强烈地感受到身处其中的环境的瞬息万变。这就要求组织必须通过"双向对称"的模式去感应这种变化,适应这种变化,不断调整自身的公共关系策略,有效开展公共关系活动,才能立于不败之地。

知识小贴士1.3

斯科特·卡特里普

1952年,美国学者斯科特·卡特里普等出版了《有效的公共关系》一书。在第一版和第二版,首次概括和描述了公共关系的"四步工作法";第六版又从系统论的角度,提出了"调整与适应"这一面向开放系统的公共关系理论模式,促使人们更深刻地理解组织与公众在开放环境中的动态关系,以及公共关系对协调这种关系的积极作用;尤其是关于公共关系"双向传播"模式的论述,在公共关系目标上将组织和公众利益置于同等重要位置,方法上坚持组织与公众之间的双向交流。此书不断再版,被誉为"公共关系的圣经"。

资料来源:钟育赣.公共关系学[M].北京:高等教育出版社,2016.

弗兰克·杰夫金斯是现代公共关系著名的代表人物之一,英国公共关系专家,早年主攻经济学,大学毕业后曾在伦托基尔公司从事公共关系工作,主要负责处理科技公关事务。1968年他在英国开办了公共关系学校,并亲自讲授公共关系学、广告学、市场营销等课程,是一位出色的公共关系教育家。他还先后到比利时、埃及、肯尼亚、加纳、荷兰、赞比亚等十几个国家讲学。杰夫金斯是第一位获得英国传播学、广告学和市场营销教育基金会公共关系学证书的人,也是第一位获得该基金会公共关系学和广告学双证书的人。他曾被许多大学授予荣誉学位。杰夫金斯是一位多产的公共关系作家,有多部著作,其中《公共关系学》

[①] 卡特里普,森特.公共关系教程[M].明安香,译.北京:华夏出版社,2001.

《公共关系·广告·市场》《公共关系与成功的企业管理》等已被译成中文,对中国的公共关系教育和理论发展起到了积极的推进作用。

美国是公共关系的发源地,也是公共关系走向世界的发源地。1920年,公共关系由美国传入英国,受到英国政府的重视。1948年英国公共关系协会成立,拥有英联邦50多个国家和地区的2500个会员。1955年法国公共关系协会成立。在亚洲各国,日本最早将建立的公共关系组织,是由二战以后进驻日本的美军传入的。1957年以后,公共关系在日本成为一种独立的行业。可以说,20世纪50年代以后,公共关系思想开始流入世界其他国家和地区,公共关系实践广泛开展,公共关系日益成熟。

知识小贴士 1.4

詹姆斯·格鲁尼格

詹姆斯·格鲁尼格是公共关系学领域又一位杰出的学者。1984年他出版了《公共关系管理》一书,提出了许多新颖独到的观点。其中最著名的是公共关系传播的4种模式,即新闻代理模式、公共信息模式、双向不对等(不对称)模式和双向对等(对称)模式。双向对称模式的提出,揭示了公共关系实践的发展方向,真正体现了公共关系的本质。格鲁尼格教授还主持了著名的"卓越公共关系和传播管理"课题,不仅衡量、测定卓越公共关系和传播管理的程度,而且提出了"普遍原则,特殊运用"的公共关系全球化理论,即"放眼全球,立足本地"。

资料来源:钟育赣.公共关系学[M].北京:高等教育出版社,2016.

二、公共关系在中国的引进与发展

现代公共关系进入中国,应以20世纪50年代公共关系登陆香港、台湾地区为发端。50年代初,香港当局设立公共关系部,一些企业纷纷效法,公共关系成为企业经营过程中的一种重要的管理职能。50~60年代,台湾地区全面推行公共关系管理,并通过了《公共关系管理规则》。

20世纪80年代初,公共关系进入中国大陆。随着改革开放的不断深入,特别是经济体制改革后市场经济的蓬勃发展,国内开始学习公共关系、研究公共关系和从事公共关系的各种活动。总体来看,公共关系在中国不断发展,影响也在不断扩大,而且前景也被看好。纵观中国公共关系发展史发现,公共关系传入中国后,呈现出由南向北、由东向西、由服务行业向工业企业、由外资企业向国有企业、由企业组织向政府组织逐步发展的格局。

中国公共关系的发展大致经历了三个时期。

(一)引进和开创时期(20世纪80年代初及中期)

随着改革开放的发展,在深圳、广州等地的一些中外合资企业和外商独资企业按照海外的管理模式,出现了公共关系活动,最早设立了公共关系部。1980年,深圳蛇口华森建筑设计顾问公司率先成立了我国第一个公共关系专业公司。1982年,深圳竹园宾馆成立了公共关系部。1983年9月,广州的中国大酒店在国内设立了公共关系部。同年,北京长城饭店成立了公共关系部,并成功策划接待美国总统里根访华。其后,1984年9月,我国国有企业设立的第一家公共关系部——广州白云山制药厂公共关系部正式成立,每年拨出产值的1%用作"信誉投入"。1984年12月26日,《经济日报》刊登了中国社会科学院新闻研究所明安香等采写的《如虎添翼——记广州白云山制药厂的公共关系工作》,并发表社论《认真研究社会主义公共关系》。后来,广东电视台以宾馆、酒楼的公共关系活动为题材,拍摄了中国第一部反映公共关系理论与实践活动的电视连续剧《公关小姐》。

至此,中国内地照搬照抄地初步完成了公共关系的导入,开展了卓有成效的公共关系活动,扩大了公共关系的影响。但这一时期,公共关系还仅仅局限于大型宾馆、酒店,而且这些企业的公共关系部经理也都是由受过新闻、传播、公共关系等专业训练的香港人或美籍华人担任。

(二) 适应和发展时期(20世纪80年代中后期到90年代初)

20世纪80年代中后期开始,中国公共关系进入了一个全面适应的高速发展时期,专业性公共关系公司、公共关系协会如雨后春笋般建立起来。1985年,伟达公共关系公司在北京设立办事处。不久,博雅公共关系公司与新华通迅社合作,成立我国第一家专业公共关系公司——中国环球公共关系公司。1986年1月,中国大陆第一个公共关系民间团体—广东地区公共关系俱乐部成立,这是中国第一个公共关系的机构。同年6月第一家由官方组织的公关机构——上海市公关协会成立。1987年6月22日中国公共关系协会在北京成立,这标志着公共关系在中国得到了正式确认和接受,公共关系事业的发展进入了一个崭新的时期。1991年4月26日中国国际公共关系协会在北京成立。

这一时期,公共关系出版物丰硕,学术成果推广快。《公共关系报》于1988年1月31日在杭州创刊。1989年1月25日陕西省公共关系协会和中国公共关系专业委员会联合主办的《公共关系》杂志在西安面世。中国社科院新闻研究所公关课题组编著的《公共关系学概论》成功出版发行;1993年8月我国最大的一部公关巨著——550万字的《中国公共关系大辞典》问世。

我国公共关系教育和培训也如火如荼、蓬勃发展,公关培训活跃,教育层次多样化。1985年9月深圳大学首先设立了公共关系专业,开设公共关系的必修与选修课程。1994年经国家教委批准中山大学创办了我国第一个公共关系本科专业,同时在行政管理专业的硕士点招收公共关系研究方向的硕士研究生。2003年第一个公关专业的硕士点在复旦大学新闻学院诞生了。可以说,这一阶段公共关系的教育培训开始初具规模,规范化、系统化的正规职业教育和学历教育逐步形成。

公共关系科学研究和实践运作空前繁荣。20世纪80年代中后期,随着我国公共关系教育和实践的迅速发展,一大批有识之士结合中国的政治、经济和文化的特点来探索中国公共关系的一些重大理论问题。国内外公关市场开始交流,国际公关职业市场正在开辟。中国国际公关协会1991年成立以来,致力于加强中国公关界与国际公关界的联系和交流,每两年一届的中国国际公共关系交流大会,取得了巨大的成就。

(三) 竞争和专业分工时期(20世纪90年代初至今)

职业公关公司成熟发展,成绩斐然。中国国际公共关系协会发布的《2017年度中国公共关系业调查报告》显示,2017年,随着中国公共关系市场不断规范化、专业化的发展,整个行业呈良性竞争的发展趋势,增长率基本趋于稳定。据调查估算,整个市场的年营业规模达到560亿元人民币,年增长率约为12.3%。伴随"一带一路"国家战略的持续推进和具体实施,中国公共关系市场机遇增加。中国公关业整个市场的年度营业额变化,具体如图1.4所示,年度营业额是快速增长的,尤其是进入21世纪,增长速度更快,2015年营业额首次突破400亿元人民币,2016年营业额首次突破500亿元人民币。中国公关业整个市场的年增长率变化如图1.5所示,2011~2017年,我国公关业整个市场的年增长率都是保持在两位数增长,发展速度较快。

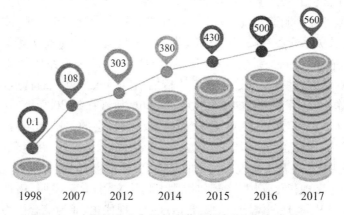

图1.4　中国公关业市场年度营业额变化(单位:亿元)

资料来源:中国公关网,http://www.chinapr.com.cn/。

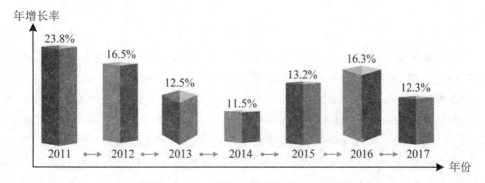

图1.5　中国公关业市场年增长率变化

资料来源:中国公关网,http://www.chinapr.com.cn/。

公关教育立体化体系初步形成。我国已经形成了从短期培训、业余自学、职业教育到本科教育、研究生教育的多层次、多形式的公共关系教学与培养体系。

国家开展公关员职业鉴定。1997年11月15日成立了中国公共关系职业审定委员会。该委员会为公关职业定下了"公关员"的职业名称,并正式列入了《中国职业大典》,这标志着国家已正式承认公共关系这一职业,标志着我国的公共关系开始真正走上职业化和行业化的道路。2000年6月,国家劳动和社会保障部把公共关系列为首批实行职业准入制度的90种社会职业之一;开展对公关从业人员的职业资格进行鉴定。2001年10月1日起,公关从业人员,实行持证上岗制度。2004年国家劳动和社会保障部又颁布了新的《公关员国家职业标准》。这些事实表明,我国政府已经开始重视高层专业公关人才的培养,这将有利于我国公关业的正常、快速发展。

进入21世纪,公共关系在国内重大事务、国家重大活动中的作用得到不断增强。在学术领域,中国学者与国际学术界同步,探索整合传播、战略性公共关系、国家形象传播、危机管理、议题管理和品牌价值创造等前沿课题。由于贴近国情,高校、协会、学会、专业公司、政府和企业,纷纷携手研究重大项目。如中国国际公共关系协会主持的"抗击非典危机管理"、北京"申奥"、上海"申博"和"国际及贸易与公共关系高层论坛"等项目、活动,从理论和实践层面为政府、企业提供实质性支持,在国内外产生了较大的影响。

总的来说,中国公共关系实践在企业起步较早。伴随改革开放事业的发展,从沿海到内地,从宾馆酒店服务业到制造业,从跨国公司、中外合资企业到本土企业,中国公共关系蓬勃发展。近年来公共关系实践在政府机构、军队和公安机关等,也如星火燎原之势,起点较高。如北京市公安局成立"公共关系领导小组",局长挂帅;广东公安系统从省厅到21个地、市局,皆开通公开的警方微博,发挥这一新媒体传播信息"短、平、快"的特点,促进警民之间互动,"粉丝"总数逾2000万人。党的十九大报告指出,从现在到2020年,是我国全面建成小康社会决胜期;从2020年到2035年,在全面建成小康社会的基础上,再奋斗15年,基本实现社会主义现代化。到那时,我国经济实力、科技实力将大幅跃升,跻身创新型国家前列;从2035年到本世纪中叶,在基本实现现代化的基础上,再奋斗15年,把我国建成富强民主文明和谐美丽的社会主义现代化强国。到那时,我国物质文明、政治文明、精神文明、社会文明、生态文明将全面提升,实现国家治理体系和治理能力现代化,成为综合国力和国际影响力领先的国家,全体人民共同富裕基本实现。可以肯定的是,我国公关业将迎来更加宽松与广阔的发展前景。

本 章 精 要

1. 公共关系是指社会组织利用传播沟通等手段在公众心目中塑造良好形象,以实现社会组织与社会公众共同发展的一门管理科学与艺术。

2. 公共关系主要有三大要素:社会组织、社会公众和传播沟通。公共关系的主体是社会组织,客体是社会公众,连接主体与客体的媒介是传播沟通。这三个要素构成了公共关系的基本范畴,公共关系的理论研究、实际操作和运行发展都围绕三者的关系层层展开。

3. 职能是组织和个人所发挥的作用和功能。公共关系的职能主要是指公共关系在组织中担当的职责和所发挥的功能。公共关系的具体目标是塑造组织的形象,为此公共关系具有以下五个方面的职能:收集信息,监测环境;咨询建议,辅助决策;传播沟通,协调关系;塑造形象,扩大影响;危机处理。

4. 现代公共关系起源于19世纪末20世纪初的美国,艾维·李、爱德华·伯纳斯等人对现代公共关系的发展做出了卓越的贡献。

5. 20世纪70年代末,公共关系引入中国大陆。总的来说,中国公共关系实践在企业起步较早。伴随改革开放事业的发展,从沿海到内地,从宾馆酒店服务业到制造业,从跨国公司、中外合资企业到本土企业,中国公共关系蓬勃发展。近年来公共关系实践在政府机构、军队和公安机关等,也如星火燎原之势,起点较高。

即 测 即 评

一、单项选择题

1. 现代意义上的公共关系起源于( )。
   A. 中国　　　　B. 英国　　　　C. 法国　　　　D. 美国
2. 我国第一份公共关系专业报纸——《公共关系报》在( )创办。
   A. 深圳　　　　B. 北京　　　　C. 杭州　　　　D. 上海
3. 艾维·李著名的公关思想是( )。
   A. 投公众所好　　　　　　　　B. 凡宣传皆是好事
   C. 说真话　　　　　　　　　　D. 双向对称模式

4. 1991年4月,中国国际公共关系协会在(　　)诞生。
   A. 北京　　　B. 上海　　　C. 南京　　　D. 广州
5. 公共关系三大构成要素主要有社会组织、社会公众和(　　)。
   A. 公关公司　B. 传播沟通　C. 公关部　　D. 消费者
6. 爱德华·伯纳斯著名的公关思想是(　　)。
   A. 投公众所好　　　　　　B. 凡宣传皆是好事
   C. 说真话　　　　　　　　D. 双向对称模式
7. 公共关系以(　　)为核心目标。
   A. 塑造形象　B. 互惠互利　C. 真实诚恳　D. 注重长远
8. 从静态的角度公共关系可以理解成(　　)。
   A. 一种形象状态　B. 公关活动　C. 公关意识　D. 管理职能
9. 1923年,爱德华·伯纳斯出版了论述公共关系理论的著作(　　),成为公共关系学的第一部经典性著作。
   A.《公共关系学》　B.《舆论》　C.《舆论明鉴》　D.《现代公共关系学》
10. 被称为现代公共关系先驱者之一的是(　　)。
    A. 巴纳姆　　　　　　　　B. 艾维·李
    C. 爱德华·伯纳斯　　　　D. 卡特里普

二、多项选择题

1. 公共关系的基本职能有(　　)等。
   A. 采集信息,监测环境　　　B. 咨询建议,辅助决策
   C. 传播沟通,协调关系　　　D. 塑造形象,扩大影响
   E. 危机管理
2. 公共关系的构成要素主要有(　　)。
   A. 社会组织　B. 传播沟通　C. 社会公众　D. 消费者
3. 公共关系与庸俗关系的区别点有(　　)。
   A. 两者产生的基础不同
   B. 两者的理论依据不同
   C. 两者的活动方式不同
   D. 两者所要达到的目的不同
   E. 两者产生的效果不同
4. 《有效公共关系》一书是由(　　)合著的。
   A. 艾维·李　B. 卡特李普　C. 森特　　　D. 爱德华·伯纳斯
5. 公共关系意识主要包括(　　)等。
   A. 公众意识　B. 形象意识　C. 服务意识　D. 互惠意识

三、判断题

1. 公共关系就是争取对你有用的朋友。(　　)
2. 1903年,美国著名记者巴纳姆在美国开办了一家正式的公共关系事务所,标志着现代公共关系的问世。(　　)
3. 公共关系就是拉关系,走后门。(　　)
4. 艾维·李被人们誉为"公共关系之父"。(　　)

5. 公共关系的主体要素是社会公众。（   ）
6. 公共关系与市场营销的传播形式相同。（   ）
7. 现代公共关系起源于英国。（   ）
8. 公共关系是指社会组织利用传播沟通等手段在公众心目中塑造良好形象,以实现社会组织与社会公众共同发展的一门管理科学与艺术。（   ）
9. 从静态公共关系的角度来看,公共关系又是一种活动或工作。（   ）
10. 1906年,爱德华·伯纳斯向新闻界发表了著名的具有里程碑性质的《原则宣言》。（   ）

思考与练习

一、思考题
1. 如何认识、定义"公共关系"?
2. 艾维·李与伯纳斯对现代公关发展各有什么贡献?
3. 如何理解公共关系发挥的各种职能?

二、案例分析题

潘石屹夫妇哈佛大学捐款

2014年7月16日,SOHO（中国）董事长潘石屹向哈佛大学捐款1 500万美元。消息在互联网上迅速流传,随即得到SOHO（中国）的官方微博确认,并公布SOHO（中国）基金会计划用1亿美元设立"SOHO（中国）助学金",资助在世界一流大学攻读本科的中国贫困学生。

SOHO（中国）首席执行官、潘石屹的妻子张欣,第一时间转发了这条微博,并回忆起当年在英国留学没钱付学费、靠拿助学金的往事,"教育改变了我的人生。今天有机会给贫困学生提供助学金,也在这里感谢那些曾经资助过我的人"。提到哈佛大学,张欣说:"好多同学都不知道,哈佛大学的本科生超过70%都是拿助学金的,真正有钱支付全额学费的人很少。……世界一流大学很多都是这样,早已不是富人的大学,大部分是贫困学生。"潘石屹继而表态:"愿更多中国家庭贫寒的优秀学子去世界一流大学,如去哈佛读书、成才。"

从互联网到传统媒体,甚至人们的茶余饭后,舆论持续热议。网上有点赞的,称此举是"善良和优秀的正循环";也有中立的,"其实不一定要捐给某个学校。可在国内设立一个基金,为申请到国外顶尖大学但没钱去读的优秀学生提供助学金";还有质疑的,"为什么不去捐助基础性教育","为什么不捐给国内一流大学";更有怀疑的,潘石屹夫妇是"提前为自己孩子将来读哈佛做准备"。

话题也从捐款本身蔓延开来。有媒体联合信息咨询公司进行调查,结果显示有六成多的受访者支持潘石屹。

资料来源:钟育赣.公共关系学[M].北京:高等教育出版社,2016.

思考讨论题:
1. 结合案例理解什么是公共关系。
2. 请从公共关系的角度分析该案例有哪些启示。

三、小练习
练习内容:随机访问社会组织对公共关系内涵的界定。

练习目的:通过随机访问法了解社会组织对公共关系概念的界定,加深同学们对公共关系内涵的理解和把握。

练习要求:随机选择当地的一些社会组织开展调查,并做好记录。

练习组织:

1. 全班学生以小组为单位练习,每组6~8人。
2. 随机选择的访问对象力求做到全面性,收集的资料做到真实客观。
3. 各小组组长根据实际情况分工,小组成员协作完成任务。
4. 小组成员互评计划,并提出修改意见,完成调研问题设计。
5. 以小组为单位完成一份不少于1500字的练习小结。

练习说明:选择1~2份优秀练习小结在全班进行汇报交流,老师进行点评。

延 伸 阅 读

1. 姚曦,黎明.互联网时代公共关系的理论与实践[J].中华建设,2016(12).
2. Barend Venter."后真相"世界中的公共关系:价值链方法[J].现代传播(中国传媒大学学报),2017(7).
3. 娄和文,赵强.公共关系管理:政府部门亟待加强的职能[J].红旗文稿,2011(17):11—13.
4. 孙进.行政改革视角下的政府公共关系创新研究[J].渤海大学学报(哲学社会科学版),2012,34(05):52—55.
5. 李亚,薛丽.强化公关职能 创新公关模式 提高服务质量 湖州市公共关系协会[J].公关世界,2016(21):44—45.
6. 王姝芳.大学的战略性公共关系(节选)翻译实践报告[D].杭州:浙江工商大学,2018.
7. 胡百精.真相与自由:艾维·李与现代公共关系的诞生[J].新闻春秋,2013(4).
8. 中国公关网.http://www.chinapr.com.cn/.

即测即评答案

一、单项选择题

1. D 2. C 3. C 4. A 5. B 6. A 7. A 8. A 9. C 10. C

二、多项选择题

1. ABCDE   2. ABC   3. ABCDE   4. BC   5. ABCD

三、判断题

1. ×   2. ×   3. ×   4. √   5. ×
6. ×   7. ×   8. √   9. ×   10. ×

思考与练习参考答案

一、思考题

1. "公共关系"一词在不同的情况下使用时往往有不同的含义。因此,我们在使用"公共关系"这一概念时,应尽量区分它的各种含义,在不同的场合使用不同的术语,以避免因语义不同而导致不必要的混乱。总之,公共关系是指社会组织利用传播沟通等手段在公众心目中塑造良好形象,以实现社会组织与社会公众共同发展的一门管理科学与艺术。

2. 艾维·李对现代公共关系的发展做出的贡献:要求企业在宣传活动中向公众讲真

话。这反映了他主张的"公众必须被告知"的信条。他使公共关系成为一种职业。1903年，艾维·李与他人合作在纽约创办了世界上第一家正式的公共关系公司，向社会提供宣传方面的咨询服务，并收取费用。艾维·李不仅首创了"公共关系"这一专门职业，而且他提出的"说真话""公众必须被告知"的命题将"公共利益与诚实"带进了公共关系的领域，使公共关系这门学科从对一些简单问题的探讨上升为探求某些带有规律性的原则和方法，大大推动了这门学科的发展。

爱德华·伯纳斯对现代公共关系发展做出的贡献：注重公共关系的理论研究，并努力使之形成一个独立的科学体系。终生以公共关系为业，提出了"投公众所好"的公关核心思想。1923年出版了在公关发展史上具有里程碑意义的公共关系学专著《舆论之凝结》，也于1925年出版了教科书《公共关系学》，被后人誉为现代公共关系的先驱者之一。

3. 职能是组织和个人所发挥的作用和功能。公共关系的职能主要是指公共关系在组织中担当的职责和所发挥的功能。公共关系的具体目标是塑造组织的形象，为此公共关系具有以下5个方面的职能：收集信息，监测环境；咨询建议，辅助决策；传播沟通，协调关系；塑造形象，扩大影响；危机处理。

明确地说，公共关系的一个主要职能是收集信息，监测环境，它包括信息收集及信息沟通等多个方面的内容。咨询建议，辅助决策是指公共关系专业人员向组织领导提供有关公众方面的可靠情况说明和意见，从而使决策更加科学化和系统化，使组织形象更加完善，与公众关系更加和谐。塑造良好形象，应该是每个组织开展公共关系活动要实现的重要职能。公共关系中的传播沟通，协调关系职能是指组织与其公众在信息传递的基础上相互认知，调整其中的不合理因素，对内以提高组织的向心力、凝聚力，对外争取公众的好感和支持，为组织的生存和发展创造一个"人和"环境。公共关系的危机处理职能就是在组织的公共关系严重失调、组织形象受到严重损害时，公共关系部门采取一系列有效措施，做好善后处理工作，配合组织其他部门改善被损害的形象，挽回组织声誉，重建组织形象的职能。

二、案例分析题

1. 公共关系是指社会组织利用传播沟通等手段在公众心目中塑造良好形象，以实现社会组织与社会公众共同发展的一门管理科学与艺术。潘石屹利用传播沟通的手段，实事求是地开展公关活动，极大地提高了其公司的知名度与美誉度。

2. 公共关系的核心目标是塑造形象。社会组织要利用好双向的传播沟通手段在公众心目中塑造良好形象，以实现其更好更快发展，但要坚持真实性原则、创新性原则等。潘石屹很好地利用公关的手段提升其公司的美誉度和社会影响力。

第二章　公共关系的四步工作法

本章知识结构图

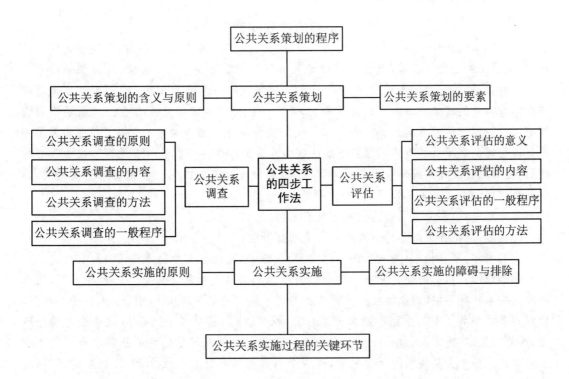

知识目标： 掌握"公共关系的四步工作法"每个方法的特点与要求及各环节之间的关系。

能力目标： 能设计一个包含"公共关系的四步工作法"的公共关系活动策划方案。

实训目标： 要求对本地某一知名企业的形象进行调查与分析，如产品形象、服务形象、员工形象、外观形象等，并设计企业形象调查与分析方案。

本章重点： 公共关系调查、公共关系策划。

本章难点： 公共关系策划方案的设计。

"先搞清这些问题"

有一家宾馆新设了一个公共关系部。开始，该部配备了豪华的办公室、漂亮迷人的公关小姐、现代化的通信设备等，但该部部长却不知下一步要做些什么。后来，这位部长请来了一位公共关系顾问，向他请教"怎么办"。于是，这位顾问一连问了以下几个问题："本地共有多少宾馆？总的铺位有多少？旅游旺季时，来本地的外国游客每月有多少？我国港澳台游客有多少？内地的游客有多少？贵宾馆最大的竞争对手是谁？去年一年中，有哪些因服务不周而引起房客不满的事件？服务不周的症结在哪里？"这样一些极为普通而又极为重要的问题，使那位公共关系部部长无以对答。于是，那位被请来的顾问说："先搞清这些问题，然后开始你们的公共关系工作。"

思考题一： 公共关系调查的主要内容有哪些？

思考题二： 结合案例分析公共关系调查的重要性。

资料来源： 张岩松. 公关与礼仪[M]. 2版. 大连：东北财经大学出版社，2015.

案例解读： "组织的公共关系工作是针对组织的公共关系状况进行的。时期不同，组织的公共关系状况不同，组织的公共关系工作的内容和方式也就有所不同。但无论哪个时期，组织开展的公共关系工作程序基本上是一致的。通常将公共关系活动的程序分为调查研究、谋划对策、实施方案、效果评估四个步骤。这四个步骤也就是公共关系学中所谓的四步工作法。从整个公共关系的过程来看，这四个步骤虽然各自相互独立，但又相互衔接，前后连贯，构成一个整体。"[1]

第一节　公共关系调查

要开展公共关系活动，必须从公共关系调查开始。公共关系调查作为组织开展公共关系活动的先导，是整个公共关系活动的"轴心"。正如西蒙所说，不论人们如何表达公共关系活动的流程，调查研究都是举足轻重的。因此，作为一个组织，应充分认识开展公共关系调

---

[1] 周安华. 公共关系：理论、实务与技巧[M]. 4版. 北京：中国人民大学出版社，2013.

查研究的重要性,将公共关系调查视为正确、妥善地解决问题和纠纷的基本前提。

所谓公共关系调查研究,是指公共关系人员运用科学的方法,有步骤地考察、了解、分析、研究组织的公共关系状态,以收集信息、发现问题、掌握情况为目的的一种公共关系实践活动。调查研究是一个组织了解、分析其公众以及态度和反应,认识自身的社会形象,评估和预测公众环境的变化与趋势的重要途径,也是一切公共关系决策和行动的前提。它也是其他各个步骤的先导和基础,没有这个步骤,其他步骤的工作就无从谈起;不做好这个步骤的工作,其他步骤的工作也就难以做好。因为只有弄清楚组织公共关系的现状以及组织所面临的公共关系方面的问题,一个组织才有可能制定出有针对性的公共关系计划,才能找到实现公共关系目标的最佳途径和方法,才能客观、准确地评估出整个活动的效果。

一、公共关系调查的原则

公共关系调查要为组织提供决策依据,所以,调查活动和调查过程应有很强的科学性。为了保证公共关系调查的科学性,调查人员必须遵循以下原则:

(1) 针对性原则。收集资料要有的放矢,调研工作要从实际出发。

(2) 客观性原则。公共关系调查是为了准确地了解公众对组织形象的评价。调查人员在调查过程中,应从客观实际出发,收集、整理资料要以科学态度和求实精神,去伪存真,分析工作要客观、真实、全面和公正,因为资料准确才能了解真实的情况,有助于做出正确决策。

(3) 系统性原则。资料要分类、合并和整理,使之系统化,便于分析问题和找出前因后果。特别要防止片面性,因为以偏概全的调查对组织是十分有害的。

(4) 时效性原则。公共关系调查是了解调查对象在某一确定时间对组织形象的评价,调查的结果具有很强的时效性。对一个组织来说,调查所得信息的价值取决于提供信息和处理信息的时间,迟滞的信息会导致组织失去取胜的良机。所以,在调查过程中,调查人员不仅要注意调查信息的准确性,还要注意调查信息传递的快捷性。公共关系调查的时效性,也包含调查的长期性、反复性。遵循公共关系调查的时效性原则,有利于组织及时地收集情报并做出果断的决策。

(5) 计划性原则。调研活动工作量大,内容繁琐,必须注意计划性,既要广辟信息来源,又要分清主次、突出重点;既要持之以恒,又要考虑效益;既要充分利用各方力量,又要有统一的管理。

(6) 节约性原则。在效果相同或接近的前提下,选择费用更低的方式开展调研活动。

二、公共关系调查的内容

公共关系调查的内容及范围主要涉及组织的基本状况、组织形象、公众评价等。

(一) 组织基本情况调查

组织的基本情况是公众评价的首要对象。要正确地评价公众的意见,公共关系人员必须对组织的基本情况了如指掌。关于组织基本情况调查,主要有三个方面的内容:

1. 组织的历史和发展

(1) 组织的历史。例如组织成立的年代和背景;发展过程中的重要人物与他们对组织的创建、发展和社会进步的贡献;成长历程中的重大事件,它们对组织、社会的意义和影响等等。

(2) 组织使命和价值观。包括在组织的历史上有过的变化,调整目的、原因及效果;现有内容是否继续适应发展需要,能否服务于组织的利益同时也有益于公众和社会;等等。

(3) 目标与政策。主要有组织经营发展的目标,包括近期、中期、远期目标的制定与实施;政策的制定与实施,了解它们对组织的发展和社会的意义;掌握在组织发展中,目标、政策有过哪些调整,原因及效果。

(4) 经营管理。主要包含企业组织的市场分布、市场占有状况以及市场竞争状况;企业组织的产品、服务及价格特点;组织的管理特点;企业组织的外观、厂名及商标特点等。

(5) 组织的贡献。如组织存在的社会价值和意义;曾经为社会、公众做出的具体贡献,包括捐助、义务服务和人力支持等。尤其要关注组织为社会所做的贡献中,哪些对于公众认识组织、亲近组织和理解组织的效果更为理想,原因何在;组织在哪些方面可为社会多做贡献。

2. 组织成员的基本情况

这包括组织成员人数的变化、组织成员的精神面貌、一般成员的状况以及对组织发展做出过重大贡献的成员的情况和组织领导者的总体情况。员工的一般状况,包括年龄、文化程度、专业特长、兴趣爱好、家庭生活等;为组织做出重大贡献的员工、劳模的成就与经历;组织主要负责人的一般情况。

3. 其他有关内部情况

比如组织迫切需要解决的问题。其中包括公共关系问题,更要关注组织的发展战略、生产运营和营销管理等领域的问题。因为它们决定一个组织的公共关系职能"需要做些什么"。又如,一个组织开展公共关系活动的物质条件,包括经费、场地和设备等的情况。因为它们影响到一个组织的公共关系职能"可以做些什么"。

(二) 组织形象调查

一般情况下,组织是通过知名度和美誉度这两个指标来完成组织形象调查的。

1. 知名度

知名度,表示社会公众对一个组织或企业知道和了解的程度。组织的知名度在一定意义上决定着组织获得公众理解与支持的范围,所以该调查的公众范围一般比较广泛,可以是对组织诸多因素的综合考察,也可以是对其中的单项因素进行调查。通过知名度调查,不仅能明确显示组织在公众心目中排名榜上的地位,而且可以详细了解组织的诸多构成因素对其知名度形成的具体作用。同时,也能为其他项目的调研工作提供基础资料。

$$知名度 = (知晓人数/被调查人数) \times 100\%$$

例如:调查一家公司的形象,对 10000 名公众进行抽样调查,如果在被调查的 10000 名公众中,只有 6000 人知道和了解该公司,那么它的知名度则为 60%。

2. 美誉度

美誉度,表示社会公众对一个组织或企业有好感或赞许的程度。组织美誉度的高低,基本上反映了组织的信誉与社会形象。该项调查一般是在组织知名度调查基础上进行的更深层次的调查工作。通过美誉度调查,在一定程度上能为组织知名度找到努力的方向。一个组织可能会为自己的高知名度而沾沾自喜,然而如果美誉度调查显示出反向结果的话,则表明这是一种臭名远扬。组织要及时追根寻源,努力修正不良影响,以免后患无穷。

$$美誉度 = (赞美人数/知晓人数) \times 100\%$$

例如:调查一家公司的形象,对 10000 名公众进行抽样调查,如果在被调查的 10000 名公众中,只有 6000 人知道和了解该公司,知道这个公司的这 6000 人中,如果仅有 2400 人对该公司表示赞赏,那么这个公司的美誉度则为 40%。

例如,对 A、B、C、D 四家公司形象调查结果衡量对比的情况见表 2.1。

表 2.1　四家公司形象状况及公关对策

公司名称	形象状况	公关对策
A	高知名度,高美誉度	通过公共关系工作维持盛况,同时要预防危机事件的发生,谨小慎微
B	高美誉度,低知名度	维持高美誉度的基础上,扩大公共关系宣传,设法提高知名度
C	低知名度,低美誉度	暂时保持低姿态,努力提高工作质量,改变组织形象,在此基础上,首先争取较高的美誉度,然后再通过公共关系工作争取可扩大知名度,达到知名度和美誉度都高的形象地位
D	低美誉度,高知名度	应该是先降低其享有的较高知名度,一段时间里隐姓埋名,改善产品和服务形象,争取先提高美誉度,再进行策划以恢复较高的知名度

资料来源:周朝霞.公共关系理论与实务[M].北京:高等教育出版社,2013.

可以说,通过组织知名度和美誉度的分析只能初步了解组织的公关状况,而且在实践中,任何组织的知名度和美誉度都不是一成不变的,关键在于一个组织本身的公关工作如何。若要进一步为提高组织形象提供决策依据,还要对组织形象的各要素进行分析。一般而言,组织的实际形象要素可概括为三个方面,即组织的总体环境形象、员工形象和产品形象。每一方面还可以进一步细分。对组织形象要素的分析,我们可以举例来说明。比如,我们可以选择以下要素作为一组评价组织形象的指标体系,如服务方针正确不正确、办事效率高不高、服务态度诚不诚恳、公司业务有没有创新、管理到不到位及规模大不大。将每个指标分别以其语意的两极为两个极端,如"非常满意"和"非常不满意",其中,再根据实际情况设置若干中间程度的档次,如"稍微""相当"等,然后将该表发给各界公众及顾客填写,最后统计汇总。

(三)公众评价调查

所谓"公众评价调查",就是通过评估公众的意见和公共关系活动的效果,了解社会公众对组织相关行为的具体反应和建议。

1. 公众意见

公众意见表示社会公众对组织有关问题的反应以及形成反应的具体原因,包括组织的产品、服务、价格、管理、人员素质等问题。

公众意见调查要探明组织在目标公众心目中的形象以及他们会有如此评价的原因。这种调查比较复杂,难度也要大一些。组织的公关人员应当列出与组织的政策、行为有关的具体事项,比如经营理念、办事效率、服务态度、业务水平、产品质量等,并列出公众对于所列举的事项可能有的态度类型,比如很满意、比较满意、一般、不够满意、很不满意等,以征询公众的意见,了解和掌握公众对组织的具体评价。该项调查一般可以对相关公众进行调查而广泛了解,也可以聘请一些熟悉业务、具有经验和综合分析能力的专家,运用座谈、信函的形式,请他们对组织面临的问题进行诊断并提出解决问题的建议。公众意见调查不仅需要针对不同的公众知识水平、理解能力等多方面、多层次进行有的放矢的调查,而且对各方面意见的汇总、整理也需要花费比较多的精力,要追根寻源,找到解决问题的关键。

2. 活动效果

活动效果是了解社会公众对组织实施的公共关系专门活动的评价。正确评价公共关系活动的真实效果并不简单。作为一种长期为组织树立良好形象、为组织获取最大经济效益创造条件的公共关系活动，相当多的情况下是无法要求它直接创造利润的，所以，对组织实施的公共关系活动，往往不能用数量式的硬性指标来衡量，必须考虑到它所产生的滞后效应。然而，通过公共关系调查，可以在一定范围内，用定量分析的方式，了解组织的公共关系活动是否达到以最少的投入使信息传递到最大空间的目标。

接触率＝目标公众接触媒体人数/目标公众人数×100％

单位宣传费用＝宣传费用/受众人数

单位宣传费用效果＝(宣传后销售实绩－宣传前销售实绩)/宣传费用

拓展阅读 2.1

市场细分理论与方法

识别目标公众的重点，需要对目标公众进行分类、比较和选择。这项工作可以参考营销管理中有关市场细分的理论和方法。

市场细分的理论是温德尔·斯密(Wendell R. Smith)于1956年，在总结营销实践的基础上提出的概念。他认为顾客总是有差异的，表现出不同的需求，寻求不同的利益。因此应该对潜在的顾客细分，而不是只着眼于产品的差异。

市场细分致力于分析、确认顾客差异，从中寻找、发掘相似因素，把具体市场区别为有营销意义的不同部分，即细分市场(Market Segment)简单说就是依据需求的不同，对潜在的顾客进行分类，使整体市场各个部分的内部异质性减少，同质性增多。每一个细分市场，是一个需求大体相近的顾客群体。

资料来源：钟育赣. 公共关系学[M]. 北京：高等教育出版社，2016.

三、公共关系调查的方法

所谓公共关系的调查方法，是指用以保证公共关系调查目的顺利实现的途径、方式、手段、措施等。公共关系调查的方法多种多样，可以从多角度、多方面进行分类。

以收集信息的方式为划分标准，可以将公共关系调查方法分为科学观察法、询访调查法、问卷调查法、检索调查法、量表测量法等几种主要类型。

(一) 科学观察法

科学观察法又叫实地观察法，是指调查人员亲临现场通过仔细察看来获取信息的调查方法。调研人员进入现场，笔录事实，或使用音像器材与其他设备获取素材资料，分析事实。这种方法相对简便易行，技术要求不高。在被调查者不知不觉中开展调研，不会使他们感到拘束。所得资料针对性强，并且客观。

作为一种专门的调研方法，科学观察法与生活中随意、无计划的观察活动不同。它是调研人员有目的、有计划地进行的观察活动。它是在特定调研的目的和假设下开展的，需要制定观察计划，对观察的内容、范围和步骤，以及使用的工具、手段等都有具体规定和安排。常用的科学观察法有以下两种形式：一是直接观察，要求调研人员深入现场，如到商场观察、记录各类顾客行为；二是痕迹观察，可以不亲临现场，只是观察、收集事实发生留下的痕迹。例如在酒店，通过观察客房中不同设施的使用情况，分析旅客的喜好。

当然,科学观察法也有它的不足,就是只能了解被观察对象的行为,而对于被观察者的动机、需要、态度、打算等心理活动则了解得不够深入。

(二)询访调查法

询访调查法是指调查人员通过提问请对方作答来获取信息的调查方法。按照所采用的方式或手段的不同,询访调查法可分为面谈询访、电话询访、书面询访、电子邮件询访等,还可以根据接受访谈的人数多少分为个人询访、小组询访和会议询访等。此外,还可以按照其有无确定格式和是否公开意图分为格式确定意图公开、格式确定意图不公开、格式不确定意图公开、格式不确定意图不公开四种。总之,以上方法各有所长,也各有所短,适合不同情况运用,需要针对实际情况有针对性地采取一种或多种方法。

询访调查法的优点是直接与调查对象见面,有较强的直观性,并使公众更深刻地感受到组织的影响;有较好的灵活性和适应性,便于调查人员根据公众回答的情况调整谈话题目;回答率高。不足是花费时间多,而且受调研人员素质影响很大;标准化程度低,给统计分析带来一定困难。

知识小贴士2.1

深度访谈

> 深度访谈是直接的、个人的、无结构的访谈形式。访问过程中,调研人员与被调查者面对面、一对一地深入讨论,以揭示某一问题的潜在动机、信念、态度和感情。主要用于获取对问题的理解和深层了解。深度访谈之前,需要准备大致的访谈提纲。由于访谈的方向完全根据被调查者的回答和调研人员的追问决定,调研问题的措辞和顺序也受被调查者的反应影响。为了获取更多有意义、具体的回答,调研人员要注意"追问"的技术和方式,具体有重复、适当的停顿与沉默、中性词句引导、适当的鼓励和支持。
>
> 资料来源:钟育赣.公共关系学[M].北京:高等教育出版社,2016.

(三)问卷调查法

问卷调查法是指由调查人员向对方提供问卷,并请其对提出的问题做出回答,从而获取信息的调查方法。问卷一般是一份经过精心设计的问题表格,其主体是问题和答案。问卷调查的优点是可以节省人力、物力、财力,得到的信息资料便于量化处理,可以避免调查人员的主观偏见,减少人为误差等;问卷调查的最大弊端是研究人员不能控制谁来回答问题,问卷的回收率难以保证,问卷设计的全面性难以把握,且被调查者必须具有一定的文化程度,否则难以作答,等等。

调查问卷的结构通常包括前言、主体和结束语三部分。前言是对调查目的、意义及有关事项的说明。问卷的主体包括调查问题的内容和问题形式。结束语主要是用简短的语言对被调查者的合作表示感谢。

调查问卷主要有封闭式问卷和开放式问卷两种类型。

所谓封闭式问卷,是一种事先确定了可供选择答案的问卷,即不仅问题是相同的,而且每个问题都事先列出了若干个可能的答案,由被调查者根据自己的情况,在其中选择认为恰当的一个答案的调查方式。问卷调查法问卷设计很重要,包括许多环节,关键的环节是提问和答案设置。封闭式问题的提出有多种形式,常见的有是否式选择题、单项选择题、多项选择题、排序选择题等几种。例如,有一道排序选择题如下,问:您认为该商场的服务态度怎么样?答:A. 很好;B. 较好;C. 一般;D. 不好;E. 很不好。

所谓开放式问卷,是指问题虽然对每一个被调查者相同的,但不事先做出任何选择答案,被调查者可自由回答的调查方法。其设计容易,但回答难,而且答案过于分散,不易归纳,不利于统计分析,资料不准确,易产生偏差。其优点是可以让被调查者充分发表意见,从而得到全面、具体的答案。开放式问卷一般用于探索性的问题上,调查者对此问题不了解,需要搜集原始资料的较多采用;它还常用于正式调查前的小规模调查,便于了解情况。

回收整理是问卷调查法的最后环节。回收率的高低,整理结果的好坏,对问卷作用的发挥将有重大影响。问卷回收率达65%及以上,就为理想数字。随着互联网的普及,有越来越多的调研将问卷放置于网上,如门户网站、组织自身的网站和专业调查网站等。问卷收上来后就是整理。整理是将有效问卷进行登记,对合乎标准的问卷,要用专门技术进行分析,并撰写调查报告。

(四)检索调查法

检索调查法是指从已经存储的信息资料中,选择并索取有关信息的调查方法。这里所讲的检索,包括对电子信息和印刷信息的检索。印刷信息检索主要通过查阅相关文献的目录、索引、文摘和年鉴、手册、百科全书等来进行,是现阶段应用检索调查收集信息的主要方式。电子信息检索是通过计算机终端从其信息库中查找已经存储的相关资料。

检索调查法具有简单、快速、节省费用、不受时空限制等优点,尤其适用于对历史资料和远程区域信息资料的收集。同时,检索调查法既可以作为独立的调查方法运用,也可以作为观察调查法的补充。

(五)量表测量法

量表测量法是指公共关系调查者根据一定的调查目的和调查任务的要求,借由测量量表对调查对象的主观态度和潜在特征进行测量,以收集公共关系信息资料的公共关系调查方法。量表适用于较精确地调查公众的主观态度和潜在特征,它由一组精心设计的问题构成,用以间接测量人们对某一事物的态度和某一方面的潜在特征。量表也具有多种类型,按其测量内容进行分类,主要有态度量表、能力量表、智力量表、人格量表、意愿量表、人际关系量表等;按其作用进行分类,主要有调查量表和测验量表;按其设计方式和形式进行分类,则有总加量表、累积量表、瑟斯通量表和语义差度量表等。公共关系调查者可以根据不同的目的和要求,结合实际情况选用。此方法在国外比较成熟,相对来讲国内应用得还不是很广泛。

知识小贴士 2.2

抽样过程的注意事项

(1)抽样单位的问题,即向哪些对象调查。比如公众调查,抽样单位可依年龄分,也可依收入、职业分,等等。如何确定,直接关系到资料的有用性。

(2)样本大小的问题,就是对多少人调查。一般来说,其他条件相同,样本越大越有代表性。以1000名对象为样本,当然比50个人误差要小,结果也更接近于总体平均值。但无论样本多大,超过一定限度以后准确程度也会递减,而且要多花时间、经费。因此,只要抽样方法可靠,少于1%的样本也能取得所需、够用的资料。

(3)抽样方法。即如何选择被调查者的问题,有概率抽样或非概率抽样等方法。

资料来源:钟育赣.公共关系学[M].北京:高等教育出版社,2016.

四、公共关系调查的一般程序

公共关系调查研究具有明显的阶段性,将其全过程划分为不同的阶段有利于调查研究活动的程序化、规范化和科学化。一般情况下,公共关系调查研究的全过程可以划分为以下5个阶段,如图2.1所示。

图2.1　公共关系调查的一般程序

(一)调查准备阶段

调查准备阶段是公共关系调查的起始阶段和基础环节。开展公关活动所需信息的多寡很大程度上取决于准备工作充分与否。该阶段的工作主要包括以下三项。

1. 确定调查选题

确定公共关系调查选题,实际上就是确定调查的方向。对于公共关系人员而言,公关活动所需的信息可能千头万绪,与此相对应,调查的内容也就可能十分广泛。但是,在一次具体的调查活动中,由于时间、人力以及调查容量自身的限制,不可能也没有必要进行全方位、大规模的调查,通常只能开展有针对性的、专题性的、围绕某一个方面内容的调查活动。也就是说,应该根据开展公共关系活动的目标、对象、要求和规定确定调查内容,然后根据调查内容确定调查任务,有的放矢。

公共关系调查选题一般有两种类型:一是描述性选题,也就是通过调查来详尽描述对象的轮廓和细节。二是解释性选题,通过调查阐述既成事实如何发生,解释某些急需了解的现象的因果关系,以便采取对策。

2. 制订调查方案和调查计划

为了使公共关系调查工作能够顺利、系统并且有针对性地进行,拟定调查方案和调查计划是必不可少的。它是公共关系调查的总体方案,是进行实际工作的行动纲领,是完成课题的条件和保障。因此,要综合考虑调查研究的目的、目标公众、准备采取的方式、调查内容、调查场所、调查时间及进度、经费开支、人员配备及培训等诸多方面的因素,设计并制订可行的调查方案和调查计划。

3. 做好物质准备

相应的物质准备主要涉及调查人员、经费、设备器材三个方面,必须保证调查人员的数量和质量,保证经费开支,保证调查活动所需的器材。

(二) 收集资料阶段

收集资料阶段是公共关系调查过程中的核心阶段。收集资料的主要工作就是按照公共关系调查方案的要求，深入调查现场，接触目标公众，采取相应的调查方法，收集相关资料。在公共关系调查中，收集资料的方法是多种多样的，根据收集资料的方式不同，可以划分为直接收集和间接收集；根据收集途径的不同，可以划分为正式途径收集和非正式途径收集；根据调查者显隐特征的不同，可以划分为公开收集和秘密收集等。但无论采用上述哪一种资料收集方式，都始终离不开收集资料的方法，公共关系调查中必须熟悉并灵活运用各种调查方法。公共关系调查中所要收集的资料可分为两种，一是未经整理的原始资料，二是现成资料。需要特别强调的是，现场实际调查需要得到被调查者及相关组织或者人员的支持与配合，因而调查人员必须处理好各种关系，争取相关人员的支持配合。同时，必须注意恰当合理地应用调查的策略技巧和技术手段，因为这将直接影响所收集资料的数量和质量。

(三) 整理分析阶段

整理分析阶段是运用科学的方法对收集的各种资料进行去伪存真、去粗取精并加以归类、排列的信息处理过程。通过对收集的资料进行整理分析，实现由此及彼、由表及里、由感性认识上升为理性认识的飞跃。

公共关系调查资料的整理，在操作上有以下几个环节：

(1) 问卷核实与清理。公共关系人员根据本次调查活动的特点，定出核实问卷的标准和要求，确定有效问卷。

(2) 建立分类体系和分类标准，对资料进行归类。

(3) 资料主题小结。对于一些文字类资料，如问卷调查中的开放题答案，调查人员的观察记录材料等，相对说来比较零乱，公共关系人员应列出主题项目，对各种资料按主题项目进行小结、归纳，制作出"主题项目资料登记文摘卡"。

(4) 资料统计。对于问卷调查中的封闭答案资料，公共关系人员可以借助电脑进行统计，计算出公众在每个问题上的意见分布数值。

(5) 进行数据处理，建立数据库。根据问卷的问题设置，分项目编制表格，把统计的数据结果填入相应的表格项目中，建立起本次调查结果的数据库。

(四) 结果形成阶段

对调查资料进行整理分析后，一般应形成书面形式的调查结果，也就是形成一份完整的公共关系调查报告。调查报告应该集中反映调查过程中所获得的信息成果和认识成果，以便组织的领导人员或决策人员参考，也便于将调查结果应用于公共关系活动。

调查报告是社会调查活动的最终成果。完整的调查报告一般包括：

(1) 前言。即调查报告的依据，调查目的的简短说明，所用调查方法和技术的介绍，以及必要的谢词。

(2) 正文。包括调查目的的详细阐述，整个调研过程的具体介绍，调研结果与分析，有关结论和建议。

(3) 附件。包括图表、附录等。

对于调查报告，需要确保内容的客观性和真实性、体例的系统性和完整性以及表述的准确性和通俗性；另外，又要简明扼要，紧扣主题，突出重点，层次分明，以体现调查在公共关系活动中的重要地位和巨大作用。

> **知识小贴士 2.3**
> **调查报告的基本规范**
>
> （1）读者能够清楚了解调研过程的全貌。即报告要说明为何调研，使用了什么方法、技术手段，以及得到了什么结果。
> （2）语言简洁易懂，有说服力。读者不一定完全懂得调研人员熟悉的专业词汇、技术和资料，也可能没有时间、耐心阅读全文。要充分考虑读者对象的阅历、特点，文字简明扼要，不拖泥带水，避免生僻的行话术语。可借助图表说明、显示资料。
> （3）以严谨的结构和简洁的形式，将调查工作各阶段收集的资料组织在一起。仔细核对全部数据、统计资料，必须准确无误。切忌遗漏重要资料，还要避免把无关资料列入调查报告。
> （4）对调研活动拟解决的问题，有明确的结论和建议。
> 资料来源：钟育赣.公共关系学[M].北京：高等教育出版社，2016.

（五）总结评估阶段

调查报告形成以后应该对整个调查过程和调查结果进行总结评估，以便有关人员更清楚地了解调查的完成情况以及准确地掌握调查取得的成果，同时还可以总结经验教训，为以后的调查活动提供参考与借鉴。所以，总结评估也应该是公共关系调查研究的一个必不可少的重要步骤。

第二节 公共关系策划

公共关系策划是公共关系工作程序的第二步，为公共关系计划的实施与公共关系评估提供依据。从某种意义上说，公共关系的竞争就是公共关系策划的竞争。因此，公共关系策划不仅处于公共关系工作程序的核心地位，而且是整个公共关系工作成功的关键。

一、公共关系策划的含义与原则

（一）公共关系策划的含义

策划是人们对未来事物所进行的谋略设计和构思的过程。公共关系主要是研究组织如何处理与公众的关系，研究如何为本组织塑造良好的社会形象。组织形象的塑造受到各种各样因素的制约，组织必须制定形象战略，并通过连续不断的公共关系活动去具体实现既定目标。因而，策划是公共关系工作中难度最大、层次最高、最引人注目的一项工作。所谓公共关系策划，就是指公共关系人员为实现组织形象战略目标，在公共关系理论的科学指导下，对各类公共关系活动所进行的谋略、构思、设计和计划的过程。

理解公共关系策划要注意把握三个层面的含义。

第一，公共关系策划是围绕组织目标而设计的，旨在影响特殊公众行为的一套方案。

第二，公共关系策划是对提出的公共关系方案的全过程做出预先的考虑和设想。它不是具体的实施过程，不是实际的公关活动，而是决定如何开展公关活动的决策形成过程。

第三，公共关系策划是公关人员在对已有信息进行分析整理的基础上，利用掌握的知识和手段，充分发挥想象力和创造力，对公关活动的整体方案进行规划。

（二）公共关系策划的基本原则

公共关系策划是企业公共关系工作的中心环节。一个企业形象能否良好地树立，能否很好地传播；公共关系活动开展得好坏主要取决于公共关系策划的优劣。因此，公共关系策划人员应该遵循一系列基本原则，才能确保公共关系策划的成功。

> **知识小贴士2.4**
> **公共关系计划的一般类型**
>
> （1）长期计划。时间较长，使命宏观；一般是方向性、原则性和框架性的指导性计划。通常附有近期的年度计划。
> （2）年度计划。以一年为期，目标具体。通常包含多项专题计划。
> （3）专题计划。以应对具体"事件""变化"为主要任务，目标、事件和公共关系的举措具体、详细。
>
> 资料来源：钟育赣.公共关系学[M].北京：高等教育出版社，2016.

1. 诚实性原则

诚实守信是公共关系策划的一条最基本的原则。诚实性原则是指公共关系策划必须建立在对事实真实把握的基础上，向组织如实传递有关组织公众的信息，并根据事实的变化不断调整公共关系策划的策略和时机等内容。一位优秀的公共关系工作人员首先考虑的不是技巧，而是对事实的准备把握。一方面，策划人员应该深入客观现实，认真调查实际，尽可能全面、准确、客观地了解策划对象，使自己掌握的资料尽量与实际情况相符合；另一方面，策划人员要有坚定的决心和足够的勇气排除各种干扰、阻力甚至压力，保证据实策划。

2. 公众性原则

公众性原则是公共关系工作的重要原则，也就是公众利益优先原则，更是公共关系策划的重要原则。作为公共关系策划的主体，社会组织尤其是企业以公众的认可为其生存的前提，以公众的信任为其发展的条件。企业的发展有赖于公众对企业的认同和支持，有赖于公众对企业行为的参与回应。一个好的公共关系策划方案不在于它能改变公众、强制公众，而在于它能很准确地满足目标公众的利益点，从而吸引公众参与某项公众关系活动，并在这项活动中传递公众关系主体的信息，让公众在不知不觉中接受策划主体发出的信息。

3. 可行性原则

公共关系策划既要有一定的水准，又必须切实可行。公共关系策划者在策划活动之前，一定要做可行性分析，以确保公共关系活动目标的实现。可行性分析贯穿于策划的全过程，也就是在进行每一项策划时都应充分考虑所形成策划方案的可行性。策划方案形成后，也必须进行可行性分析，以便选出最优方案做最后的选择。进行可行性分析主要从四个方面进行：一是利害性分析，即分析策划方案可能产生的利益、效果、危害情况和风险程度，综合考虑、全面衡量利害得失；二是经济性分析，即考虑策划方案是否符合以最低的代价取得最优效果的标准，力求以最小的经济投入实现策划目标；三是科学性分析，即看策划方案是不是在科学理论指导下，在进行了实际调查、研究、预测的基础上严格按照策划程序进行创造性思维和科学想象而形成的，是否能够高效率地实施策划方案；四是合法性分析，即考虑策划方案是否符合法律法规要求。

4. 谨慎性原则

凡事都需要策，用策必求制胜。同时，以策制胜，慎之又慎。一个公共关系策划方案的完成,首先要听取各方人士之高见,然后整理成文。此文还需交专家论证,在目标公众中测验,小范围内实验,经过反复修改后才能定稿。作为公共关系策划人员,我们无法通过这样的程序化运作使某项公共关系策划方案达到最优,但我们可以通过这种方法避免产生最劣的策划方案。

5. 新奇特原则

新奇特原则,寓意奇正相生,以奇制胜,核心在"奇"。学会用"奇",作为公共关系策划人员,要正确掌握"奇"的分寸,先学会别人都在做的事,再去想那些别人没有做的事情。公共关系策划是公关人员充分发挥想象力和创造力的过程,公关人员在策划公共关系方案时,要敢于打破常规,设计出为公众喜闻乐见、难以忘怀的公关活动。创造性策划要求公关人员有敏锐的思维能力和捕捉机会的能力,有宽广的知识面和丰富的社会经验,要掌握大量的事实资料。

6. 效益性原则

公共关系策划要同时着眼于社会效益和经济效益。但当两者发生矛盾时,公关人员应将社会效益放在第一位,而宁肯牺牲眼前的经济效益。只有放眼长远,才能获取更大的经济效益;同时,公共关系策划要考虑以最小的投入去取得最佳的公关效果,达到公关目标。

二、公共关系策划的程序

无论是什么类型的公共关系策划,都必须遵循一定的工作程序。一般而言,公共关系策划的程序可归结为8个主要步骤,如图2.2所示。

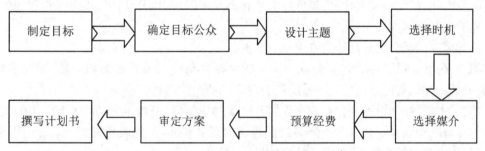

图 2.2 公共关系策划的程序

(一)制定目标

公共关系活动的目标,也就是公共关系人员经过努力要达到的目的以及衡量这一目的是否达到的具体指标。在确定公共关系目标时要注意:一是分目标必须服从总目标;二是目标必须有客观依据,必须针对组织面临的具体问题;三是目标必须具有明确性,即目标含义确切单一、具体清晰,而非模棱两可;四是目标必须具有可行性,即确定的目标应该符合实际,经过努力能够实现;五是目标必须具有可控性,即确定的目标应该留有余地,具有一定的伸缩性,在出现预想不到的情况变化时可以采取应变措施来实现目标。

(二)确定目标公众

确定与企业有关的公众实际是确定目标公众,即本次公共关系活动的对象。这是公共关系方案制定的基本任务。只有确定了目标公众,才能选定对哪些人实施公共关系方案,才能确定如何使用有限的经费和资源,确定工作的重点和进度,科学地配备力量,才能更好地选择媒体和工作技巧,才能有利于收集、准备那些既能被公众接受又有实效的信息。

确定目标公众的方法一般有以下几种：一是以活动目标来划定公众范围。这种划分主要强调的是目标公众与活动之间的关联性。二是以组织的重要性来确定目标公众。在公共关系实践活动中，有时组织将有关公众按与组织关系的密切程度、影响的大小程度、相关事件的急缓程度等因素进行排队，选出最为重要的部分作为目标公众。三是以组织的需要来确定目标公众。例如，当组织出现形象危机时，目标公众应首指组织的逆意公众和行动公众，以防止危机的扩散和加剧。这种划分主要强调的是影响度。

（三）设计主题

主题，是指公共关系活动中连接所有项目、统率整个活动的思想纽带和思想核心。提炼公共关系活动的主题，是公共关系策划过程中一个极其重要的环节，就好比确定一部大型交响乐的主旋律一样。

能否提炼出鲜明突出的公共关系活动主题，主题能否吸引公众、抓住人心，可以说是决定公共关系策划成败的一个重要标志。因此，拟定主题，关键要有创意。党的十九大报告指出，创新是引领发展的第一动力，是建设现代化经济体系的战略支撑。要瞄准世界科技前沿，强化基础研究，实现前瞻性基础研究、引领性原创成果重大突破。加强应用基础研究，拓展实施国家重大科技项目，突出关键共性技术、前沿引领技术、现代工程技术、颠覆性技术创新，为建设科技强国、质量强国、航天强国、网络强国、交通强国、数字中国、智慧社会提供有力支撑。加强国家创新体系建设，强化战略科技力量。深化科技体制改革，建立以企业为主体、市场为导向、产学研深度融合的技术创新体系，加强对中小企业创新的支持，促进科技成果转化。倡导创新文化，强化知识产权创造、保护、运用。培养造就一大批具有国际水平的战略科技人才、科技领军人才、青年科技人才和高水平创新团队。所以，我国非常重视创新，加快建设创新型国家。

公共关系的活动主题设计应考虑以下四点：

第一，公共关系目标。公共关系活动主题必须要与公共关系目标相一致，充分表现目标，也就是一句话就能点出活动的目的或表现活动的个性特色。

第二，主题的时效性。好的主题不在于辞藻的华丽、技巧的娴熟，而在于产生的实效。主题的时效既要表现在是否合乎公共关系活动的客观实际，又要表现在能否真正打开公众的心扉，切中公众的心愿，还要考虑社会效果。

第三，信息特性。表现公共关系活动主题的信息，首先要简明扼要，语句切忌过长、难以记忆。心理学的研究表明，人们对语言的记忆，其音节在 16 个以下为最佳效果，超过 16 个便容易产生排斥心理，因此，主题的表述必须通俗易懂、简短凝练，以期为公众所理解和接受。其次要独特新颖，有鲜明的个性，突出本次活动的特色，表述上也要有新意，语句要能打动人心，具有强烈的感召力，切忌空泛和雷同。

第四，公众的心理。公共关系活动主题的设计还要适应公众心理的需要，主题要形象，既富有激情，又贴切朴素，使人感到有积极奋发的情绪，同时又觉得可信可亲。

例如，日本精工公司为使精工计时打进 1964 年第 18 届东京奥运会，进行了长达 4 年的公共关系工作，该公司选择的公共关系活动主题是"世界的计时——精工表"，这一主题选得恰到好处。首先，它体现了这次公关的目标——"使精工荣获全世界的信赖"；其次，该主题清楚明了，便于记忆；最后，这一主题朴实中肯，绝无华而不实的虚假。因此，这是一个成功的公共关系活动主题。

（四）选择时机

时机就是时间的变化所带来的机会。能否捕捉到并抓住有利时机，已成为公共关系策划水准最为重要的衡量标志之一。时机具有不可逆转性，公共关系策划必须抓住不可复得的机会，迅速果断地采取对策。选择时机时，应当注意以下几点：一是尽量选择那些既能够引起目标公众关注，又具有潜在新闻价值的时机。二是要善于利用节日，去做可借助节日来传播组织信息的项目。三是要尽量避开或利用国内外的重大事件。四是不要同时开展两项以上重大的公共关系活动，以免分散人们的注意力，削弱和抵消自身应有的效果。

（五）选择媒介

公共关系工作对象的复杂性、公共关系传播内容的广泛性和传播形式的多样性，都决定了公共关系传播媒介的包容性。要达到预期的传播效果，公共关系策划者必须熟悉各种媒介，了解各种媒介的优缺点，善于通过巧妙组合的方式，达成优势互补、交相辉映的整合性传播效果。一般常见的传播媒介有人际传播媒介，即人与人之间相互交换社会信息的方式；群体传播媒介，即组织之间交流信息的方式；大众传播媒介，即大众借助各种传媒了解信息的方式。每一组传播媒介都有自己的长处和短处，只有选择最恰当的媒介，才能与公众进行顺利的沟通。在选择传播媒介时应注意适应对象原则、区别内容原则、合乎经济原则、考虑条件原则。

（六）预算经费

无论是出于何种目的而开展的公共关系活动，都应该考虑投入与收益的关系，公共关系策划的方案必须建立在一定的物资条件基础上，才可能成为现实。所以，预算经费成为公关策划活动必须重视的一个环节。公共关系活动的经费开支主要包括日常行政经费、器材设施费、劳务报酬经费和公共关系活动项目具体开支经费四大内容。美国内布拉斯加大学著名传播学教授罗伯特·罗雷在《管理公共关系学：理论与实践》一书中指出："公共关系活动往往由于以下原因归于失败：第一，由于没有足够的经费，难以为继，关键时刻不得不下马；第二，因经费不足，只得削足适履，大幅度修改原计划；第三，活动耗资过大，得不偿失。"这是我们策划时必须引以为戒的。因此，预算经费的意义在于保证方案的切实可行，并妥善安排轻重缓急，还可以为评估提供依据。

预算活动经费的方法主要有四种。第一，固定比率法。按照一定时期经营业务量的大小确定预算经费总额，经营业务量既可按销售额计算，也可按利润额计算，各组织自行决定从中抽取一定百分比作为公共关系的活动经费。第二，投资报酬法。把公关活动的开支当作一般投资看待，即以相同数量的资金投入获得效益的大小作为依据。第三，量入为出法。以组织的经济实力和财务支出情况为依据，根据财力允许支出的金额确定公共关系活动经费的总额。第四，目标先导法。先制定出公共关系活动所期望达到的目标，然后将实现这一目标所需的各项费用详细计算出来，从而计算出整个活动所需的经费总额。

（七）审定方案

审定方案就是对公共关系策划进行再一次分析，即方案优化过程，也就是提高方案合理值的过程。其主要目的是看有没有其他的方案既可以达到同样的目标，同时又更加省力、省时、省钱。这一点也是非常重要的，因为我们遇到的多数问题都不会只有一种解决办法，很可能同时有几种不同的方法可以采用，因此需要进行进一步的分析。

例如，某大型商场开业在即，为使商场开业伊始便有较高的知名度，商场策划了一次别出心裁的活动，以期引起当地媒体的关注。开业当天，在商场外举行了抛发礼券活动，每张礼券500元,共抛发1 000张。活动当天,先后有数万人参加了争抢礼券活动。受活动影响,商场周围交通被迫中断,结果导致市政部门和部分市民的不满。同时,活动本身秩序失控,导致一些人被挤伤。对此,当地几家媒体对活动所带来的问题进行了报道。尽管活动的开展客观上使商场有了知名度,但知名度带给商场的却是商场不希望看到的结果。

所以,在审定方案的过程中,应主要考虑以下因素:一是对公共关系活动的目标进行再分析,看该公关目标是否明确,以及最终可能实现的程度如何。二是对限制因素,如资金、时间、人力资源、传播渠道等进行再分析,看该公共关系活动的策划在当前的主客观条件下是否可行。三是对一些潜在的问题进行分析,即预测公共关系活动的计划在实施时可能发生的潜在问题和障碍,分析预防和补救的可能性。四是对预期的结果进行分析,判断该计划是否可以付诸实施。

知识小贴士2.5
高级主管应该对企划案提出的问题

科特勒指出,高级主管可以通过提出以下的问题,以判断一份营销计划是否稳健。同样,这些问题也适应于评价一份公共关系策划。
(1)策划列出一些令人振奋的新公共关系机会了吗?它同时也考虑到主要的公共关系威胁了吗?
(2)策划清楚地定义目标细分市场与他们的相对潜力了吗?
(3)目标市场的顾客认为我们的产品或服务比竞争者的优秀吗?
(4)各战略彼此之间有连贯性吗,是否使用了适当的工具?
(5)这份策划达成目标的概率有多大?
(6)假如我们只同意80%的经费,管理人员会删除哪些项目?
(7)假如我们给予120%的经费,管理人员会增加哪些项目?
资料来源:钟育赣.公共关系学[M].北京:高等教育出版社,2016.

(八) 撰写计划书

撰写计划书是将策划过程及其结果等与策划相关的主要内容经过整理加工转化为书面形式,形成反映最终策划成果的书面文件。撰写计划书是为了将策划的各个工作环节和形成的初始文件进行整理加工,使之系统化、规范化、完善化。

一份规范的计划书应该由封面、摘要、目录、前言、正文和署名等六部分组成。封面应该在合适的位置标明策划项目的名称、策划主体的名称、完成计划书的日期及计划书的编号。摘要应该简明扼要地表述计划书的核心内容,便于决策者了解计划书的精神实质,形成深刻印象。目录部分应该列出计划书正文的章节名称,如有附件也应一并列出。前言是计划书的大纲,包括计划书的宗旨、背景和意义等主要内容。正文一般包括标题、主题、目标、综合分析、活动日程、传播方式、经费预算、效果预测等内容。署名是指在计划书的最后注明策划机构的名称或策划人员的姓名以及计划书的完成日期。

公共关系策划的计划书具有非常重要的价值,这主要体现在:它是策划者思维水准的具体体现;它是公共关系行动的说明书;它是公共关系活动的实施指南;它是评估公共关系活动的依据和标准;它是策划者脑力劳动的结晶,是极具保存价值的备忘录。

三、公共关系策划的要素

公共关系策划方案当无定式，策划者一般根据实际的需要和自己的文笔风格来撰写。但无论方案形式、内容有着如何的差别，理应包容的基本要素都不可或缺。一般应当具备8个要素组合即"5W2H1E"：What——策划的目的、内容；Who——策划组织者、策划者、策划所涉及的公众；Where——策划实施地点；When——策划实施时机；Why——策划的原因；How——策划的方法和实施形式；How much——策划的预算；Effect（效果）——策划结果的预测。

同时，一个完整、周详、切实可行的公关策划方案还应包括为实现专题目标而进行的所有工作安排，从确定策划活动主题、明确策划的具体项目到选择公关活动的时机、内容直至预算活动经费及对活动的事后评估的全部过程和内容。针对不同组织不同内容与形式的公共关系策划方案，应当围绕着这8个要素，根据自己的需要去进行丰富完善和组合搭配，公共关系策划方案的创意与个性风格，就存在于对要素的丰富完善和组合搭配的差异之中。

第三节　公共关系实施

大胆和惊喜的公共关系计划固然重要，而围绕目标扎扎实实地加以实施则是其制胜的关键。公共关系实施是指社会组织为了实现既定公共关系目标，充分依据和利用实施条件，对公共关系创意策划实施策划、手段、方法设计并进行实际操作与管理的过程。公共关系实施工作的成功需要企业公共关系人员有较强的创造性意识，并且对企业的现状和环境有精辟的认识和分析。

一、公共关系实施的原则

公共关系实施是一个复杂而科学的过程，客观上需要有一套科学的实施原则作指导。公共关系实施原则是公共关系实施的工作准则，是公共关系管理者（领导者）和操作者在错综复杂的实施环境中，排除各种实施困难，完成公共关系实施各项工作，实现公共关系目标的成功法则。

（一）充分准备原则

在正式实施公共关系策划方案之前，必须做好各种实施准备。实施准备是公共关系实施成功的基础和前提条件。准备越充分，公共关系实施就越顺利，失误就越小。绝对不能打无准备之仗。在正式实施策划方案之前，要用足够的时间做好各种准备工作。要建立"准备工作责任制"，把各项准备工作落实到具体的人，负责到底。

（二）策划导向原则

所谓策划导向原则，就是公共关系人员必须严格按照既定的策划方案进行，包括目标导向、策略导向和实施方案导向。策略导向要求公共关系人员必须按既定策略思路去执行实施方案。策略指导实施行为，是事实行为的主题思想。实施方案导向要求公共关系人员严格按照实施方案开展实施工作。各项具体工作内容的实施方法是公共关系策略和公共关系目标实现的保障，应当熟练掌握与应用，并在应用中创造更有效的实施方法。

(三) 控制进度原则

控制进度原则就是必须按照公共关系实施方案中各项工作内容实施时间进度的要求，随时检查各项工作内容的完成进度，及时发现滞后或超前的情况，搞好协调与调度，使各项工作内容按计划协调、平衡地发展，并确保按时完成。控制进度原则要求做好预测和及时发现各种可能影响实施工作进度的因素的工作，针对关键原因采取有效的预防和应急措施。

(四) 整体协调原则

这是指在公共关系实施过程中，要使各项工作内容之间达到和谐、合理、配合、互补和统一的状态。公共关系实施是一项系统工程，各项工作只有相互有机配合才会达到整体最佳。各自为政，相互矛盾，只能增加内耗，严重时必然导致公共关系实施的失败。因此，坚持整体协调原则，保证实施活动的同步与和谐，做到统一意志、统一指挥、统一行动，提高工作效率与效果。

(五) 反馈调整原则

反馈调整原则是指通过监督控制及时发现公共关系实施中的方法偏差甚至错误，并及时进行调整与纠正。由于各种因素干扰，或由于实施人员的素质问题，不按照既定工作方法实施的情况时有发生。由于策划设计错误，或由于实施环境突然发生变化，原来设计的实施方法无法操作，这些都是实施中的严重问题。要建立一种灵敏的监督反馈机制，快速发现问题征兆，并立即采取有效措施调整实施方法。

二、公共关系实施过程的关键环节

(一) 执行方案的完善

无论是一个活动项目，还是整个的公共关系计划，其实施都应有详细、具体的执行方案，以明确关键环节和主要措施。一般可从何人（团队）负责（Who），每项工作的起始和完成时间（When），实施地点或场合（Where），工作任务（What）与预期效果（Why），活动方式（How）和资源配置（How Much）等7个方面，系统思考和反复斟酌，以明确执行方案的细节，具体见表2.2。

表2.2 "5W2H"思考框架

	思考的维度	"一思"	"二思"	"三思"	方案的内容
Who	何人？	为什么	有更合适的吗？	的确如此吗？	责任人选
When	何时？	为什么	有更合适的吗？	的确如此吗？	起始结束
Where	何地？	为什么	有更合适的吗？	的确如此吗？	地点场合
What	做什么？	为什么	有更合适的吗？	的确如此吗？	工作任务
Why	为什么？	为什么	有更合适的吗？	的确如此吗？	预期效果
How	如何做？	为什么	有更合适的吗？	的确如此吗？	活动方式
How Much	花多少？	为什么	有更合适的吗？	的确如此吗？	资源配置

资料来源：钟育赣. 公共关系学[M]. 北京：高等教育出版社，2016.

(二) 公共关系信息的优化

第一，信息的价值必须准确无误。包括检查所准备的各种信息、资料，是否符合解决公共关系问题本身的需要，是否与公共关系主题或关键信息相一致，等等。

第二,信息的内容必须充实、匹配。包括再次检查文字、图片、动画和音像视频等信息介质是否完整、全面,是否符合公共关系目标、媒介和传播平台的要求,是否适合目标公众的特点和习惯;在目标公众当中,是否存在与信息内容、沟通方式相关的负面情绪和对抗性心理、行为;不同公共关系项目之间信息的逻辑性、系统性,具体信息与公共关系任务的匹配程度;等等。

第三,信息的表现形式必须适时、恰当。检查有关信息传递的资料、宣传品设计等是否合理、新颖,能否引人注目、给人印象深刻,可否引起共鸣、激发分享的欲望……具体包括语言文字的运用,图表、动画和音像视频等的设计以及展示方式的选择,等等。

(三)组织结构的适应性

在公共关系实施中,组织结构应与公共关系的任务相一致,同自身的特点、环境相适应。因此,可能需要根据战略、计划和工作的具体要求,适时地调整、完善组织结构。

(四)建章立制

为了有效地实施战略和计划,行动方案、组织结构、规章制度等因素必须协调一致,相互配合。要保证各项工作落在实处,还必须明确有关的各个环节、岗位和人员的责、权、利,明确要求与奖惩措施,并建章立制进行约束和管理。

三、公共关系实施的障碍与排除

在公共关系实施过程中,还要排除各种可能影响和阻碍公共关系实施的因素所造成的实施障碍。影响公共关系实施的因素是众多而复杂的,但主要有三种类型:实施主体障碍、实施沟通障碍和实施环境障碍。

(一)实施主体障碍与排除

1. 实施人员障碍

要排除实施人员的障碍,关键是选择优秀的实施人员并进行严格的培训,建立一套有效的激励机制和约束机制。

2. 目标障碍

在做公共关系目标策划时,一定要征求各方面的意见,形成目标共识;要对目标进行可行性论证,切实确立明确和具体的目标。

3. 创意障碍

要减少创意障碍,关键在于提高组织策划水平,充分利用组织内外的专家,集思广益,应用创造技法。

4. 预算障碍

制定经费预算时要了解开支标准,反复测算,并留有充分的余地。尽管如此,有时还是会出现超支,但对必要的支出追加经费也是应该的。

5. 实施方案障碍

公共关系实施方案是由实践经验丰富、管理能力和责任心强的人员来设计的,同时要多征求实施者的意见,力求达到科学、适用、有效、节约,这样才能克服此方面的障碍。

(二)实施沟通障碍与排除

这是在公共关系计划实施过程中组织与公众之间的传播沟通障碍。公共关系计划实施的过程实际上是传播沟通的过程。实施过程中的传播沟通并不是一帆风顺的,常见的沟通障碍主要有以下几种:

1. 语言障碍

要准确有效地使用语言工具并非易事。常见的语言障碍有语音混淆、语义不明、语法不通、用词不当等。不同国家、不同民族有不同的文字，也会造成文字障碍；对于文盲、半文盲的公众，文字也会造成障碍。

2. 习俗障碍

习俗是在一定的文化历史背景下形成的具有固定特点的调整人际关系的社会因素。常见的习俗障碍有违反道德、礼仪、习惯、传统、风俗等。

3. 观念障碍

关键是由一定的经验和知识积淀而成的，在一定条件下为人们所接受、信奉并用以指导自己行动的理论和观点。常见的观念障碍有保守观念、封建观念、自私观念、极端观念、片面观念等。

4. 心理障碍

心理障碍是指人的认识、情感、态度等心理因素对沟通过程的障碍。常见的心理障碍有消费心理、交际心理、政治心理、工作心理等。

5. 机构障碍

机构障碍是指由于组织层级不合理，如机构臃肿或结构松散而造成的信息传递失真或传递速度减慢等问题。

在公共关系工作的实施过程中，只有努力减少和克服以上所提到的种种障碍，才有可能做好公共关系的实施工作，这是公共关系实施过程中要高度重视的环节。

（三）实施环境障碍与排除

公共关系方案是在一种复制多变的社会环境、市场环境中实施的。因此，环境中的各种因素会从正面（促进）和反面（制约）来影响实施工作。公共关系实施障碍是指来自于实施环境的各种制约因素、对抗因素和干扰因素等，这些障碍因素有如下类型：

（1）政治环境制约因素。如政府的有关政策、法规的管制，以及政治形势、政策变化的影响。

（2）经济环境制约因素。

（3）社会文化环境制约因素。

（4）科技环境制约因素。

（5）竞争环境对抗与干扰因素。

（6）自然环境制约因素。

（7）国际政治、经济环境制约因素。

第四节 公共关系评估

公关活动评估就是依据特定的标准，对公关计划、实施及效果进行检验、评价和估计。通过对公关效果的评估，肯定工作成绩，找出实施效果与目标之间的差距，适时地调整公关目标、公共关系的计划和实施方案，保证公关活动的持续有效开展。

一、公共关系评估的意义

（1）分析和评估对组织的公关工作具有导向作用。任何公关活动的结束都需要进行总结,通过对公关活动的计划、实施、效果的分析评价,其经验和教训都会为下一个公关活动和环节提供借鉴。"总结经验、吸取教训"是公关活动评估的重要意义所在。

(2) 评估是激励内部公众士气的重要形式。公关活动的开展对良好组织形象的树立所起到的作用,内部员工一般很难有全面深刻的了解和认识。通过公关活动评估,将公共关系方案的目标、措施和效果向内部员工解释和说明,才能使他们体会到公关活动的重要性,同时也能认清本组织的利益和实现的途径,自觉地将实现本组织的战略目标与自己的本职工作紧密地联系在一起,增强凝聚力。

(3) 公关活动评估的另一重要意义还在于使组织的领导人看到开展公关工作的明显效果,从而使他们能更加自觉地重视公关工作。

二、公共关系评估的内容

公关活动评估的内容较多,主要有以下三个方面:

(1) 评估公关活动原定目标是否实现。公关活动的原定目标是活动效果评估的标准。将公关活动方案中所设计的主要目标与通过公关活动所达到的实际目标进行比较,分析目标实现的程度。

(2) 分析评价公关活动所选择的模式、传播媒介是否符合目标公众的需求。通过公关调查,对掌握的资料进行评估,分析其相符程度和对实现目标的作用,作为制订新的公关计划和活动提供依据。还需对原计划预算控制进行评估,对资源投入与目标实现的价值比和效益比进行分析,使组织的人力、财力、物力和时间的投入得以充分利用,发挥较多的效益。

(3) 公众的态度的评估。在进行评估时,要对开展公关活动前后公众对组织的认识、了解和理解程度进行比较分析,还应评估公众对组织观点、态度的改变程度。公众"态度"的评估,对公关活动持续有效的开展有着重要的指导意义。

三、公共关系评估的一般程序

评估工作是对公关活动的计划、实施及效果进行分析总结,作为一项完整的工作过程,评估过程可概括为 10 个基本步骤,如图 2.3 所示。

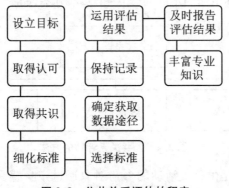

图 2.3 公共关系评估的程序

(1) 设立评估统一目标。意即对评估的用途和目的达成一致,评估目标是用比较来检验公关计划与实施的结果。统一的评估目标,可以减少在评估研究中出现的不必要的劳动,除去无用的材料,提高评估的效率与效果。

(2)取得组织最高管理者的认可,确保组织将评估列入公关计划,能够保障评估的正常有序进行。

(3)在公关部门内部取得对评估研究意见的共识。

(4)细化评估标准,并将项目具体化。用可以观察和可以测定的角度,将目标具体化、精确化,这样可以使公关计划的实施过程更加明确化与准确化。如果设立的目标不能得到实施,目标就没有用处、没有意义。

(5)选择合适的评价标准。公关活动的目标说明了组织期望达到的效果。应针对不同的活动形式和目标,确立评估标准,如果开展的是以改善自己的形象、提高美誉度为目标的公关活动,评估应该将公众对组织的认识、态度的变化作为评估标准。

(6)确定获取数据的最佳途径。获取评估数据的途径和方法并不是唯一的,它取决于评估的目的、标准。抽样调查、实地实验或活动记录都可能成为获取数据的好方法。

(7)保持完整的计划、实施记录。组织活动记录可以提供大量的评估材料,保持完整的计划实施记录,可以检验策划的可行性程度。

(8)运用评估结果。把评估的结果运用到公关工作的调整上,会使问题的确定和分析更加详细、精确,确保下一个周期的公关活动更为有效。

(9)及时报告评估结果。及时上报评估结果可以保证组织管理者及时掌握情况,有利于组织全面的协调决策,也有利于说明公共关系活动在组织实现目标的过程中所起到的作用。

(10)丰富专业内容,利于知识共享。公关活动的效果评估,可以使人们对公关活动加深理解和认识,评估的结果又进一步丰富公共关系专业知识的内容;同时也能被其他相似组织所借鉴、共享。

四、公共关系评估的方法

在进行实施效果的评估时应注意到,一项公关活动总是处于一定的社会环境之中的,它所产生的影响,可能是公关活动本身引起的,也可能受到其他社会因素的作用。理想的科学的评估,最好能尽量排除公关活动本身之外的因素,显示出公关活动真正的影响力。评估的方法有很多,这里根据评估主体的不同,介绍三个基本方法,如图2.4所示。

图2.4 公共关系评估的方法

(1)公众评价法。它是由公关活动的参与对象通过亲身感受,对公关活动给予评价的方法。这种方法在公关活动评估中应用较为普遍,即采用问卷或提问的方法征求公众的意见,通过征求他们对指定问题的意见、态度、倾向来对公关活动的效果进行分析评价。

(2)专家评价法。它是由公关方面的专家来审定公关计划、观察活动的实施、对计划的实施对象进行调查,综合各方面意见对公关活动进行评估,鉴定公关活动的成就。评价时将拟定好的评价项目、评价标准和活动背景资料送至专家手中,请专家就所掌握的资料,提出评估结果、列出评估依据;综合汇总专家意见后,形成评价结论。

(3) 实施人员的评估。它是由实施公关活动的人员对计划和实施的进展情况进行评估。这种评估能够及时、充分地利用实施过程中的实际情况,对该项活动的影响效果进行判断。当然这种评估也有缺陷,即由于是实施人员对其实施计划评估,故可能无法公正客观地看出公关活动的真实影响。

总之,在评估公共关系工作的效果时,上述几种方法是全部使用还是有选择地使用,应当根据需要评估的工作内容而定。一般来说,如果是对多目标的中长期计划的实施效果进行评估,最好几种方法同时使用;如果是对单目标的短期计划的实施效果进行评估,一般选择一两种方法即可。

本章精要

1. 所谓公共关系调查,是指公共关系人员运用科学的方法,有步骤地考察、了解、分析、研究组织的公共关系状态,以收集信息、发现问题、掌握情况为目的的一种公共关系实践活动。调查研究是公共关系工作程序中的第一个步骤,它也是其他各个步骤的先导和基础。

2. 公共关系策划,就是指公共关系人员为实现组织形象战略目标,在公共关系理论的科学指导下,对各类公共关系活动所进行的谋略、构思、设计和计划的过程。

3. 在公共关系实施过程中,还要排除各种可能影响和阻碍公共关系实施的因素所造成的实施障碍。影响公共关系实施的因素是众多而复杂的,但主要有三种类型:实施主体障碍、实施过程的沟通障碍和实施环境障碍。

4. 公共关系评估的方法有很多,根据评估主体的不同,有三个基本方法:公众评价法、专家评价法、实施人员的评估。

即测即评

一、单项选择题

1. ( )表示社会公众对一个组织或企业有好感或赞许的程度。
    A. 知名度　　　B. 美誉度　　　C. 和谐度　　　D. 满意度

2. ( )=知晓人数/被调查人数。
    A. 知名度　　　B. 美誉度　　　C. 和谐度　　　D. 满意度

3. ( )是指由调查人员向对方提供问卷,并请其对提出的问题做出回答,从而获取信息的调查方法。
    A. 观察调查法　B. 询访调查法　C. 检索调查法　D. 问卷调查法

4. ( )是公共关系工作程序中的第一个步骤,它也是其他各个步骤的先导和基础。
    A. 公共关系策划　B. 公共关系实施　C. 调查研究　D. 公共关系评估

5. ( )就是指公共关系人员为实现组织形象战略目标,在公共关系理论的科学指导下,对各类公共关系活动所进行的谋略、构思、设计和计划的过程。
    A. 公共关系策划　B. 公共关系实施　C. 调查研究　D. 公共关系评估

6. ( )就是依据特定的标准,对公关计划、实施及效果进行检验、评价和估计。
    A. 公共关系策划　B. 公共关系实施　C. 调查研究　D. 公共关系评估

7. ( )是指社会组织为了实现既定公共关系目标,充分依据和利用实施条件,对公共关系创意策划实施策划、手段、方法设计并进行实际操作与管理的过程。
    A. 公共关系策划   B. 公共关系实施   C. 调查研究   D. 公共关系评估

8. 能否提炼出鲜明突出、吸引公众、抓住人心的（　　），可以说是公共关系策划成败的一个重要标志。（　　）。
    A. 公共关系活动主题   B. 新闻事件
    C. 要素   D. 策划书

9. （　　）不仅处于公共关系工作程序的核心地位，而且是整个公共关系工作成功的关键。
    A. 公共关系策划   B. 公共关系实施   C. 调查研究   D. 公共关系评估

10. （　　）是指公共关系策划必须建立在对事实真实把握的基础上，向组织如实传递有关组织公众的信息，并根据事实的变化不断调整公共关系策划的策略和时机等内容。
    A. 公众性原则   B. 可行性原则   C. 诚实性原则   D. 谨慎性原则

二、多项选择题

1. 公共关系调查的原则包括（　　）。
    A. 客观性原则   B. 系统性原则
    C. 实效性原则   D. 计划性原则

2. 公共关系调查的方法主要有（　　）。
    A. 科学观察法   B. 询访调查法   C. 检索调查法
    D. 问卷调查法   E. 量表测量法

3. 公共关系评估常用的方法有（　　）。
    A. 公众评价法   B. 专家评价法
    C. 实地评价法   D. 实施人员的评估

4. 公共关系"四步工作法"是指（　　）。
    A. 公共关系策划   B. 公共关系实施   C. 调查研究   D. 公共关系评估

5. 提炼和拟定主题应当注意以下几点：（　　）。
    A. 公共关系目标   B. 主题具有时效性
    C. 信息特性   D. 公众的心理

三、判断题

1. 要开展公共关系活动，必须从公共关系策划开始。（　　）
2. 一般情况下，组织是通过知名度和美誉度两个指标来完成组织形象调查的。（　　）
3. 实施是公共关系工作中难度最大、层次最高、最引人注目的一项工作。（　　）
4. 美誉度＝称赞人数/知晓人数。（　　）
5. 调查研究不但处于公共关系工作程序的核心地位，而且是整个公共关系工作成功的关键。（　　）
6. 公共关系策划与公共关系实施是一样的，没有区别。（　　）
7. 公共关系"四步工作法"是指调查研究、公共关系策划、公共关系实施、公共关系评估。（　　）
8. 公共关系策划方案在实施过后有的需要评估，有的不需要评估。（　　）
9. 公共关系策划是公共关系工作程序中的第一个步骤，它也是其他各个步骤的先导和基础。（　　）

10. 公共关系策划,就是指公共关系人员为实现组织形象战略目标,在公共关系理论的科学指导下,对各类公共关系活动所进行的谋略、构思、设计和计划的过程。（　　）

思考与练习

一、思考题

1. 简述公共关系调查的基本内容。
2. 在谋划对策中如何把握好时机？
3. 在公共关系的实施过程中,可能会遇到哪些障碍？
4. 简述评估常用的几种方法。

二、案例分析题

香港一家经营保险柜的公司,由于该产品刚上市,生意很不景气。一天,这家公司在当地很有影响的报纸上登了一则消息:"明天上午十点,在此将在本公司出售的保险柜内放上100000美元的现金,若有哪位先生、小姐在不弄响保险柜铃铛的情况下将它打开,这里面的钱就奉送给他(她)。"这个消息不胫而走。第二天,人们将这家公司的店铺围得水泄不通,电视台的录像车也开来了。人们一个接着一个地上来试运气,来人中有警察、开锁技师、小偷等各种各样的人。结果保险柜的门纹丝不动。这一切都被录像机摄入镜头。这家公司的保险柜从此销量大增。

资料来源:https://wenda.so.com/q/1365192191060320？src=140。

思考讨论题：

1. 结合案例谈谈在公共关系策划中如何利用公众心理制造新闻事件来塑造组织形象。
2. 请从公共关系的角度分析该案例有哪些启示。

三、小练习

练习内容:企业产品形象策划方案设计。

练习目的:了解公共关系策划的原则、程序及要求,明确公共关系策划方案的设计思路。

练习要求:对本地某一知名企业的产品形象进行调查,策划方案。

练习组织：

1. 全班学生以小组为单位做调查,每组6～8人。
2. 设计公共关系策划方案。
3. 小组成员分工合作,开展公共关系调查,设计企业产品形象策划方案。
4. 统计、汇总调查结果,完成企业产品形象策划方案的设计。
5. 以小组为单位完成一份不少于2000字的企业产品形象策划方案。

练习说明:每班选择1～2份优秀的企业产品形象策划方案；由本组同学就调查过程和企业产品形象策划方案设计过程在全班进行汇报交流,老师进行点评。

延 伸 阅 读

1. 黄懿慧.公共关系策划的创意、创新与关键思维[J].国际公关,2018(1):48.
2. 中国公共关系业2016年度调查报告[J].国际公关,2017(3):86-89.
3. 谢景芬.从公共关系策划创业大赛看公共关系实践教育[J].国际公关,2017(6):24.
4. 王竹君.第六届中国大学生公共关系策划创业大赛[J].国际公关,2018(1):48.
5. 尹捷.砥砺前行不忘初心,"90后"未来可期[J].国际公关,2018(1):51.

6. 梁欣萌.CIPRA《第四届理事会工作报告》[J].国际公关,2017(3):30-34.
7. 中国公关网.http://www.chinapr.com.cn/.

即测即评答案

一、单项选择题
1. B　2. A　3. D　4. C　5. A　6. D　7. B　8. A　9. A　10. C

二、多项选择题
1. ABCD　　2. ABCDE　　3. ABD　　4. ABCD　　5. ABCD

三、判断题
1. ×　2. √　3. ×　4. √　5. ×
6. ×　7. √　8. ×　9. ×　10. √

思考与练习参考答案

一、思考题

1. 公共关系调查的内容及范围主要涉及组织的基本状况调查、组织形象调查、公众评价调查等。

2. 公共关系策划选择时机时,应当注意以下几点:一是尽量选择那些能够引起目标公众关注,又具有潜在新闻价值的时机。二是要善于利用节日,去做可借助节日来传播组织信息的项目。三是要尽量避开或利用国内外的重大事件。四是不要同时开展两项以上重大的公共关系活动,以免分散人们的注意力,削弱和抵消自身应有的效果。

3. 在公共关系实施过程中,还要排除各种可能影响和阻碍公共关系实施的因素所造成的实施障碍。影响公共关系实施的因素是众多而复杂的,但主要有三种类型:实施主体障碍、实施过程的沟通障碍和实施环境障碍。

4. 公共关系评估的方法有很多,根据评估主体的不同,有三个基本方法:公众评价法、专家评价法、实施人员的评估。

二、案例分析题

1. 此案例体现了策划新闻事件在公共关系活动中的实际应用。策划具有新闻价值的事件也叫"制造新闻"或"策划新闻",是组织争取新闻宣传机会的一种技巧。组织通过策划,举办具有新闻价值的事件或活动,吸引新闻界和公众的注意力,制造新闻热点,争取被报道的机会,以达到提高知名度、扩大社会影响的目的。此案例中,这家公司就策划了"10万美元寻找主人"这一具有新闻价值的事件,达到了自己的公关目的。

2. 此案例是一则以制造新闻获得强大效应的公关实例,新型保险柜公司未出一分钱的广告费,却取得了极好的广告效果。这就是因为他们充分运用了制造新闻事件这一公关手法,引来公众注意,向公众传递了组织和产品的信息,增强了公众的信任感。使用制造新闻的关键是"新",跟在别人后面,就会失去新闻价值,公众不会产生新鲜感,也就失去兴趣。因此,公关人员应善于开动脑筋,充分发挥创造性和想象力,出奇制胜,方能奏效。

第三章　公共关系活动方式

本章知识结构图

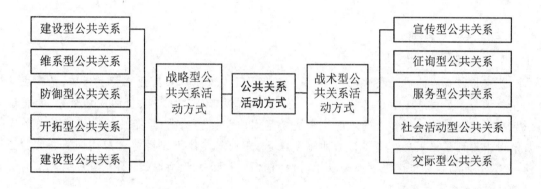

知识目标：掌握公共关系活动方式的含义；理解战略型公关活动方式与战术型公关活动方式的关系；熟悉各类型公关活动方式的特点和采取的方式；了解公共关系活动方式实施的原则。

能力目标：能运用所学知识，结合案例和实际分析各种公关活动方式特点，并掌握其操作原理。

实训目标：在实践环节中，能利用角色演示法、案例分析法等方法灵活运用各种公共关系活动方式，并开展实训环节，提升同学们驾驭公共关系活动方式的水平。

本章重点：战略型公关活动方式、战术型公关活动方式。

本章难点：对各种公共关系活动方式的理解与操作。

北京长城饭店的成功秘诀：为公关界人士及国际友人所熟知的北京长城饭店，是在成功地接待了美国里根总统后才名扬五洲的。正是长城饭店公共关系人员的成功策划，使长城饭店在全球有了较高的知名度。而这个成功策划的前提和基础，正是该饭店的公共关系人员及时采集到了里根总统将要访华的重要信息，并且比其他组织提前得知这一消息的。因此，为该店策划和实施这次活动争取了时间，他们通过公关活动，取得了美国驻华使馆的好感和认可，一步步走向成功。

思考题一：北京长城饭店采用了哪一种公共关系活动方式？

思考题二：该案例有什么启示？

资料来源：刘建廷.公共关系学[M].北京：中国传媒大学出版社，2014.

案例解读：上述案例中北京长城饭店采用了征询型公共关系活动方式，才及时采集到了里根总统将要访华的重要信息，为其成功奠定了基础。公共关系活动方式是指根据组织特定的目标和任务，为其公共关系提供活动方法的结构框架。实际上，将公共关系主体与公共关系客体连接起来的纽带是公共关系活动，而公共关系活动就是形式多样、内容丰富的工作实践。可以说，组织可以根据自身的需要有针对性地选择公共关系活动方式，并且在实践中不断产生新的活动方式。

不同的组织或同一组织面对的情况不同，或同一情况但面对的公众不同，或公共关系的具体任务不同，都需要选择不同的公共关系活动方式，以实现公共关系的预期目标。根据组织开展公共关系活动具体目标的不同，可以将公共关系活动方式划分为战略型公共关系活动方式与战术型公共关系活动方式两大类。

第一节 战略型公共关系活动方式

战略型公共关系活动方式，是指组织根据自身发展的不同时期和组织与环境之间的矛盾,配合组织战略目标而采取的公共关系活动模式。它主要追求全局性、长远性的公共关系效果。企业有成长期、发展期、稳定期、衰退期的生命轨迹,产品、服务也有成长期、发展期、稳定期、衰退期四个阶段。在不同的发展阶段,组织与周围环境的矛盾也有所不同,而任何社会组织,其发展都必须与周围环境相适应。组织在发展的不同时期,都必须适应不断变化的环境。因此,组织中的公共关系人员必须掌握组织发展不同时期公共关系工作的特点,适时适度地开展公共关系工作。根据组织发展不同时期公共关系工作的方式和特点,可以归纳出以下活动方式。

一、不鸣则已,一鸣惊人——建设型公共关系

建设型公共关系是社会组织初创时期或新产品、新服务首次推出时期,为开创新局面进行的公共关系活动方式。建设型公共关系适用于组织的开创阶段,以及某项事业或产品服务问世阶段,其目的在于提高知名度,形成良好的"第一印象",或使社会公众对组织及产品有一种新的兴趣,形成新的感受与体验,直接推动组织和事业的发展。

这种活动方式多以宣传和交际相结合的做法,吸引社会舆论和公众的关注,使之产生兴趣、意愿了解,形成好感并进而采取相应的行动。一般容易给人留下明显的"宣传"痕迹,所以应将活动的重点放在引起注意和提高认识上。并注意选择有利的时机、恰当的场合切入,既要把握"宣传"的分寸,又要力求新意,通过新颖别致的"曝光""亮相",赢得公众和社会瞩目。要避免千篇一律、千人一面而使活动流于一般,更要防止沦为纯功利性的"炒作"。

建设型公共关系可采用的方法很多,一般包括开业广告、开业庆典、新产品试销、新服务介绍、新产品发布会、免费试用、免费品尝、免费招待参观、开业折价酬宾、赠送宣传品、主动参加社区活动等。特殊情况下,建设型公共关系活动包括主动向社会公众介绍情况,举办大型公关活动,向社会征集企业名称、徽标,向社会招聘高级人才等。

例如,日本索尼公司的新产品"Walkman"(随身听)开拓性地打开市场,就是一次成功的建设型公共关系活动。带立体声耳机的超小型放音机"Walkman"自1979年由索尼公司开发出来之后,在日本青年中迅速普及,成为市场上的一大畅销产品。索尼公司把宣传超小型放音机同当时正在流行的散步和穿旱冰鞋进行锻炼等健身需要、室外活动需要结合起来,展开了一场独特的公共关系攻势。首先,索尼公司宣布"Walkman"新产品的记者招待会将在东京闹市区的代代木公园举行,而当时的记者招待会多在宾馆或俱乐部举行,这是索尼公司的一个创举,为了强调超小型放音机可以满足室外需要的特点,可以一边进行体育锻炼,一边欣赏音乐。其次,索尼公司聘请模特,让他们在公园带着"Walkman"一边听音乐,一边散步或溜冰,给人们留下了深刻的印象。最后,索尼公司还把产品说明书录成磁带送给记者,将"Walkman"新产品送给记者、文艺体育界知名人士使用等等。这些公关活动为索尼公司开创了新的局面。

开展建设型公共关系活动应把握以下原则:

第一,选择有利时机。对于建设型公共关系来说,选择时机十分重要,公司挂牌、商场开业、产品上市都要注意研究公众的需要,选择有利时机,让企业在公众中有良好的"第一印象",对企业先产生兴趣,再转为理解、支持的态度和行动。这种模式一般适用于企业始建,新产品、新服务推广初期,更换厂名店名,改变产品商标或包装。

第二,选择恰当地点。根据产品的特点或公司的性质,或目标对象的不同,选择有利的场所,突出新产品或新形象的特点,让人过目不忘。

第三，提升实力。不管是为了一炮打响来个开门红，还是为了开创组织的新局面，赢得新市场，都必须首先在产品规格、质量、花色品种、外观设计等服务项目以及服务态度的改进上下工夫。这是组织建立新形象的基础工作，若这个工作做得不好，开创新局面将成为一句空话。

第四，掌握尺度。为了让组织迅速获得公众的认可，或者让新产品、新服务迅速占领市场，必须通过各种传播媒介大力宣传组织的新情况、新进展、新产品、新服务，宣传中应掌握分寸、以诚相待，不要自我吹捧、言过其实，以免引起公众的反感。因此在宣传策略上，建设型公共关系的重点应放在"新"上，以崭新的姿态、崭新的形象出现在公众面前，给人以新鲜感、新奇感，以"新"取胜，以"新"博得公众的好感。

二、人走茶不凉——维系型公共关系

维系型公共关系是指在企业稳定发展之际，持续采用低姿态的传播方式，以巩固企业良好企业形象的公共关系活动方式。其目的是通过不间断的、持续的公关活动，巩固、维持组织形象及其与公众的良好关系，使组织的良好印象始终保留在公众的记忆中。其做法是通过各种渠道和采用各种方式持续不断地向社会公众传递组织的各种信息，使公众在不知不觉中成为组织的顺意公众。其特点是立足于不动声色，却又十分执著；着眼于潜移默化，又不大张旗鼓。低姿态、不间断保持适度的联系和来往，使公众始终感受到组织的存在"如影随形"，维护已有的声誉和影响力。

在操作上，维系型公共关系具体可分为"硬维系""软维系""强化维系"三种形式。

"硬维系"是指那些维系目的明确，主客双方都能理解意图的维系活动，其特点是通过明显的优惠服务和感情联络来维系同公众的关系。比如许多西方航空公司明确宣布，凡乘坐本公司航班多少次以上者，公司可提供免费旅行一次，目的是同顾客建立较长期的联系。有些国内外厂商还利用一些节日、纪念日向长期客户赠送一些小礼品，组织一些联谊活动，来加强感情联络，发展厂商与顾客之间的关系。"硬维系"一般用于已经建立了购买关系或业务往来的组织和个人。具体方式灵活多样，可利用各种传媒进行一般的宣传，如定期刊发有关组织情况的新闻、播出广告、提供组织的新闻图片、实行会员制、提供累计消费折扣等；也可以向常年客户赠送小礼物，邀请用户联谊，定期或不定期发布提醒性广告，经常在媒体上露面，经常派发企业小型纪念品或礼品。

"软维系"是指那些活动目的虽然明确，但表现形式却比较超脱的公共关系活动，一般是指针对广泛的公众开展的公共关系活动。它通常也没有更多的、直接的要求。如保持一定的媒体曝光率，街头和建筑物长期树立形象、品牌广告，分发服务性、知识性信息、资料，或无偿提供相关的便民措施，以及逢年过节的专访、慰问，等等。近年来，开设微博、微信，创建网络百科有关词条，公共场所提供免费 Wi-Fi 等，也成为"软维系"的重要做法。形式灵活多样，表现得自然、超脱，使公众不知不觉、自然而然地联想到特定的组织。

"强化维系"是为了进一步巩固和发展组织的既有形象，消除潜在危机而进行的。

例如，有一年的圣诞节，北京长城饭店公共关系部请了一群孩子来饭店装饰圣诞树，除供应他们一天的吃喝外，临走时还特地送给每人一份小礼物。这些孩子来自各国的驻华使馆，他们的父母都是使馆的官员。长城饭店是五星级的豪华饭店，顾客主要是各国的来华人士，邀请这些孩子来饭店，表面上是为孩子们举行一次符合西方习惯的传统活动，但"醉翁之意"是希望通过孩子来维系长城饭店与各使馆的关系。孩子在饭店待了一天，长城饭店的豪华设施给他们留下了深刻的印象,他们的父母也一定会问孩子圣诞节在长城饭店过得是否快乐,还可能看看赠送给孩子的礼品,对长城饭店的好感油然而生,随之而来的必然是宾客盈门。

搞好维系型公共关系活动应把握以下原则:

第一,攻心为主。维系型公共关系从某种意义上来说是一种"心理战"。一个组织与其公众发生并建立了良好的公共关系之后,随着时间的推移,这种公共关系状态可能会朝好的方向进一步发展,也可能会朝不好的方向转换。此时社会组织的公共关系目标就是要维系良好的公共关系状态,防止逆转。因此,研究公众的心理需求是工作的重点。要给相关的公众实实在在的优惠和实惠,使之在不知不觉中接受企业的产品和服务。

第二,渐进性。维系型公共关系活动的目的是在公众中造成对社会组织有利的心理定式,即使公众在不知不觉中形成对社会组织的好感。有关组织形象的信息对公众的刺激强度不够、过弱,刺激强度过大、过猛,都不利于形成这种心理定式。通过渐进性的积累,保持适中的信息刺激度,最有助于形成这种心理定式。对这个"度"的把握,是维系型公共关系的艺术。因此,开展维系型公共关系活动,在方法上必须注重"细水长流",而不是大张旗鼓地活动。它争取公众的主要手段是通过传播媒介不断向公众"吹风",让组织的有关信息不时传到公众的耳朵里,使组织的形象经常呈现在公众的面前。

第三,保持超脱姿态。从侧面看,维系型公共关系活动要让公众在不知不觉中形成对组织的好感,因此开展维系型公共关系活动要在"超脱"二字上下工夫,不论是"硬维系"还是"软维系"都要表现出一种高姿态,表现出"醉翁之意不在酒",使公众在心理上乐于接受。

三、未雨绸缪,防患未然——防御型公共关系

防御型公共关系是指组织在出现某种潜在问题甚至危机时,防止自身公共关系失调而采取的公共关系活动方式。预防的目的是为保证组织与环境的良性互动,组织应当观察环境,了解公众,尽可能预计工作中可能出现的矛盾,事先采取行动,防患于未然;监测环境,一旦发现组织与公众出现矛盾、摩擦的苗头,及时报警,将情况和建议报告决策层,果断采取措施,将"危机"消灭在萌芽状态。

防御型公共关系的特点是以防为主,避免公共关系状态继续失调,防止、减缓矛盾的爆发。通过及时发现威胁和不利趋势,采取防范措施,填补可能有损于公众、社会利益和组织形象的"疏漏"。因此特别适用于组织发展过程中的战略决策,是战略型领导者最重视的公共关系活动之一。防御型公共关系的基点不只在于"防",关键在于"引",在于利用不利的时机开创有利的局面。从这个意义上说,防御型公共关系也可以看作在不同背景和不同条件下的又一建设型公共关系。

例如,海尔冰箱厂的前身琴岛冰箱厂的产品问世之后,一直受到消费者的喜爱。然而富有远见的琴岛人却居安思危,决心以质量保信誉,以信誉保品牌。当他们发现不合格产品时,当众成批砸毁,不准流入市场。对此有些工人不理解,流着眼泪要求厂长把不合格冰箱"处理"给本厂职工。但厂长却回答说:在琴岛绝不允许残次冰箱出厂,本厂工人也要用最好的。冰箱虽然成批被毁,企业出现暂时的损失,令人心痛,但却消除了信誉受损的隐患,保住了品牌在公众中的形象,因而从长远来看,将为企业带来更大的效益。

由于可能出现的问题多种多样,导致问题的原因也多种多样,因此解决问题的方法也多种多样,也遵循一定的原则。开展防御型公共关系活动,具体来说应把握以下原则:

第一,具备危机意识。将问题扼杀在摇篮之中,切记麻痹大意。

第二,形成预警系统。即有专人或专门机构来捕捉各种问题或危机苗头,一旦发现,组织能及时调整自身的结构、产品、方针、政策或经营方式,以适应环境的要求。

第三,主动采取措施。一旦发现问题就不能不闻不问,而必须及时采取对策,主动进行调整与引导,在公众尚未意识到问题时就把问题解决好。同时,还要经常监测组织行为,发现问题迅速上报,提出改进建议。

第四,增加透明度。一个组织的透明度越高,就越能减少与外部公众发生摩擦的可能性,即使出现了摩擦,也能积极疏导,将负面影响减少到最低程度。

四、主动出击,以攻为守——开拓型公共关系

开拓型公共关系又称进攻型公共关系,是指组织与公众发生冲突时,以积极主动的方式改造环境,创造新局面而采取的公共关系活动方式。当组织需要拓展(一般在组织的成长期),或预定目标与所处环境发生冲突时,主动发起公关攻势,以攻为守,及时调整决策和行为,积极地去改善环境,以减少或消除冲突的因素,并保证预定目标的实现,从而树立和维护良好形象。这种模式适用于组织与外部环境的矛盾冲突已成为现实,而实际条件有利于组织的时候。其特点是抓住一切有利时机,利用一切可利用的条件、手段,以主动进攻的姿态来开展公共关系活动。

开拓型公共关系是针对一般不受欢迎的公众。例如遭遇不正当的竞争、不恰当的舆论导向等,使组织面临着严重不利,声誉受到很大影响。公共关系无处不在,无时不在。无论是通过申请政府部门作为,还是采取法律手段或其他方式维权,都要努力掌握公共关系的主动权。一方面,主动公开事实真相,提醒一般公众识别真伪、明辨是非;另一方面,更要积极争取舆论和民意,获得理解、同情和支持,以保护自身的合法权益和形象。

开拓型公共关系常采取的方式有:宣传新的营销理念,发布新产品抢占市场,优化现有产品品质,打价格战和服务战,承诺更多服务,加快创新和淘汰,结盟或合作,控制、支配或垄断等。

开展开拓型公共关系,重点和难点在于解决好以下两个问题:

第一,"以防为主"还是"以攻为守"。例如,苹果(中国)推出的电源适配器回收计划,以应对"部分假冒和第三方适配器设计可能不合理"导致的安全问题,可视为防御型公共关系。农夫山泉与一些媒体针锋相对,基本上属于开拓型公共关系。一般的原则是,依据如何行动更利于保护组织形象,通盘考虑和选择决定战略方向。

第二,首要公众和战略战术的选择。一般情况下,大多数组织会直接剑指不受欢迎的公众,例如农夫山泉面对《京华时报》等媒体。然而在王老吉与加多宝的品牌之争当中,后者实际上选择了社会上的一般公众,通过各种"悲情牌"以赢得他们的同情和支持。公共关系工作在短时间内一般难以转化逆意公众,却可争取和团结更多的独立公众,并坚定顺意公众的信心。

另外,开展开拓型公共关系要注意以下几点:(1) 要避免环境的消极影响。如避免参加过多的纵向关系的组织和不必要的社会活动,避免过多地承担社会义务,以免受过多的规章制度和社会关系的牵制。(2) 要不断开创新局面,如建立分公司、研制新产品、开辟新市场、创造新环境等。(3) 要协调社会关系,以减少与竞争者之间的矛盾和冲突,团结更多的支持者和协作者。

五、亡羊补牢,犹未为晚——矫正型公共关系

矫正型公共关系是指组织遇到风险,公共关系严重失调,组织形象发生严重失调,从而采取的一种公共关系活动方式。其目的是对严重受损的组织形象及时纠偏、矫正,挽回不良影响,转危为安,重新树立组织的良好形象。其特点是"及时",及时发现问题,及时纠正问题,及时改善不良形象。重点是避免不利的社会舆论长期存在和继续蔓延,防止陷入进一步的困境或窘境。

矫正型公共关系活动方式包括实况说明会、记者招待会、实施危机处置、发表事实声明、诚恳道歉、补偿、赔偿、事实报道、对侵权者诉诸法律等。

组织形象受损一般有两种情况。一是由于外在的原因,如某些误解、谣言,甚至人为的破坏,致使组织的形象受到损害。这时,公共关系的重点是澄清误解,揭示真相,以平息风波、挽回声誉。公共关系人员对于损害组织形象的误解和谣言绝不能掉以轻心,稍有疏忽就将给组织造成不必要的损失。另一种情况是由于组织内部的原因,如产品质量、服务态度、环境保护、管理政策、经营方针等方面发生了问题,而导致公共关系严重失调。此时,组织要敢于担当,首先承认错误、积极补救,调整政策、行为以杜绝危机重演,并积极与公众沟通,争取谅解,平息风波,恢复信任,重新树立良好形象。

矫正型公共关系活动的实施要点主要是:

第一,迅速查明原因,制定对策,采取行动。这里强调的是迅速,这不仅可以体现公司对组织形象的重视,也是为了尽可能地减少组织形象受损的公众范围。

第二,从查清问题根源入手。当组织面临公共关系危机而不得不采取矫正型公共关系时,其主要活动方向不是忙于应付公众的抱怨和指责,而是要根据各方面传来的信息去调查危机的根源。如果问题不清,根源不明,则会头痛医头、脚痛医脚,不得要领,还可能由于顾此失彼造成更大的混乱。

第三,组织负有责任时,应诚恳道歉,求得公众的谅解,恢复公众的信任,并调整政策行为,杜绝危机的重演。做好矫正型公共关系的关键是坚持公众至上的原则,尽可能以最快的速度平息公众的不满。

第四,对恶意诽谤、侵权造成组织受损害的,则应公布事实,说明真相,追查责任者,并求得公众的同情。

第二节　战术型公共关系活动方式

战术型公关活动方式主要是根据公共关系的功能和针对的对象来确定的。不同的公共关系任务,需要选择不同的公共关系活动模式。公共关系战略的实现,往往同时需要不同的公共关系战术配合。所以,战术型公共关系活动方式可交叉结合或顺序使用。常见的战术型公关活动方式有以下几种。

一、"酒香也怕巷子深"——宣传型公共关系

宣传型公共关系是综合利用各种传播媒介、宣传工具,向公众传播组织信息,形成宣传攻势,力争在短时间内达到组织与公众的沟通,形成有利于组织的舆论环境的公关活动方

式。过去主要依靠大众传播和印刷媒介、电子媒介等,以及一些大型公众活动,目前越来越多地使用网络媒体和自媒体,如微博、微信公众号等。其目的是广泛发布和传播信息,让公众了解组织,以获得更多的支持。它常采取的形式有发布新闻、宣传广告、演讲、记者招待会、展览会等。其特点是主导性强、时效性强、社会影响面广、提高知名度见效也快。

宣传型公共关系的主要做法有:

(1) 新闻式。根据宣传对象的不同,宣传型公共关系可具体分为对内宣传和对外宣传。以新闻报道、专题通信、经验介绍、记者专访等形式,通过大众传播媒体、网络媒体等广而告之属于对外宣传,也称作"不付费的宣传"。通过"别人"宣传自己,易于被公众接受,有良好的沟通效果。但是"别人"是否愿意宣传,自己往往没有决定权,主要取决于媒体。因此,要将重点放在创造条件、促成机会上,如召开信息发布会、投寄新闻稿件或素材等;还可策划新闻事件,吸引媒体和社会关注。

例如,美国联碳公司52层新总部大楼竣工后,正愁如何向外发布竣工消息,有人报告说,在楼内发现一大群鸽子,把房间弄得又脏又乱。人们准备赶走鸽子,公关顾问却要求关闭所有的门窗,不让一只鸽子飞走。接着,他立即通知动物保护委员会,让其派人来处理。同时,他还电告新闻机构说,在联碳公司总部大楼发生一件有趣而又有意义的事:人们帮助动物保护委员会捉鸽子。新闻界很好奇,纷纷出动前来采访。结果公司职员和动物保护委员会在楼内捉了三天的鸽子。其间,各新闻媒介进行了大量的连续报道,有消息、特写、专访、评论等各种形式,吸引了不少公众。联碳公司总部大楼名声大振,公司也利用这个机会,向公众宣传自己,大大提高了公司的形象。于是,人们形象地把这一事件称为"鸽子事件"。这一事例告诉我们,宣传型公共关系可以迅速提高组织的知名度和美誉度。该公司巧借飞来的鸽子"制造新闻",扩大公司的知名度,收到了事半功倍的效果。为此,组织必须善于发现和利用各种宣传契机,甚至有意识地创造机会进行宣传,以期树立完美的组织形象。

(2) 广告式。即以广告的形式,以组织形象为中心内容,直接或间接地表现、传播自身的理念、追求、社会贡献、经济效益和管理经验,以及取得的各种荣誉和成就等,达到自我"宣传"的效果。一般不直接进行产品、服务的促销,而是着眼于展现组织的形象,所以也叫公共关系广告、形象广告。

还可通过其他一些方式和媒介,开展宣传型公共关系。例如借助于名人、明星等的声望,"搭车"吸引媒体、公众对特定事物、事件的注意力,同样能有良好的传播效果。常见有一些社会团体聘请名流担任名誉职务,许多酒店、企业邀请明星下榻或名人到访,借以扩大社会影响。

拓展阅读3.1

寻找名人代言的法则[①]

(1) 代言人的商业价值。一般情况下,代言人大多是公众人物或意见领袖。选择代言人,首先代表企业方(或赞助方)对代言人的个人品牌形象和社会价值表示认同;其次,企业方通常更看重的是代言人背后的支持者力量。代言人的商业价值主要体现为公众关注度、公众影响力、曝光率、身份地位符号和与品牌契合度等。影响商业价值的主要因素,还在于明星自身,三个关键角度分别是专业成就(如运动成就,获奖和公众荣誉)、个人品牌塑造(社会形象价值,如慈善、义演等社会责任活动曝光度)以及个人私生活。

---

① 参见:闫益佳.代言明星陷丑闻,企业该咋办[J].国际新闻界,2014(10).

(2) 关键考量因素。取决于品牌、产品定位和目标客户与代言人的拥护者(粉丝)之间的契合度。选择代言人除了选择有名、形象正面,还需要考虑与品牌属性是否合拍。例如体育明星代言球鞋、运动饮料合适,代言家电、快餐就未必了。

(3) 商业行为目的和代言人价值之间的平衡。选择代言人,要在商业目的和代言人价值两者之间寻找平衡。企业处于不同阶段、出于不同目的用不同的代言,需要代言人个性特点尽可能和品牌定位相似。如运动品牌要表现活力,就不应用比较柔弱的女性特点代言人;化妆品品牌尽可能使用形象较好的代言人。

(4) 忌用品行不稳定的名人。作为品牌形象代言人,其形象与品牌形象息息相关。一旦爆出品行不端或恶性绯闻,必将连带影响品牌,"城门失火,殃及池鱼"。品行不端的明星不用,绯闻不断的明星慎用,品行不稳定的明星忌用。品行不稳定的明星就像不定时炸弹,不知道什么时候会爆出个什么问题。

资料来源:钟育赣.公共关系学[M].北京:高等教育出版社,2016.

宣传型公共关系适用于各类组织,是各类组织实施公共关系计划时经常采用的模式。开展公共关系宣传应该把握以下原则:

第一,真实性。宣传的事实或信息应客观真实,应把真实性放在第一位,绝不能出现浮夸不实之词。

第二,双向性。一般宣传是一种单向的传播,但公共关系传播是双向的。既要将组织的信息通过各种途径传播给各类公众,又要把公众的信息传至组织,以了解公众的意见。也就是说,公共关系不是单向的自导自演,而是双向的有效沟通。所以,公共关系人员不但应学会向外传播信息的本领,而且应掌握收集、反馈信息的技能。

第三,技巧性。宣传工作要主题明确,安排及时迅速,方式方法恰当适宜。公共关系人员一定要掌握宣传的要领,把握火候,避免过分宣传,给公众留下"王婆卖瓜"的印象,做到既宣传了自己的组织,又给公众留下了良好的印象。

第四,宣传活动要覆盖面广,受众多,令人感觉到真实可信。

第五,适当地制造一些热点新闻,精心策划。策划时不仅要考虑新、奇、特,还要带有人情味,以吸引公众的注意力。

二、"眼观六路,耳听八方"——征询型公共关系

征询型公共关系是以采集信息、调查舆论、民意测验为主,掌握社会发展趋势的公共关系活动方式。其目的是通过掌握信息和舆论,为组织决策提供依据。征询型公关活动方式采用的工作方式有:产品试销调查、产品销售调查、市场调查;访问重要用户,访问供应商,访问经销商;征询使用意见,鼓励员工提合理化建议;开展各种咨询业务,建立信访制度和相应的接待机构,建立监督电话,处理举报和投诉等。如号称"世界第一饮料"的可口乐公司通过征询调查,掌握了主动权,战胜了有力的竞争者百事可乐公司。征询型公共关系分为两种基本形式:

(1) 常规征询。特点是长期、繁杂,内容较为宽泛,重在通过持之以恒的努力,体现组织的关心和诚意。如公开"总经理电话""市长信箱",定期不定期的"领导接待日""员工茶叙"等,可随时获取公众意见并及时回应。通常属于公共关系的日常事务,但要有专门渠道和专人负责。

(2) 专题征询。如听证会、座谈会和主题征文等。大多数涉及面广,通常列入公共关系

专题活动的范围。常见的有一些企业举办"假如我是总经理"等献计献策活动。1988年11月,广州市政府曾以"让政府了解您,让您了解政府;住房是您的生存条件,参与是您的神圣权利"为主题,开展"住房改革千家谈"大型活动,以广泛了解民意。

开展征询型公共关系是各类组织公共关系部门的一项分内职责,具体而言应遵循以下原则:

(1) 态度公正。在活动中,公共关系人员不但应是组织的耳目,更重要的是要站在中间人的角度,广泛、及时、公正地采集一切有关组织形象的意见和建议,起到组织机构与社会公众的中介者的作用。

(2) 广泛收集信息。收集信息视野要宽广,不能局限在某些领域和方面,而把有价值的信息漏掉。既要善于从报纸、广播等大众传播媒介或专家、名人的采访调查中收集"大趋势"的信息,也不要忽视其他渠道获得的"小信息"。"大趋势"的信息固然重要,通过对它的分析研究,可以了解社会环境的发展变化,提高预见能力;"小信息"也不可忽视,它对改善组织的服务、树立组织的形象、沟通与公众的关系也起着重要的作用。

(3) 注重预测。预测工作是征询型公共关系的重要内容。公共关系人员应以敏锐的眼光和洞察力,对组织发展的社会环境、市场前景、原材料及能源供应等进行全面的预测分析,为决策服务。

(4) 重视长期性和及时性。征询型公共关系的特点是长期、复杂、艰巨,需要持之以恒、日积月累,需要公共关系人员具有智慧、毅力、耐心和诚意。一旦获得公众的配合,组织就应及时对民意和舆论做出迅速反应,以保持组织与社会环境之间的动态平衡。所以,开展征询型公共关系,必须要有公众的积极配合与互动。要站在公众立场考虑主题和关键信息,从社会利益出发选准切入点,以争取更多关注和多次传播。要采用目标公众喜闻乐见的具体做法,吸引他们自觉自愿和主动参加。

三、"行动是最有力的语言"——服务型公共关系

服务型公共关系是社会组织通过向公众提供优质服务来赢得公众支持与信赖,其目的是以实际行动来获取社会的了解和好评,建立自己的良好形象。对于一个企业或者社会组织来说,要想获得良好的社会形象,宣传固然重要,但更重要的还在于自己的工作,在于自己为公众服务的程度和水平。所谓"公共关系就是百分之九十要靠自己做好",其含义即在于此。组织应依靠向公众提供实在、优惠、优质的服务来开展公共关系,获得公众的美誉度。离开了优良的服务,再好的宣传也必将是徒劳的。党的十九大报告指出,带领人民创造美好生活,是我们党始终不渝的奋斗目标。必须始终把人民利益摆在至高无上的地位,让改革发展成果更多更公平惠及全体人民,朝着实现全体人民共同富裕不断迈进。保障和改善民生要抓住人民最关心最直接最现实的利益问题,既尽力而为,又量力而行,一件事情接着一件事情办,一年接着一年干。坚持人人尽责、人人享有,坚守底线、突出重点、完善制度、引导预期,完善公共服务体系,保障群众基本生活,不断满足人民日益增长的美好生活需要,不断促进社会公平正义,形成有效的社会治理、良好的社会秩序,使人民获得感、幸福感、安全感更加充实、更有保障、更可持续。这就是服务的精神。

有一位企业家曾经说过:现在的顾客与其说是要买商品,不如说是要买服务。就交易成功率来说,周到的服务大于商品的质量与价格。服务型公共关系一般依靠人际交往方式,直接联系和交流。传播符号多种多样,人情味较为浓郁,而且反馈及时、调整迅速。在举措"实惠"和公众、社会受益的基础上,通过更多的大众传播媒介和网络媒介,可以扩大活动影响

面,沟通更多的公众。

就交易成功率来说,周到的服务大于商品的质量与价格。不要说服务不好,就是没有高于别人的周到服务,都不会有更多的顾客,因而也就难以在竞争中生存,更谈不上发展。由于这个缘故,国内外一些企业为追求尽善尽美的服务,几乎达到了疯狂的程度,并因此获得了巨大的利润。作为公共关系的一种方式和载体,"服务"不能只是成了一般的促销。它更重要的意义是树立组织形象和维护声誉,必须"实在""实惠",切忌过分掺杂商业性成分。

例如,世界著名的希尔顿巴黎凯旋门酒店曾经发生过这样一件小事:一位来自美国的女士在此预订了一个豪华套间,刚刚抵达后就出门访客了。这位女士身上穿的、手上拎的、头上戴的都是大红色的,这一明显的偏好被酒店的经理发现了。女士刚一出门,他就命令服务员重新布置房间。女士回来后发现,整个套间从地毯、壁毯、灯罩、床罩、沙发、窗帘无一不换成了大红色,与女士身上穿戴的颜色完全一致。这位女士心领神会,兴致勃勃地写了张支票,付了1万美元的小费。从中不难看出,希尔顿酒店的经理由于懂得顾客的心理,及时提供适当的服务,使顾客的心理得到了满足,不仅给企业带来了经济效益,更重要的是给顾客留下了深刻的印象,为企业争取长期顾客打下了良好的基础。

开展服务型公共关系活动应把握以下原则:

第一,提高服务自觉性。培养组织各个部门和人员的服务意识。向公众提供优质服务,是与建立良好组织形象联系在一起的社会行为。公众往往把组织提供的服务视为组织形象的缩影,从组织提供的服务上形成对组织的直观印象,因此,必须自觉把服务工作放在重要位置,自觉开展服务工作。不能只着眼于经济利益,更要重视社会价值,着眼于通过服务来塑造良好形象。

第二,注重服务实在性。以实际行动向公众证明组织的诚意,用实际行动去说话,每个组织应对服务行为提出具体的目标,让组织对公众的一切诚意和善意变成看得见、摸得着的实实在在的东西。对公众做的事情越实在越具体,越可能对公众产生吸引力,最好能让公众产生"雪中送炭""及时雨"的感觉。

第三,提倡服务特色。服务不是服务企业的专利,工业企业也要将优质的服务置于重要地位。服务方式要独特,具有吸引力,要提倡人无我有、人有我优,形成特色。

第四,确立规范性。在许多情况下,尤其对于商业服务业等窗口行业而言,服务型公共关系活动是由全体员工实施的。为了保证提供优质便利的服务,有必要建立合理的制度,确立活动的规范,制定以顾客为导向的服务规程,使公共关系工作有条不紊、坚持不懈地开展下去。例如,退货换货制度,微笑服务,正确认识顾客投诉,以"顾客总是对的"的理念来积极处理投诉等。

四、"人要出名猪要壮"——社会活动型公共关系

社会活动型公共关系是通过举办社会性、公益性、赞助性活动来扩大社会组织在公众心目中的影响,塑造良好组织形象的公关活动方式。其目的是通过积极的社会活动,扩大组织的社会影响力,提高其社会声誉,赢得公众的支持。其特点是:社会参与面广,与公众接触面大,影响相对较大;活动范围可大可小,方式可简可繁也有的费用高;较有效地提高知名度和美誉度,注重长远效果,不以直接盈利为目的。

社会活动型公共关系的形式有三种:一是以组织本身的重要活动为中心而开展的,如利用开业大典、竣工仪式、周年活动、组织内部重大事件、节庆吉日等机会,邀请各界宾客、社会公众共同参加庆祝活动,渲染喜庆气氛,借庆典活动,同各界人士广交朋友,扩大自己的社会

影响。二是以赞助社会文体、福利事业为中心开展的公关活动,如"爱尔眼科"赞助贫困学子学费等等。三是资助大众传播媒介举办的各种活动,提高组织的知名度,如"美菱公司"赞助《男生女生向前冲》电视节目。

开展社会活动型公共关系应把握的原则如下:

第一,富有公益性。突出组织承担社会责任的良好形象,组织不应对受益方提任何条件,但可以在事前对受益对象进行认真选择。通过方式恰当、对象合适的社会活动型公共关系,可以强化组织在公众心目中的良好形象。

第二,注重文化性。如果说公益性体现出一种乐善好施的精神,那么文化性则充分展示对真善美的和谐追求,因此,社会型公关活动应尽量与资助社会文化事业联系起来,以达到提高文化形象、促进信息交流、提高员工素质等目的。

第三,量力而行。此类活动项目很多,范围可大可小,形式可简可繁,是公关挥洒创意的重头戏,也是公关失败的"重灾区",因此应谨慎行事。贪多求大、毫无节制地涉猎各种社会活动,很容易陷入不能自拔的境地,反而使自己的形象受损。

第四,兼顾长远利益与近期利益。社会型的公共关系活动从近期看,往往不会给组织带来直接的经济效益,而且会令组织付出额外的费用,但从长远来看,它却为组织树立了较完备的社会形象,使公众对组织产生好感,为组织创造了一个良好的发展环境,有助于提升无形资产价值。因此,企业要兼顾长远利益与近期利益,做到投入适当、收益显著。如果只顾眼前得失,斤斤计较,甚至借公益性来促销,使公益活动染上强烈的功利性,则会损害组织形象。

五、"小泥乌龟"的妙用——交际型公共关系

交际型公共关系是通过人与人的直接交往接触加强社会组织与公众感情联络的公共关系实务活动。这种模式不借助于任何媒体,而是以人际传播为手段,与公众进行协调沟通,为组织广结良缘。它的目的是通过人与人的直接接触,进行感情上的联络,建立广泛的社会关系网络,形成有利于组织发展的人际环境。

知识小贴士3.1
公共关系人员的社交形象

精神面貌:有充分的自我意识,包括自尊心、自信心;开朗、乐观和健康的情绪;朝气蓬勃,富有感染力——周围的人能从你身上得到启发、鼓励,因你在场而兴奋、活跃;精力充沛,头脑敏捷。

待人接物:谦虚;理解别人,懂得默契;热情,宽容。

仪表举止:做事稳重,从容不迫;谈笑有节制,恰到好处;语调温和,悦耳;善于听别人说话,懂得"抱歉"和"谢谢";"站有站相,坐有坐相",大方得体;穿着打扮与时节、地点、场合匹配;善于留下良好的"第一印象";"入乡随俗",遵守相关社交礼仪。

道德风尚:尊重他人的人格、权利、生活方式、兴趣、爱好,绝不伤人自尊;善于区分真善美、假恶丑,敢于坚持原则,旗帜鲜明地弃恶扬善;积极关心别人,主动帮助别人。

交际型公关活动实施的重心是:创造或增进直接接触的机会,加强感情的交流。它的特点在于:① 节奏快,节省人力、物力。② 有灵活性,即利用面对面交流的有利时机,充分施展公共关系人员的交际才能,达到有效沟通和广结良缘的目的。③ 人情味强,以"感情输出"的方式,加强与沟通对象之间的情感交流。一旦建立了真正的感情联系,往往会相当牢固,

甚至会超越时空的限制。

例如，一个星级宾馆的公关部经理小芳，在得知某日本大公司驻上海办事处正在为预订300人的大型宴会而发愁后，决定主动与之交往，做成这笔不小的生意。她打听到，日方公司的董事长、总经理等高层人物将来中国访问，行程包括上海，在上海访问期间，日方访问团将答谢上海有关方面的人员。该宴会就是为此而准备的。本来，在接到日本总部的指令之后，该公司驻上海办事处的代表已经在上海的另一家著名饭店预订了席位。但是，他们对该饭店不怎么满意，想寻找更好的宴会场所。日方代表的这一意向被小芳所知悉，准备用一种特殊的交往方式让日方代表将宴会地点改在自己所在的宾馆。为此，她托人从无锡带来一对包装精美的"小泥乌龟"，并带着这一特殊礼物直奔日方驻上海办事处代表的办公室，先进行了一番自我介绍，并把宾馆以及宴会厅的相关资料交给对方，还热情邀请对方实地考察，当然，不忘把那包特殊的礼物留下。看到小芳的热情、大方、令人折服的交往能力和得体的特殊礼物，对方爽快地将宴会举办地改在了小芳所在的宾馆。后来，日方代表团对宴会非常满意，对日方驻上海代表处的明智选择也大加赞赏。

由上面案例可以看出，交际型公共关系形式灵活，富有人情味，可以达到事半功倍的效果。交际型公共关系活动可以分为团体性交往和个人交往。团体性交往包括招待会、宴会、座谈会、茶话会、联谊会、考察团和慰问等。个人交往有单独交谈、上门拜访、祝贺、信件往来、个别参观、问候等。

交际型公共关系具有直接、灵活的特征，是公共关系活动中应用最多、极为有效的一种模式。不过，在开展交际工作时，应该坚持公共关系的原则，不能使用不正当的手段，如欺骗、行贿等。还应该明确社会交际只是公共关系的一种手段，绝不是公共关系的目的，也不是把私人间的一切交际活动混同于公共关系。所以，进行交际型公共关系活动应遵循以下原则：

第一，广泛交友，构建信息网络。多个朋友多条路，多个冤家多堵墙。交友要广，否则就会成为孤家寡人，无法得到外界较多的帮助和支持。在交际型公共关系活动中要主动地向公众介绍组织的有关情况，提高组织的透明度，使公众尽快认识组织并加深对组织的了解。

第二，人际交往重在长远，且互惠互利。要经常来往，交际一定要频繁。

交际型公共关系活动不仅要广结良缘，还要善于巩固和发展与公众建立的联系与友谊。不可人走茶凉，或对朋友喜新厌旧。若不善于巩固和发展友谊，会使组织在公众中留下朝秦暮楚、待人不诚的印象。巩固和发展友谊，可采取建立社交活动记录、公众档案等办法，使交际型公共关系活动经常化。

第三，注意礼节，礼貌待人。礼仪、礼节是开展交际型公共关系活动的重要组成部分，是公共关系人员的基本功。尤其是在开展团体的交际活动中，应按照当地的风俗习惯和礼节，让对方感到他们不会受到轻视。在同时与多方打交道时，不要厚此薄彼，使某一方产生不快，公共关系人员要讲文明、懂礼貌，在仪表、言语、行动和精神风貌上都要给公众留下深刻的、良好的印象。

第四，以真诚为基础。交际型公共关系活动要真诚，即无论是对组织还是对个人，都要实事求是，讲真话，坦诚相待，不能通过欺骗、行贿受贿、串通谋私等不正当手段维系交往，这样才能取得公众的信任。提供情况应真实确切，开展的活动应是友好行为。在服务行业要真诚友好地待人接物，认真地解释误会和消除疑虑，耐心、善意地处理好公众的投诉。要在广泛的社交活动中树立起组织的良好形象，提高文化品位，增强人情味，不能庸俗化和充满商业气息。

总之,上述战略型公关活动方式和战术型公关活动方式只是主要的公共关系活动方式,也没有涵盖公关活动的所有方面,而且公共关系工作涉及面广、灵活性强,所以,任何一个组织都不可能也不必同时采用所有的公共关系活动方式,一个组织的公共关系活动又不只限于某一种方式,往往是几种方式并行采用、交叉采用,以追求最佳效果。因此,要时刻注意公共关系是一门艺术,需要公共关系人员的不断创新和综合运用。

本章精要

1. 公共关系活动方式是指根据组织特定的目标和任务,为其公共关系提供活动方法的结构框架。根据组织开展公共关系活动具体目标的不同,可以将公共关系活动方式划分为战略型公共关系活动方式与战术型公共关系活动方式两大类。

2. 战略型公共关系活动方式,是指组织根据自身发展的不同时期和组织环境之间的矛盾,配合组织战略目标而采取的公共关系活动方式。

3. 战略型公共关系活动方式主要有建设型公共关系、维系型公共关系、开拓型公共关系、防御型公共关系、矫正型公共关系。

4. 战术型公关活动方式主要是根据公共关系的功能和针对的对象来确定的。不同的公共关系任务,需要选择不同的公共关系活动方式。一个战略目标的实现往往可以同时运用几种不同的战术。所以战术型公共关系活动方式可以交叉使用。常见的战术型公关活动方式有宣传型公共关系、征询型公共关系、服务型公共关系、交际型公共关系、社会活动型公共关系。

即测即评

一、单项选择题

1. (　　)是指社会组织初创时期或新产品、新服务首次推出时期,为开创新局面进行的公共关系活动方式。
   A. 宣传型公共关系　　　　　　　　B. 建设型公共关系
   C. 服务型公共关系　　　　　　　　D. 维系型公共关系

2. (　　)是指在企业稳定发展之际,持续采用低姿态的传播方式,以巩固企业良好企业形象的公共关系活动方式。
   A. 宣传型公共关系　　　　　　　　B. 建设型公共关系
   C. 服务型公共关系　　　　　　　　D. 维系型公共关系

3. (　　)是指组织在出现某种潜在问题甚至危机时,防止自身公共关系失调而采取的公共关系活动方式。
   A. 宣传型公共关系　　　　　　　　B. 建设型公共关系
   C. 防御型公共关系　　　　　　　　D. 服务型公共关系

4. (　　)是指组织与公众发生冲突时,以积极主动的方式改造环境,创造新局面而采取的公共关系活动方式。
   A. 开拓型公共关系　　　　　　　　B. 建设型公共关系
   C. 防御型公共关系　　　　　　　　D. 服务型公共关系

5. (　　)是指组织遇到风险,公共关系严重失调,组织形象发生严重失调,从而采取的一种公共关系活动方式。
   A. 矫正型公共关系　　　　　　　　B. 建设型公共关系

  C. 服务型公共关系   D. 维系型公共关系

6. (　　)常采取的形式有发布新闻、宣传广告、演讲、记者招待会、展览会等。
  A. 开拓型公共关系   B. 建设型公共关系
  C. 宣传型公共关系   D. 服务型公共关系

7. (　　)是以采集信息、调查舆论、民意测验为主,掌握社会发趋势的公共关系活动方式。
  A. 开拓型公共关系   B. 征询型公共关系
  C. 宣传型公共关系   D. 服务型公共关系

8. (　　)是社会组织通过向公众提供优质服务来赢得公众支持与信赖,其目的是以实际行动来获取社会的了解和好评,建立自己的良好形象。
  A. 矫正型公共关系   B. 建设型公共关系
  C. 宣传型公共关系   D. 服务型公共关系

9. (　　)是通过举办社会性、公益性、赞助性活动来扩大社会组织在公众心目中的影响,塑造良好组织形象的方式。
  A. 开拓型公共关系   B. 社会活动型公共关系
  C. 服务型公共关系   D. 维系型公共关系

10. (　　)不借助于任何媒体,而是以人际接触为手段,与公众进行协调沟通,为组织广结良缘。
  A. 交际型公共关系   B. 建设型公共关系
  C. 宣传型公共关系   D. 服务型公共关系

二、多项选择题

1. 维系型公共关系是针对公众心理精心设计的,具体可分为(　　)三种形式。
  A. 硬维系   B. 软维系   C. 强化维系   D. 弱维系

2. 宣传型公共关系的特点有(　　)。
  A. 主导性强   B. 时效性强   C. 面广   D. 效果快

3. 社会活动型公共关系的特征是:(　　)。
  A. 宣传性   B. 主导性强   C. 长远性   D. 公益性

4. 开展社会活动型公共关系应把握的原则有(　　)。
  A. 富有公益性   B. 注重文化性
  C. 量力而行   D. 兼顾长远利益与近期利益

5. 根据组织开展公共关系活动具体目标的不同,可以将公共关系活动方式划分为(　　)两大类。
  A. 建设型公共关系   B. 战略型公共关系
  C. 战术型公共关系   D. 宣传型公共关系

三、判断题

1. 软维系一般用于已经建立了购买关系或业务往来的组织和个人。(　　)
2. 防御型公共关系的基点不只在于"防",关键在于"引",在于利用不利的时机开创有利的局面。(　　)
3. 战略型公关活动方式主要是根据公共关系的功能和针对的对象来确定的。(　　)
4. 开拓型公共关系的特点是长期、复杂、艰巨。(　　)
5. 交际型公共关系形式灵活,富有人情味,可以达到事半功倍的效果。(　　)

6. 服务型公共关系是通过举办社会性、公益性、赞助性活动来扩大社会组织在公众心目中的影响,塑造良好组织形象的活动方式。（　　）

7. 一般来说,从服务过程看有售前服务、售中服务和售后服务。（　　）

8. 根据宣传对象的不同,宣传型公共关系可具体分为对内宣传和对外宣传。（　　）

9. 矫正型公共关系适用于组织与外部环境的矛盾冲突已成为现实,而实际条件有利于组织的时候。（　　）

10. 一般宣传是一种单向的传播,但公共关系传播是双向的。（　　）

思考与练习

一、思考题

1. 怎样理解战略型公关活动方式与战术型公关活动方式的区别?
2. 什么是交际型公共关系?其特点是什么?
3. 开展宣传型公关活动方式应把握哪些原则?

二、案例分析题

35次紧急电话

一次,一位名叫基泰丝的美国记者来到日本东京的奥达克余百货公司,她买了一台"索尼"牌唱机,准备作为见面礼,送给住在东京的婆家。售货员彬彬有礼,特地为她挑了一台未启封包装的机子。回到住所,基泰丝开机试用时,却发现该机没有装内件,因而根本无法使用。她不由得火冒三丈,准备第二天一早就去"奥达克余"交涉,并迅速写好了一篇新闻稿,题目是《笑脸背后的真面目》。第二天一早,基泰丝在动身之前,忽然收到"奥达克余"打来的道歉电话。50分钟以后,一辆汽车赶到她的住处。从车上跳下"奥达克余"的副经理和提着大皮箱的职员。两人一进客厅便俯首鞠躬,表示特来请罪。除了送来一台新的合格的唱机外,又加送蛋糕一盒、毛巾一套和著名唱片一张。接着,副经理又打开记事簿,宣读了一份备忘录。上面记载着公司通宵达旦地纠正这一失误的全部经过。原来,昨天下午4点30分清点商品时,售货员发现错将一个空心货样卖给了顾客。她立即报告公司警卫迅速寻找,但为时已迟。此事非同小可。经理接到报告后,马上召集有关人员商议。当时只有两条线索可循,即顾客的名字和她留下的一张"美国快递公司"的名片。据此,奥达克余公司连夜开始了一连串无异于大海捞针的行动:打了32次紧急电话,向东京各大宾馆查询,没有结果。再打电话问纽约"美国快递公司"总部,深夜接到回电,得知顾客在美国父母的电话号码。接着又打电话去美国,得知顾客在东京婆家的电话号码。终于弄清了这位顾客在东京期间的住址和电话,这期间的紧急电话,合计35次!这一切使基泰丝深受感动。她立即重写了新闻稿,题目叫作《35次紧急电话》。

资料来源:张怀宇.公共关系学[M].北京:高等教育出版社,2012.

思考讨论题:

1. 请分析该案例属于战略型公共关系活动方式的哪一种,它又属于战术型公共关系活动方式的哪一种。
2. 请从公共关系活动方式的角度分析该案例有哪些启示。

三、小练习

练习内容:情景模拟公共关系活动方式。

练习目的:明确公共关系活动方式的类型、每一类型公共关系活动方式的特点和原则要求。

练习要求:选择某一知名企业,设置情景,有针对性地实施公共关系活动方式。

练习组织:

1. 全班学生以小组为单位练习,每组6~8人。
2. 设计情景模拟演示的内容提纲与计划。
3. 小组内学生互评计划,并提出修改意见。
4. 小组成员分工合作,完成练习。
5. 以小组为单位完成一份不少于1500字的练习小结。

练习说明:选择1~2份优秀的练习小结开展汇报交流,老师点评实际效果。

延 伸 阅 读

1. 中国公关网. http://www.chinapr.com.cn/.
2. 张泽华. 中国古代准公共关系探析[D]. 北京:北京林业大学,2015.
3. 刘晓娜. 基于营销道德的企业公共关系模式研究[D]. 成都:西南石油大学,2012.
4. 赵磊. 基于客户满意度的企业战略型公共关系研究[D]. 上海:上海外国语大学,2014.
5. 代杰. 成华移动分公司校讯通业务的关系营销研究[D]. 成都:电子科技大学,2010.
6. 格伦宁,亨特. 公共关系的四种理论和实践模式[J]. 现代外国哲学社会科学文摘,1986(11):19-20.
7. 胡百精. 中国公共关系30年的理论建设与思想遗产[J]. 国际新闻界,2014,36(2):27-41.
8. 陈先红,张凌. 大数据时代中国公共关系领域的战略转向:基于扎根理论的探索性分析[J]. 国际新闻界,2017,39(6):20-41.
9. 黄懿慧,吕琛. 卓越公共关系理论研究三十年回顾与展望[J]. 国际新闻界,2017,39(5):129-154.
10. 陈先红. 阳光公关:中国公共关系的未来展望[J]. 今传媒,2015,23(1).

即测即评答案

一、单项选择题

1. B 2. D 3. C 4. A 5. A 6. C 7. B 8. D 9. B 10. A

二、多项选择题

1. ABC 2. ABCD 3. ACD 4. ABCD 5. BC

三、判断题

1. × 2. √ 3. × 4. × 5. √
6. × 7. √ 8. √ 9. × 10. √

思考与练习参考答案

一、思考题

1. 根据组织开展公共关系活动具体目标的不同,可以将公共关系活动方式划分为战略型公共关系活动方式与战术型公共关系活动方式两大类。战略型公共关系活动方式是指组织根据自身发展的不同时期和组织环境之间的矛盾,配合组织战略目标而采取的公共关系活动方式。战术型公关活动方式主要是根据公共关系的功能和针对的对象来确定的。一个战略目标的实现往往可以同时运用几种不同的战术。所以战术型公共关系活动方式可以交叉使用。

2. 交际型公共关系是通过人与人的直接交往接触加强社会组织与公众感情联络的公共关系实务活动。交际型公关活动实施的重心是创造或增进直接接触的机会,加强感情的交流。它的特点在于节奏快,节省人力、物力;有灵活性;人情味强。

3. 宣传型公共关系适用于各类组织,是各类组织实施公共关系计划时经常采用的活动方式。开展公共关系宣传应该把握以下原则:第一,真实性;第二,双向性;第三,技巧性;第四,宣传活动要覆盖面广,受众多,令人感觉到真实可信;第五,适当地制造一些热点新闻,精心策划。

二、案例分析题

1. 该案例属于战略型公共关系活动方式中的矫正型公共关系;它又属于战术型公共关系活动方式中的服务型公共关系。

2. 矫正型公共关系是指组织遇到风险,公共关系严重失调,组织形象发生严重失调,从而采取的一种公共关系活动方式。其目的是对严重受损的组织形象及时纠偏、矫正,挽回不良影响,转危为安,重新树立组织良好形象。矫正型公共关系主要是在组织不期望的事件发生后,采取相应的措施补救,通常分三个处理步骤:第一步,尽快制止或减少组织形象所受的损害;第二步,挽回和恢复先前的形象;第三步,进一步完善和提高形象。该公司按照矫正型公共关系的要求及时行动,挽回了公司的形象损失,同时又赢得了美誉度。服务型公共关系是社会组织通过向公众提供优质服务来赢得公众支持与信赖,其目的是以实际行动来获取社会的了解和好评,建立自己的良好形象。对于一个企业或者社会组织来说,要想获得良好的社会形象,宣传固然重要,但更重要的还在于自己的工作,在于自己为公众服务的程度和水平。该企业按照服务型公共关系的要求和原则为顾客提供最周到的服务,弥补自己的过失,赢得了好评。

第四章 公共关系专题活动

本章知识结构图

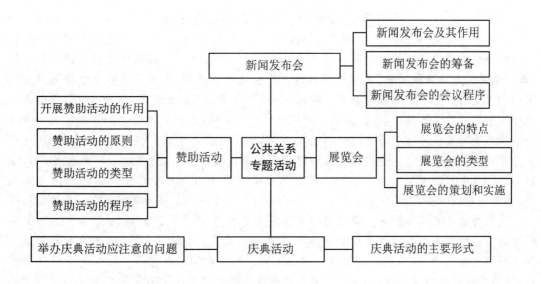

知识目标: 了解并掌握各类公关专题活动的特点、原则与适用范围;认识各类公共关系专题活动的价值与区别。

能力目标: 能根据实际需要合理选择公关专题活动的方式。

实训目标: 掌握各类公关专题活动的策划方法与举办流程。

本章重点: 公共关系专题活动的类型和特点。

本章难点: 掌握公共关系专题活动策划的基本程序并能在实际中加以运用。

资生堂世博会赞助活动新闻发布会

资生堂为了支持2010年上海世博的成功举行,于2009年6月30日在资生堂(中国)投资有限公司内举办了世博活动新闻发布会。现场共有近50家中外媒体共同见证了此次活动,世博局的朱咏雷副局长、日本总领事横井先生也前来致词,表示了对资生堂赞助世博活动的大力支持。资生堂的社名来源于中国古典《易经》中的"至哉坤元,万物滋生",新闻发布会以中国元素为主要线索,表达主办方对中国的感恩之情,并有效地告之公众成为上海世博会的项目赞助商。为了纪念上海世博会的开幕,感受上海的味道,提升上海城市的形象,新闻发布会上展示了资生堂专门为上海世博设计的限定版的香水,此款香水取名为SHANG-HAI BOUQUET(上海花漪),其瓶身设计的灵感来自于上海市花白玉兰那优雅的白色花瓣,香味也是以白玉兰的花香为基调,香味有两个款式,一个是清灵香水,另一个是郁怡香水。此款香水也可以作为来上海旅游的游客观光留念、馈赠亲友的礼品,预计在6月中旬开始在以上海的观光点和酒店为主的十多个定点开始销售。新闻发布会上,资生堂还启动了世博城市之星活动,以寻找世博城市之星为核心内容,号召广大市民从日常的节能环保做起,培养积极健康的生活方式,从而实现上海世博会的宣传理念。为了给广大消费者传达美容文化和美容理念,资生堂还对世博工作做出努力的各方面工作人员给予赞扬,资生堂把以诚待客的理念传播给了大家,使世博的工作人员们对美有了新的认识,提升了大家工作的热情,以更加美丽饱满的工作热情投入到忙碌的世博活动中。

纵观资生堂的这场新闻发布会的举办过程,引发两点思考:

思考一:资生堂新闻发布会的主题是什么?是基于什么理念确定的?

思考二:资生堂新闻发布会的策划有什么独到之处?

案例解读: 公关专题活动是在审时度势后,根据组织或公众的某种特殊需要而举办的,资生堂举办的世博活动新闻发布会,它的目标明确,同时活动也比较集中,能较好地扩大其品牌影响力;公关专题活动的策划者把活动作为一个信息传播的载体,通过活动内容把信息传达给活动参与者,并且进一步通过参与者的人际传播和大众传播媒介把信息传播扩大到更大的范围,新闻发布会就是一个很好的专题活动形式。

公共关系专题活动是公共关系工作的主要内容之一,并且占据了极为重要的位置。所谓公共关系专题活动,是指社会组织为了某一明确的目的,围绕某一特定主题,经过公关人员精心策划才能实现的特殊公关活动。通过有效地开展各种各样的专题活动,来向广大公众进行多方面的展示与沟通,塑造自身良好形象,协调组织与内外公众的良好关系,提高组织的知名度与美誉度。自现代公共关系产生以来,国内外许多企业就经常采用公关专题活动的形式来促进产品销售,强化宣传效果,扩大影响,开拓市场,提高声誉,最终树立良好的组织形象。

不同的社会组织可以根据自身的具体情况,策划和实施各种不同主题的公关专题活动。本章主要介绍新闻发布会、庆典活动、展览会、赞助等专题活动。

第一节　新闻发布会

一、新闻发布会及其作用

新闻发布会也称记者招待会,是指由社会组织召开的向社会各界、特别是新闻机构的记者宣布或介绍有关信息并回答相关人员提问的一种特殊形式的会议。在一般的情况下,新闻发布会与记者招待会意义相近,可以通用,但需要指出的是,新闻发布会并不完全等同于记者招待会。比如由政府部门组织的新闻发布会和记者招待会在形式上存在着一些差别。政府部门举办的新闻发布会的主要内容是向媒体记者发布新闻;而政府部门举办的记者招待会则主要是答记者问。而且也不是所有的记者招待会都是新闻发布会,有些记者招待会只是社会组织或个人为了增进与新闻界的沟通而举行的招待会,并不发布什么重要新闻。

新闻发布会是社会组织传播各类信息的最好形式之一,是社会组织与新闻机构建立和保持联系的一个重要途径,它对于深入传播组织形象、提高组织知名度、协调好与新闻媒介的关系都有着十分重要的作用。其具体作用有:一是能够把组织自身希望社会各界公众了解知晓的信息同时发布给所有的新闻机构,使信息内容得到广泛有效的传播;二是有利于加强组织与媒介机构的沟通与交流,使组织与媒介机构保持一种密切稳定的联系;三是能够掌握组织信息传播的时间,造成舆论的集中优势,扩大组织的影响力,提高组织的声誉。

新闻发布会往往都是围绕着某些有价值或有广泛影响的新闻展开的,社会组织召开新闻发布会的情况一般有:① 组织取得重大成就,如重要新产品、新服务的推出,生产销售突破历史记录,技术信誉方面获得奖励等;② 组织适逢重大的庆典,如开业典礼、重要的纪念日、重大庆祝日等;③ 组织将要采取重大的举措,如组织首脑或高管的更换重要经营方针的改变、产品结构的调整等;④ 重大突发事件的发生,如失火、水灾等重大事故或者由生产、供销、质量问题而产生的危机等,不过对于消除社会误解和平息谣言,新闻发布会能起较大作用,但对因组织本身的行为或过失引起的危机,最多只能起缓解舆论压力的作用,对危机的解决起根本作用的还是推出行之有效的实际改进和补救措施。

二、新闻发布会的筹备

新闻发布会牵涉的范围比较广,存在着诸多不可控的因素,而且关于新闻发布会的准备工作会在很大程度上影响其召开的效果,所以在新闻发布会正式召开之前,社会组织及其内部公关部门应做好以下一些工作。

(一)确定主题

主题既是召开新闻发布会的依据,也是整场新闻发布会的中心。因为新闻发布会的成本较高,所以相比较其他的一些日常宣传活动,它的信息发布形式一般比较正式、规范,因此,公关人员必须确定具有新闻价值的主题,如果没有新闻价值就无需采用这种形式,以免给记者留下"浮躁空谈""小题大做"的不良印象。这样不仅达不到扩大宣传的目的,还会适得其反。

一般来说,新闻发布会的主题包括说明性、解释性和宣传性三种。说明性主题偏重于宣布决定、说明一件事情,如宣告重要经营方针的改变等。解释性主题侧重于对发生的事情进行解释和归因,如当消费者对产品质量不满时,组织应对此做出合理的解释,并提供改进的意见。宣传性主题是指公布新消息并对此做出必要的说明,诸如新产品面市等。公关人员要随时寻找和选择恰当的时机召开新闻发布会,使记者们感到具有新闻价值,达到扩大组织影响、树立良好形象、产生轰动效应的目的。

(二) 选定主持人和新闻发言人

新闻发布会这种公关活动的目标公众是反应灵敏的新闻记者,他们的思维习惯和职业要求会使他们提出一些尖锐、深刻甚至是棘手的问题,所以这就对新闻发布会的主持人和发言人提出了很高的要求。新闻发布会的主持人和发言人不仅要思维敏捷、反应快,还应熟悉传播的理论和技巧,具备较高的文化素养和较好的语言表达能力。此外,主持人若与各方记者比较熟悉,更加有利于发布会的顺利进行,专业公共关系人员及组织内从事对外宣传的人员比较适合从事这项工作。新闻发言人负责代表组织发布有关信息或阐述本组织的观点立场,并回答记者提问,所以新闻发言人则一般由掌握方针政策、熟悉本组织整体情况的人担任,如本组织的高层领导。

知识小贴士 4.1
新闻发言人制度

新闻发言人是新闻发布制度的产物,是一种职业,由代表国家、政党、企业公司、社会团体或个人向媒体和公众发布、传达信息的专业人士组成。职责是在一定时间内就某一重大事件或时局的问题,举行新闻发布会,或约见个别记者,发布有关新闻或阐述本部门的观点立场,并代表有关部门答记者问。

西方新闻发言人制度最早可以追溯到美国总统新闻发言人。19世纪20年代,美国普通民众获得了选举权;19世纪30年代,便士报出现。新闻发言人正是诞生在这样一个政治改革、经济增长、传媒大众化的年代。

19世纪30年代担任美国总统的安德鲁·杰克逊最早聘用了新闻发言人,不过当时的新闻发言人作为总统的私人助理,不占用政府编制,不领政府的薪水,所以并不能称之为白宫新闻发言人。直到1897年,新当选的美国总统威廉·麦金利任命了6名领薪水的助理,其中包括负责新闻宣传的乔治·B·科特柳。1900年,为了应付每天守候在白宫大门和周围街道的众多记者,麦金利总统专门任命了一位助手每天向这些一记者做一次简报。这便是最初的白宫新闻发言人。

1909年,美国第27任总统威廉·霍华德·塔夫脱(任期为1909~1913年)上任。为了改变前任与新闻界的不和谐关系,他安排了每周两次定期的记者招待会。这是第一位举办正式的定期记者招待会的总统。但是,这一制度没有坚持下来。

新闻发言人制度的正式出现是在美国第28任总统伍德罗·威尔逊任期(1913~1921年)内。1913年,威尔逊总统上任后,恢复了定期的新闻发布会,但却没有任命相应人员,总统自己担任了新闻发言人的角色。

中国新闻发言人制度的出现是在1982年,第一位新闻发言人是时任外交部新闻司司长钱其琛。

1983年2月,中共中央宣传部、中央对外宣传领导小组联合发文《关于实施〈设立新闻发言人制度〉和加强对外国记者工作的意见》,要求外交部和对外交往较多的国务院各部门建立制度,定期或不定期地发布新闻。1983年3月1日,新任外交部新闻司司长齐怀远被正式任命为第一任外交部新闻发言人,并举行了首次新闻发布会。1983年4月23日,中国记协首次向中外记者介绍国务院各部委和人民团体的新闻发言人,正式宣布中国建立新闻发言人制度。

资料来源:http://www.yjbys.com/news/321971.html。

讨论:一位合格的新闻发言人要具备什么素养?

(三) 准备会议材料

新闻发布会的时间有限,既要在短时间内将组织有关的信息传递出去,又要回答记者的提问,所以为了保证信息传递的准确性,就需要进行大量的资料准备工作,比如企业背景材料、发展方向、群众来信来访等,对这些进行充分了解后,就需要准备发言稿、答记者问的备忘提纲、新闻统发稿等。发言稿应组织专人起草,语言力求简洁、明确、生动。答记者问的备忘提纲是发言人答问时的参考资料,备忘录应明确、全面、具有针对性。新闻统发稿是概括会议主题并提供给记者发稿时的材料,统发稿与新闻发言稿的主题应保持一致。如果有外国记者参加,相关的资料还应翻译成外文。除此之外,也可以在会议中选择恰当时机通过放录音、录像等手段来增强传播效果,对于一些照片、宣传材料可直接发放,人手一册,有些内容还可通过参观展览加深印象,烘托气氛。

(四) 选定新闻发布会的召开时间和地点

召开时间和地点是影响新闻发布会效果的重要因素,因此要妥善安排新闻发布会的时间和地点。确定的时间应避开重大社会新闻发生的时间和一些重要的节假日、活动日,以免冲淡新闻发布会的影响力,而且新闻发布会召开的时间不宜太早,也不宜过晚,一般在上午10点或者下午3点举行为宜,持续的时间最好不超过1小时。新闻发布会选定的会场地点应符合交通便利、设施齐全、环境良好的原则,便利的交通能够促使更多的记者前来,良好的设施、安静的环境可以给记者提供较为舒适体面的工作和休息环境。另外,发布会结束后如有参观活动,考虑到与其配合的需要,发布会地点最好离参观点较近。为了增强效果,新闻发布会还可以选在主办单位或事件发生现场举行。

(五) 确定应邀记者的范围

应邀记者的范围应视问题的性质及影响范围而定,如果是正面积极的主题,则应邀记者的范围越大越好,规格越高越好;如果是负面消极的主题,如组织出现重大事故或公共关系纠纷时,应邀记者范围则须控制在一定的范围之内,诸如问题发生在县城,则邀请县级记者即可;如果发生在省城,则应该邀请省级记者;如果发生在首都且影响全国,则需邀请国家级新闻媒介的记者参加。对于邀请的记者,还须注意记者的覆盖面和代表性,报纸杂志记者、电台记者、电视台记者都应涵盖在内。

邀请记者的方式一般有两种:一是亲送请柬,当面邀请;二是函送请柬,发函邀请。前者便于显示组织重视程度较高,受邀记者碍于情面便不好拒绝;后者的优点是能够避免由于遭受拒绝而带来的尴尬,但是由于重视度较低,对方容易回绝。不论是哪种邀请方式,都应该在新闻发布会召开前一至两周内进行,以便应邀记者提前做好准备。在发布会召开前三天左右,还应该通过电话或其他方式与应邀记者取得联系,进一步落实记者的出席情况。

(六) 布置会场

布置会场是召开新闻发布会之前的重要准备工作之一。主办方要为新闻发布会创造一个良好的会议环境,即灯光温度适宜、室内座椅舒适等。如果是小型新闻发布会,就可把会场布置成圆桌会议形式,这样会议气氛会更好。如果是大型新闻发布会,则可采用设主席台席位、记者席位、来宾席位等的会议形式。要为到会记者准备好录音和摄像的辅助器材,如电源、电传及其他设备。如有必要,还须准备好多媒体设备,以便提高信息发布的效果。另外,还要在会场主席台正上方挂好本次新闻发布会的会标等。

(七) 预算费用

新闻发布会成本较高,对会议所需费用要做好预算。发布会所需开支项目一般包括资料制作费、租用会场和设备的费用、会场布置费、交通费、邮费、就餐费、茶点费或餐费、文具礼品费等。

三、新闻发布会的会议程序

新闻发布会的程序安排力求紧凑、充实,避免出现冷场和混乱的局面。

(一) 签到

新闻记者抵达会议召开的地点后,应引导至签到处签到,记下记者的姓名、单位、职务、联系电话,便于后续的沟通和交流。

(二) 发放会议资料

发布会的相关工作人员热情地将事先准备好的会议资料发放给参加会议的记者。发放的材料包括与会议主题有关的材料和相关的背景资料。与会议主题有关的材料包括新闻发布会的流程表、主要发言人的照片及相关介绍、新闻统发稿、有关新技术和新产品或社会事件的背景资料、会议组织者的材料等;与新闻发布会有关的背景材料主要是指主办单位的介绍,如组织的历史发展过程等,便于记者更好地了解会议的主题。

(三) 主持人宣布会议开始并对发布会作简单介绍

主持人宣布新闻发布会开始后要介绍清楚本次会议的意旨,所要公布的信息或发生事件的简单过程,以便为接下来发言人的讲话做铺垫。

(四) 发言人发言

会议发言人的发言是新闻发布会的中心环节,发言人在发言前一定要熟悉发言稿,发言内容要简明扼要、真实准确,切忌长篇大论,发言时要吐字清晰、语言生动。如果是发布新产品或新技术的消息,会议还应该请有关方面的专家进行发言并提供相关的鉴定资料;如果是对组织发生的重大事件进行解释澄清,则应请公关负责人出面对事情的原委加以说明。

(五) 记者提问和答记者问

在新闻发布会之前,会议的主持人和组织公关人员应就多个方面对记者可能提出的问题做出假设并进行研究,在此基础上,对可能提出的问题设计出理想的答案。这样,一旦记者提出之前预想到的问题,发言人就能按照设计好的答案从容作答。回答记者提问要随问而答,不能答非所问,离题太远,对于不便透露许多的问题只需要部分回答,不要和盘托出;对于不需要回答和不愿发表意见的问题,发言人不能以"不清楚""不知道""无可奉告"等来搪塞,应婉转地向记者进行说明和解释,不能轻率地拒绝回答,否则会造成难堪的局面。当记者的提问离会议主题太远时,发言人不要随便打断记者的提问,要善于巧妙地将话题引向主题;即使记者提出带有很强偏见甚至具有挑衅性的问题,新闻发言人不可以用各种语言、表情或动作对记者表示不满,也不能被当场激怒,而应表现出应有的涵养,以冷静的态度和确凿的事理给予纠正或反驳。另外,在此过程中,主持人要以轻松、幽默的言谈和感染力活跃整个会场的气氛,既要调动记者提问的积极性,亦要控制好会场。

(六)安排参观、宴请及馈赠活动

参观活动就是对会议中涉及的或与会议有关的地点进行参观,对会议内容起到补充的作用,加深记者们的印象和了解,并为组织与记者间交际型公共关系活动的展开创造有利的条件。如果经费允许的话,也可安排宴请活动。馈赠给记者的物品要有特殊的纪念意义,价钱不用太高,上面要印有组织或本次会议主题的标记、名称。美国强生公司与中方某企业因开办合资企业而举行新闻发布会,在发布会上,美国强生公司赠送给记者一小盒强生护伤膏布,而中方企业却送给记者五件装或三件装不锈钢餐具和一个调味瓶,另加一盒精美的点心。后者虽然远比前者花费大,但后者宣传效果远不如前者。

(七)新闻发布会的会后工作

新闻发布会之后,社会组织特别是相关的公关部门应该及时搜集应邀人员的反馈信息,以评估本次新闻发布会的效果,为今后举办新闻发布会提供一定的经验。

新闻发布会后的主要工作包括:

(1)尽快搜集会议的反馈信息,检测会议效果。新闻发布会结束之后,公关人员应尽快着手搜集和比较各位到会记者在报刊、杂志、电台、电视台所做的报道,并进行归类分析,然后根据相关的反馈结果检查是否达到了举办新闻发布会的预期目的。对检查出来的问题应分析其失误原因并设法解决,若出现了不实报道,应及时予以更正。

(2)检查应邀记者和到会记者的反应,为今后确定邀请人员提供依据。对照会议的签到簿,检查是否所有应邀记者都出席了会议,到会的记者是否都发布了相关的稿件,接到了邀请却没有出席会议的记者都是因为什么特殊原因,发稿的方向和内容等,这些都可作为今后举办新闻发布会邀请记者的依据。对于发稿的记者,应当面或打电话表达谢意;对于没有发稿的记者,应尊重其意愿,不得追问缘由,不能责备,更不可强求他们发稿;对因故未到会的新闻单位,可将会上发放的全部资料寄出,争取他们的报道;对进一步要求采访的记者,应热情配合。

(3)整理会议资料,总结经验教训。新闻发布会结束之后应尽快整理出会议的记录材料,写出会议总结,反思在会议策划、筹备、接待、主持、发言、答问等方面存在的不足之处,总结经验和教训以指导今后的工作,并将总结材料进行归档,以备查验。

第二节 庆典活动

庆典活动是指公共关系部门围绕着重要节日而举行的庆祝活动、典礼仪式等具有特殊文化、社会意义的活动项目。公共关系人员抓住有利时机举办庆典活动能够提高组织的知名度,扩大组织的社会影响。成功的庆典活动往往可以使公众对组织形成非常强烈而深刻的印象。

一、举办庆典活动应注意的问题

(1)必须有一个明确的目标。每次举行庆典活动都必须有一个明确的、主要的目标,其他目标则处于从属地位,不要因其他目标冲淡主题,从而影响了活动的效果。

(2) 妥善安排活动的内容。庆典活动的内容必须是和本组织有一定联系的,并且是为本组织服务的事件。庆典活动的一般程序有:① 主持人宣布活动开始;② 介绍重要来宾;③ 由领导或重要来宾致词或讲话;④ 安排剪彩或参观仪式(这要根据实际情况而定);⑤ 安排宾客交流,如座谈、宴会等;⑥ 重要来宾的留言、题字等。

(3) 正确选择活动的时机。庆典活动的举办不是随意想起来就举办的,而是要找好时机,选好时机,活动开展的时机选择要从主、客观两方面来考虑,既是宣传效果最好的时间,又是所邀请公众较适合的时间,还要让相关公关部门有充分的时间来准备。有利的时机能很好地促进活动的进行,提升活动的效果,比如举办节庆活动,就必须要在节庆期间举办活动,否则就失去了节庆活动的意义,获得的关注会大大降低,所以要注意适时举办。

(4) 有较强的立意和创新。为避免使活动流于一般化和程式化,应注重活动的立意和创新,抓住契机使庆典活动独具特色,这样能带来更好的宣传效果。

二、庆典活动的主要形式

适合开展公关专题活动的庆典活动种类很多,其主要形式有以下几种:

(一) 开业典礼

开业典礼是指为第一次与公众见面的、具有纪念意义的事件举行的庄重而又热烈的活动形式。所谓"良好的开端是成功的一半",新组织的首次亮相都希望给公众留下深刻而美好的印象,为之后组织事业的发展奠定良好的基础。

开业典礼的形式也有很多,包括企业的开业典礼、重大工程的开工典礼、大型活动的开幕式等。开业典礼秉承着"热烈、隆重、节约"的原则,烘托和渲染气氛,在社会公众中造成强烈的影响。

开业典礼的工作主要包括以下几个方面:

(1) 确定开业典礼的形式。开业典礼的形式多种多样,既可采取像记者招待会、宴会这样比较正规的方式,也可选用舞会、联欢、酬宾这样比较随意的形式,还可两者兼用。

(2) 拟定宾客名单。开业典礼主要邀请的宾客包括政府有关部门负责人、社区负责人、社团或同业代表、社会知名人士、新闻记者、员工代表、表彰对象、投资者或合作者、公众代表等。邀请宾客的请柬应提前印制和送达到宾客手中,请柬中应写明开业典礼举办的时间、地点以及采取的形式,以便被邀请者安排时间赴会。

(3) 确定典礼程序和安排接待事宜。典礼程序一般为:宣布典礼开始、介绍重要来宾、领导或来宾致辞、主办者致贺词、剪彩。接待方面主要是安排好签到、接待、剪彩、放鞭炮、摄影照相人员,让他们了解典礼的程序及自己所要承担的工作,保证典礼的顺利进行。安排好专门的接待休息室供重要来宾使用,备好茶水、饮料、香烟等,尤其要注意安排专人接待新闻记者,尽力为他们提供方便。对外地到来的重要来宾,应有专人接送和安排好食宿、来往交通。一切工作人员都应佩带统一的识别标志,礼仪小姐应披彩带,周到地做好服务工作。

(4) 确定致辞、剪彩人员名单。在一般情况下,致辞者应为组织的主要领导人,主持人可为副职。公共关系人员应提前为致辞者准备好发言稿,最好在事先打印出来,随同程序表一同分发。参加剪彩或颁奖者,除本组织的负责人外,还可邀请来宾中社会地位和声望较高的知名人士,如果要求宾客致辞,应提前通知,以使他们有充分的时间进行准备。

(5) 安排一些助兴节目。剪彩结束后,为了渲染喜庆的气氛,可安排锣鼓队、舞狮队进行表演,也可安排一些歌舞节目。

(6) 组织参观。典礼结束后,可安排宾客参观本组织的工作现场、生产服务设施、产品陈列等,让宾客更加直观地感受本组织的文化,加强与来宾的沟通和交流。

(7) 意见反馈。通过座谈和留言等方式广泛征求来宾的意见和建议,及时改正不足之处,发扬优点,做好善后工作。

(二) 纪念活动

纪念活动是指社会组织利用社会上或本行业、本组织具有纪念意义的日期而开展的公关活动。可以举办纪念活动的日期和时间有很多,如:历史上重要事件发生的纪念日、本行业重大事件纪念日、本组织的周年纪念日、逢五逢十的纪念日及重大成就的纪念日等。适时利用相关纪念日来举办庆典活动,对外可以传播组织的经营理念和价值观念,提高组织的知名度,对内能鼓舞员工士气、凝聚人心。

与一般庆典不同的是,纪念活动一般都备有关于组织的纪念册,通过文字、图片、图表等方式全面介绍组织的历史、成就、现状和远景,也可以举办专门的成就展来宣传本组织的良好形象。除此之外,组织可制作一些有纪念意义的纪念章、纪念品等来发放给参与纪念活动的来宾与记者,有助于树立组织的良好形象。还可以结合本组织的性质和特点,举办一些富有特色和社会意义的庆祝活动。

(三) 节庆活动

节庆是利用盛大的节日或共同的喜事而举行的表示欢乐气氛或纪念意义的庆祝活动。不同的国家甚至不同地区都有自己独特的节日,公关部门利用节庆日来开展一系列的公关活动是宣传组织提高组织知名度和影响力的好时机。比如每年"六一"儿童节前后,大小商店都会在儿童商品上绞尽脑汁;中秋节前后,则会出现不同商家之间的月饼大战;"五一"和"十一"长假前夕,旅游景点、旅行社、酒店、宾馆等便会爆发一轮又一轮的宣传大战,向游客推荐他们的优质特色服务。除了这些传统节日外,有些地方还根据自身的文化传统、风俗习惯、土特产等,组织举办一些具有地方特色的节庆活动,如北京的地坛庙会、山东潍坊的风筝节、青岛的啤酒节、湖南的龙舟节等,公关部门抓住这些有利时机,举办一些相关的节庆活动必然会对自身的宣传有所帮助。

不过,搞好节庆活动应注意以下几点:① 要区分好节庆的类别,国际性节日一般由政府部门、社会团体主持举办庆祝活动,其他社会组织可以协办或趁机举办各类的展销活动;民间传统节日往往是由地方政府主办庆祝活动,其他社会组织都可参与。但需要控制好节庆活动的规模,考虑效果,不可过多举行,否则会引起相反的效果。② 开展节庆活动,要结合当地的历史与文化,富有传统特色,以起到尊重顾客、增添友谊、沟通宣传的作用。

拓展阅读 4.1
宏大创意遭遇完美细节——AIG"丝绸之路"庆典活动案例

1919年康那利斯·斯达在上海创立了一家小型保险公司,进军人寿保险市场。在这之前根本没有其他西方公司做过这门生意,康那利斯·斯达其后将业务扩展至西方,令AIG成为全球知名的机构。于是在AIG以及"丝绸之路"的发源地,AIG决定举行一次规模空前的庆典活动,来庆祝公司悠久的历史以及所创造的辉煌成就。此次为期3天的庆典活动在2005年6月初举办,参加人数近400人。居庸关长城圆了绚丽的东方梦想,追本溯源,AIG在中国这片土地诞生,在西方成长,"丝绸之路"这一主题恰如其分地表达了AIG与中国的关联。

首要任务是寻找一个蕴含东方气质的户外场地。在这场为期3天的活动中,第二天晚上的户外晚宴需要特别斟酌。北京的历史景点确实不少,如午门、太庙、故宫、天坛、颐和园等都是上上之选。可要是再考量场地容量、交通、租金、报批手续和搭建等因素,现有的选择竟然无一完美。居庸关长城最终为所有人圆了一个绚丽的东方梦想。但是莫测的天气变化让户外晚宴极易遭受风雨侵袭,而长城自身没有室内场地容纳如此巨大的人群和餐饮供应。

那么,备选场地将设在哪里?福莱公司在距长城只有10分钟车程的"长城脚下的公社"找到了理想的室内备选场地。即使下雨,蜿蜒在山间的长城仍然隐约可见。

场地的确定,赋予现场布置以极大的发挥空间。在辽阔深远的夜空下,以雄伟的长城做大背景,运用光影勾勒历史的轮廓并彰显现代的华丽。此时此刻,欣赏一组大气而纯粹的中国风味的演出,已成为所有来宾的期待。

活动内容尽情演绎阳刚与柔美兼具东西方神采的表现形式是庆典的点睛之笔。公关公司经历了一个艰苦的提案、推翻、再提案的过程。为了保证表演的质量,福莱公司的工作人员在一年半的时间中,与数个知名的文艺团体进行接触和协商。最后确定了少林武僧表演,由于近年来少林武僧作为中国文化交流的使者经常出访欧美国家,他们已经在国外树立起很高的知名度和美誉度。与至刚至猛的少林武术反差极大的是女子十二乐坊的柔美和玲珑。计划制定周详,措施落实得当,组织者意识到只有注意细节,耐得麻烦,才能避免于千头万绪中出现慌乱。活动进行的每一个步骤,组织方与活动方的协调,来宾的安置,来宾与活动的融合,等等,都需要确保万无一失。尽管AIG"丝绸之路"庆典只在北京举行了为期3天的活动,但实际上,福莱公司却为了准备实施这个案子经历了整整3年的筹备工作,只有细节执行完善才能成就大局完美。

第三节 展 览 会

展览会是一种借助实物展示、文字说明、图片、模型、幻灯、录像、示范表演等多种传播媒介来展示组织成果、风貌、特征的宣传形式,是公共关系专项活动中经常采用的一种公关手法。由于其具有较强的直观性,往往使公众易于接受,并产生深刻的印象。成功地举办展览活动,能够起到吸引公众的注意和兴趣、展示组织自我形象、实现组织与公众的双向沟通的目的。

一、展览会的特点

(一)展览会是一种十分直观、形象和生动的复合传播方式

从传播媒介上看,展览会能够运用多种传播媒介进行立体传播,实物展示、专人讲解、现场示范表演等都给人以直观感受。如通过讲解、交谈等方式进行口头传播;通过发放说明书、介绍材料等进行文字传播;通过放映照片、录像等进行图像传播;通过利用模型、模特来进行产品展示的实物传播等。所以展示会可以说是多个媒介交叉混合的传播活动,可以利用各种媒介的优势强化传播的效果。如时装展览会,陈列有各种款式新颖、色彩鲜艳、风格各异的时装,还有文字、图表介绍服装的性能特点;不仅有服装设计师和缝制师的当场介绍、示范,还有时装模特儿的精彩表演,这种有机的结合能产生一种引人入胜的感染力。

(二)展览会能有效地引起新闻媒介的注意

展览会是一种综合性的大型活动,其本身及展示的内容往往都具有一定的新闻价值,因

而成为新闻媒介关注的对象,成为新闻报道的题材。正因为如此,许多组织经常举办各种形式的展览会、展销会来制造新闻,吸引新闻记者前来进行报道,提高组织的知名度和美誉度。

(三)展览会为组织与公众之间的直接双向交流提供了机会

在展览会上,本组织的工作人员可以广泛接触社会各界人士,直接与公众进行交流和沟通,了解公众的喜好,并可利用这一机会解答一些问题。组织借此机会对公众有所了解,能及时收集相关的反馈信息,后续可根据公众意见和需求来改进组织的工作。可见,展览会是一种高效率的沟通方式,这种双向沟通针对性强,收效大,具有人情味;而且展览会也是一种高度集中的沟通方式,厂家、商品都集中在一处进行展示,高度集中,方便了商业交往,提高了经济活动的效率。

二、展览会的类型

展览会通常可以进行如下分类:

(一)按展览的内容划分

1. 综合性展览会

综合性展览会又称横向展览会,这种展览会展出的商品种类多,参加的厂家来自不同的行业。综合性展览会能够集中展示一个国家、一个地区或一个组织的建设成就,既有整体概括,又有具体形象,观众参观后能够对其有一个比较完整的印象。如"中国改革开放 20 年成就展""世界博览会中国馆"等。

2. 专题性展览会

专题性展览会也被称为纵向展览会,与综合展览会相比,专题性展览的内容较为单一,规模较小,所有也被称为单一性展览,但要求展览的主题要鲜明,内容要集中而有深度。如服装博览会、汽车博览会、酒文化博览会等。这种展览会比较普遍,灵活性高,并且能够给公众带来更为直观和真实的感受。

(二)按展览的规模划分

1. 大型展览会

大型展览会一般是综合性的展览,参展的组织多,展出的项目多,涉及面也广,规模大,是一种全方位的展示活动,通常由有较高技术水平的专门单位举办。如在我国昆明举办的"世界园艺博览会"等。大型展览会的时间一般都较长,是组织展示自己良好形象的绝好机会。

2. 小型展览会

小型展览会的规模较小,一般由组织自办,展出的项目也比较单一,主要是本企业的产品或与本组织相关的主题。如企业产品陈列会、样品会等。

3. 微型展览会

微型展览会是一种最小规模的展览,如橱窗展览、流动车展览等。

(三)按展览的时间划分

1. 长期展览会

长期展览会的展览形式是长期固定的,如故宫博物院等。

2. 定期展览会

定期展览会会定期更换部分展出的内容,如北京和上海的工业展览会等。

3. 短期展览会

短期展览会是一种展出时间较短,展览结束后便拆除的展览会,也被称为一次性展览会,如"秋季服装展销会"等。

(四) 按展览的地点划分

1. 室内展览会

室内展览会在室内举行,不受天气的影响,不受时间的限制,一般展出较为精致、价值较高的展品,如"中国著名书法家作品展"等。

2. 室外展览会

室外展览会在室外举行,规模可以很多种,布展也比较简单,但受天气和时间的限制,如一年一度的"洛阳牡丹展"等。

3. 巡回展览会

巡回展览是一种流动很强的展览形式,往往利用车辆运往各地巡回展出,如"农业科技书刊巡回展"等。

(五) 按展览的性质划分

1. 贸易性展览会

举办贸易性展览会的目的是为了促进商品的交易,展出的也通常是一些实物产品或者新技术等。这种展览会的最大特点就是集商品展览和订货销售为一体,如每年春秋两季在广州举行的"中国出口商品交易会"等。

2. 宣传性展览会

宣传性展览会的重点必然是宣传,没有过多的商业色彩,通过展品向公众宣传某一新观点或新思想,或让公众了解某一史实,展品通常是照片、资料、图表及实物等,如"肩负人民的希望——中国共产党建党80周年纪念展"等。

三、展览会的策划和实施

举办展览会是一项十分复杂的工作,需要进行一系列的准备工作,主要包括:

(1) 分析展览的必要性和可行性。在举办展览会之前,必须通过调查研究工作来分析论证举办展览会的必要性和可行性。展览会是一项大型的公关活动,需要投入大量人力、物力、财力,所以在举办之前对其进行必要性和可行性的分析就尤为重要。如果不进行必要性和可行性分析就贸然举行,可能会造成费用开支过大、得不偿失的严重后果,也可能会因盲目举办而收效甚微,起不到扩大宣传的作用等。所以组织的有关部门在对举办展览会的投入与产出进行分析对比之后,如果仍认为有必要举办并且举办方案也确实可行的话,才能举办展览会。

(2) 明确主题和目的。与其他公关主题活动一样,每次展览会都应有明确的主题和目的,进而根据展览会的主题和目的来确定展览会的沟通方式和展览形式,并确定整个展览活动的领导者、策划者、筹备者及其他工作人员。

(3) 确定参展单位、项目、类型。根据展览会的主题和目的来组织参展单位和参展项目,可通过广告和发邀请的形式来确定。

(4) 经费预算。组织根据自身实际情况和本次展览会的相关要求确定举办本次展览会的预算,并根据预算统筹安排相关事宜。

(5) 选择展览场地和确定展览时间。对于场地的选择,首先要考虑方便参观者,宜选择交通便利、容易前往参观的地方举行;其次要考虑场地的大小、内部环境、设备等;第三要考虑场地周围的环境是否与展览会主题相协调;第四要考虑辅助设施是否容易配备和安置,如停车场地等。江苏某地举办展览会,开幕式那天,不少来宾乘着大小车辆而来,因展览场所地处繁华地段,交通相当拥挤,又无停车场所,结果交通堵塞。许多新闻记者目睹此景,电视台记者还录了像,在晚上的新闻节目中播出,给主办单位带来了负面影响。然后还需根据展览的主题和场地等确定展览的具体时间。

(6) 明确参观者类型。组织应明确本次展览会所针对的人群,确定好参观者的类型,预估参观者的数量,据此来决定采用何种传播手段,展览会的策划者也能以此来设计、制作符合参观者兴趣与审美要求的版面。对于参观者,可事先发放请柬邀请或者预售门票。

(7) 选择参展实物及有关资料。展览会各分部的负责人要根据展览大纲到各参展单位搜集实物和有关资料,由专人负责撰写展览文稿、前言及结束语,划分好展览区域,向各分展区文本的编辑说明总体布局以及各部分之间的衔接要求。随后将资料提交设计室,由设计师、摄影师、美术师设计、确定展览会标和主题画,并完成展板的设计、排版、绘制、放样,再由制作组负责版面上的文字、图表制作和版面的加工、美化等。

(8) 展室的布置及美化。按照之前的设计布置及美化展厅,把搜集来的参展实物摆放妥当,安排设置咨询台、签到处及展会的平面图。

(9) 培训工作人员。展览会工作人员的素质和工作技能影响着整个展览的效果,所以组织应注重展览会工作人员的选拔和培训,包括讲解员、服务员、接待员等。理想的工作人员应具备三个条件:一要熟知展览项目的专业知识,能为参观者提供专业的咨询服务;二要善于交际,具备良好的沟通能力,讲文明、懂礼貌,能得体地与各类观众交流;三要仪表端庄、大方。确定好所有的工作人员后应对其进行必要的专业知识和公关技能培训,避免不必要的失误产生。

(10) 成立专门的新闻发布机构。成立专门的新闻发布机构,负责与新闻界联络,做好新闻宣传工作。专门的新闻发布机构应制订出具体的新闻发布计划,邀请新闻媒体来展览会进行采访、报道,撰写与展览会有关的新闻稿,及时向社会传播有关展览会的各种信息,扩大参展单位及整个展览会的影响。

(11) 准备辅助设备和相关服务。组织需提前落实好观众接待室与休息室,划定停车场地,准备好饮食、医疗、安保、保险等其他服务,防患于未然。

(12) 准备辅助宣传资料。为参观者准备有意义的纪念品,印制好展览会说明书、目录表、宣传小册子和传单等。供展出时分发,还需制作好介绍参展单位和参展项目的幻灯片、录像带,便于参观者更加详细地了解展览会有关讯息。

(13) 策划和组织开幕仪式。许多大型的展览会都安排有专门的开幕和庆祝仪式,需事先确定好参加开幕仪式的嘉宾及剪彩的人员,安排好助兴的表演嘉宾。

(14) 进行展览会效果评估。可通过放置留言本、发放调查问卷、举办有关知识竞赛或座谈会、收集新闻报道等方式来了解公众的反应,测定展览会的效果,并在此基础上进行分析,总结出不足之处并改进。

拓展阅读4.2

潘婷进行的"潘婷——爱上你的秀发"中国美发百年回顾展

一、策划

(1) 目标:在上海及浙江地区的媒体中提高潘婷润发精华素的知名度,并通过举办此次展览树立潘婷业界护发先驱形象。

(2) 传递信息：潘婷润发精华素倡导护发新观念；潘婷润发精华素由内而外彻底改善发质，使用一次即有明显效果；潘婷润发精华素是新一代的护发新产品；该项目分为三个部分：前期宣传、活动本身及后期善后。

二、实施

(1) 前期活动：为取得各领域权威人士支持，将装有潘婷润发精华素产品及使用反馈意见表的礼盒发给上海及江浙地区媒体、美发界、演艺界知名人士330人，有100多人回复了表格，并大多给予了肯定。在此基础上，邀请20多位记者参加上海召开媒体研讨会，并在会上邀请从日本来的研究发展部的潘婷护发专家为大家介绍护发基本知识及潘婷的演示效果，为每人做头发测试及保养建议。

在有关媒体上写文章为展览会造势，如在《上海时装报》上连续六周刊登展览会系列关于头发的软性文章，以提升展览会的吸引力，并在电视台制作播出一周的"潘婷音乐时间"。

(2) 活动：选上海图书馆一楼展厅（气派、方便、文化），邀请媒体参加，邀请优雅气质奖及秀发奖小姐做主持人并表演，还原上海20世纪三四十年代的美发厅场景。活动结束后致电与媒体交流，并与有兴趣的电视台合作制作展览节目。

第四节 赞 助 活 动

赞助活动是指社会组织对某个组织或个人以及某项社会事业的物资赠与和捐助。社会组织生活在一个彼此相互联系、相互渗透的社会里，组织的存在、发展都离不开社会的帮助、支持和配合，因此，在组织成长壮大到一定程度后，有义务也有责任报答和回馈社会。赞助活动正是社会组织显示爱心、承担社会责任和义务、共同致力于社会繁荣和发展的义举。

需要注意的是，社会赞助与一般的慈善活动还是有所区别的。第一是主体不同：社会赞助的主体是社会组织，如企业、事业单位等；慈善活动的主体一般为个人或专门的慈善机构，如教会、基金会等。第二是对象不同：社会赞助的对象一般为社会的公共事业、福利事业，在这种前提下包括个人；而慈善活动的对象一般为个人、群体（无家可归者、失业者等），在这个前提下不排除公共事业、活动等。第三是目的不同：社会赞助是为了承担社会责任、义务；而慈善活动是为了显示慈悲心、怜悯心。

一、开展赞助活动的作用

组织开展赞助活动具有以下一些作用：

（一）为组织赢得良好声誉

组织通过对某些社会福利事业、社会慈善事业、社会公益活动进行赞助，有助于在社会公众的心目中留下关心社会、致力于公益事业的美好印象，受到社会舆论的好评，从而为组织赢得良好声誉。法国巴黎有一家服装公司，每年免费为社会培养一批金融人才，后来在政府组织的一次民意测验中有这样一个问题："您以为哪三家企业最为社会利益着想？"揭晓时该公司名列榜首，赢得公众的广泛赞誉。

(二)扩大组织的社会影响

组织在对公益事业,尤其是对体育比赛、文娱活动的赞助过程中,组织的名称和产品的商标等相关标记都会频繁地出现在新闻媒介的广泛报道之中,进而形成一种广告攻势,使本组织的知名度大大提高,社会影响也会进一步扩大。如电视台转播的"耐克杯篮球挑战赛""联通杯乒乓球挑战赛"等,都使企业的名称和产品商标深入人心。尤其是通过对世界性体育比赛,如亚运会、奥运会的赞助,更能让企业的知名度得以在世界范围内弘扬。

(三)博得社会公众的好感

开展赞助活动不仅能使组织赢得与赞助项目直接相关的组织和公众的好感,同时也能使组织赢得其他社会公众的好感,从而产生一种口碑效应。如重庆太极集团有限公司在四川省芦山县发生地震时向地震灾区及雅安市接收病员的相关医院赠送价值一百万元的急救药品,赢得了社会公众的普遍好感。

(四)提高组织的社会效益

开展赞助活动之后,组织赢得了社会公众的普遍好感,知名度与美誉度提高,组织的整体形象自然也得以提高。这些虽然不能直接给组织带来经济效益,但却为组织的生存和长远发展创造了一个良好的外部环境,提高了组织的社会效益。

二、赞助活动的原则

要使赞助活动取得理想的效果,就必须要遵循一定的原则,这些原则包括以下几种:

(一)社会效应原则

组织赞助的目的是要提高组织自身的美誉度和影响力,获得经济利益,所以赞助的项目必须具有积极的社会进步意义和广泛的社会影响,赞助的对象必须有可靠及良好的社会背景和社会信誉。如果赞助的项目没有什么积极意义,甚至对社会构成严重的危害,那么这样的赞助必然不会给组织带来社会效应和经济利益,因此组织不能只为了提高自己的知名度而不顾社会效益。

(二)经济原则

社会组织的财力有限,参与赞助活动必须考虑赞助项目的费用是否合理,本组织的经济能力能否接受,不能"打肿脸充胖子",如果赞助超出了组织所能承受的范围,必然会造成得不偿失的局面,便失去了赞助的本来意义。而赞助的理想结果是以适合自己财力的物质投入换取较大的产出。广东运动饮料公司(后改名为广东健力宝有限公司)大力赞助中国的体育事业,巨额的投入带来了惊人的产出,1987年,该公司仅利用8个月的时间就创造了1亿多元的产值。

(三)优选原则

赞助本身是一种直接提供金钱或物质的传播活动,但是社会组织的财力有限,而社会上需要赞助的项目却是无限的,因此社会组织在赞助时一定要注意比较鉴别、权衡得失,讲究传播效果,分析公众及新闻界对有关赞助项目的关注程度,把有限的钱财花在适合的项目上。一般来说,赞助项目的选择要热门、新奇。

(四)自愿原则

赞助是提供赞助方与赞助对象的一种两厢情愿的行为。不管是哪一类赞助,都必须是自愿的,赞助方必须心甘情愿提供赞助,赞助对象也必须有意接受,否则,任何一方不愿意都有违这一原则。有些组织借拉赞助之名,行勒索之实,这些都是有违赞助方意愿的事。按照我国的法律,营利性企业及国家权力机构不得谋取赞助。

(五) 合法原则

赞助作为一种社会行为必须接受法律的监督和调解,必须在法律允许的范围内进行。

三、赞助活动的类型

(一) 按赞助的作用划分

从赞助的作用来看,赞助的类型可以分为以下几种:

1. 事业赞助

事业赞助是指社会组织出资用于举办公益性和社会性的事业,比如赞助体育运动、教育事业、文化事业、理论研究、学术活动、庆典活动等。其中赞助体育运动是最常见的一种形式,因为随着人民生活水平的提高,人们更加注重强身健体,对体育运动的兴趣也越来越大。进行体育运动的赞助,一般都是为了增强广告效果。1984年在美国洛杉矶举办的第23届奥运会,美国政府没有花费一分钱,奥运会所需的一切费用都来自企业及民间组织的赞助。另外,赞助教育事业也是不错的选择,既有助于教育事业发展,又能使企业取得良好的公关效果。如香港企业家霍英东、李嘉诚、邵逸夫、曾宪梓等人都先后捐资设立各种教育奖励基金,资助国内教育事业的发展,其中邵逸夫捐赠的教育资金遍布神州大地,全国多家高等院校均有邵逸夫命名的"逸夫楼"。

拓展阅读 4.3

海尔集团赞助北京奥运会

2006年8月12日,海尔集团公司在青岛与北京奥组委签约,正式成为北京2008年奥运会白色家电赞助商。海尔也是与北京奥组委签约的第四家赞助商。作为北京2008年奥运会赞助商,海尔集团将为北京2008年奥运会和残奥会、北京奥组委、中国奥委会以及参加2006年冬奥会和2008年奥运会的中国体育代表团提供资金和白色家电产品及服务。北京奥组委执行副主席王伟在签约仪式上表示,作为"海尔"的诞生地,青岛正在积极筹备北京奥运会帆船比赛。"相约奥运,扬帆青岛",表达了青岛人民对北京奥运会的热情期盼。海尔集团成为北京奥运会赞助商,将会给北京奥运会的筹办工作带来积极影响,同时也必将对青岛的城市建设和经济发展发挥更大的促进作用。通过奥运会这个全球最有影响力的载体,海尔一定能把自己的良好形象更加真实、全面地展现给中国和世界,为企业获得更大的发展空间。海尔集团首席执行官张瑞敏在致辞中表示,海尔参与北京奥运会,是海尔企业文化和企业精神的必然选择。作为中国民族品牌的代表,海尔一直强调企业的社会责任感,2008年奥运会在北京举行,海尔积极参与,正是这种企业精神的充分体现。同时,奥运文化与海尔企业文化息息相通,奥运的精神是"更快、更高、更强",这与海尔"不断挑战自我,勇于突破,不断创新"的文化核心一脉相承。海尔将有义务也有能力在白色家电产品及服务等诸多方面为北京奥运会提供优质服务。青岛市市长、奥帆委主席夏耕,国家体育总局、北京奥组委、青岛奥帆委和海尔集团的领导以及有关方面负责人出席签约仪式。

2. 福利赞助

福利赞助是指社会组织捐款给残疾人、弱智儿童、慈善机构、福利机构等。社会福利机构均是非营利性部门,他们需要依靠社会赞助来维持生存和推行相关计划。而且社会组织进行福利赞助是他们应尽的责任,也是企业与政府和社区融洽关系的重要途径。例如:1984

年,中美合营的香满楼畜牧有限公司投产时曾开展义卖活动,把近一个月的30多万元收入全部捐献给了"残疾人福利基金会"。这一做法使公众对该公司迅速产生了好感,提高了该公司的知名度和美誉度。

3. 赈灾赞助

赈灾赞助是社会组织为发生重大事故的单位及遭受自然灾害的地区提供的经济援助。俗话说"一方有难,八方支援",赈济救灾是每个组织和公众应承担的社会责任,同时也是一种潜在的感情投资,它有助于组织获得广泛的永久性的支持。如2010年,沃尔夫斯堡足球队和拜仁慕尼黑足球队在沃尔夫斯堡举行义赛,所有收入均将捐献给"伸出援手——为儿童献爱心"活动,以救助海地地震灾民。作为沃尔夫斯堡和拜仁慕尼黑这两家足球俱乐部的长期合作伙伴,大众和奥迪汽车公司承诺,将通过义赛的举办,为加勒比海岛国——海地的地震灾民募集总额为一百万欧元的善款,如果这场顶级赛事的收入不到一百万欧元,这两家公司将捐款补足差额。这一赞助活动极大地提高了大众和奥迪汽车公司关心社会公益事业的良好形象。

4. 基金赞助

基金赞助是指社会组织捐款给各种基金会,如宋庆龄基金会、儿童活动基金会等,用于某项事业的发展。

(二)按赞助的形式划分

从赞助的形式来看,赞助的类型可以分为两种:一是组织参加赞助,即对其他组织或企业的赞助邀请做出响应。二是组织发起赞助,即一个组织为实现某项公关目的而主动发起的赞助活动,具有创意性。

四、赞助活动的程序

(一)调查论证

社会组织在主动选择赞助对象或接到外界赞助请求后,即可着手进行前期的研究论证。论证可从必要性、可行性、有效性三个方面展开,主要包括:了解赞助对象的基本情况,赞助者的信誉度,接受赞助的组织过去开展公益事业的情况,包括社会公众的舆论与评价,赞助项目的价值、可行性,所需费用,赞助的社会影响、经济效益等。论证后发现赞助项目没有负值和不良影响后,赞助才能成立。另一方面,企业要组织一个专门的赞助机构,负责赞助的事宜,以便从组织上保证资助工作的顺利进行。

(二)制订计划

在调查论证的基础上,组织就要根据本组织的赞助能力、赞助方向和政策来制订出具体的、切实可行的赞助计划。总体的赞助计划一般包括赞助项目、赞助目的、赞助对象范围、赞助方式、赞助时间、赞助意义、赞助细节、赞助预算、赞助的组织管理与实施办法等几个部分。赞助计划是赞助研究的具体化,必须紧扣活动主题,明确赞助对象的范围,界定组织的角色,确定赞助实施的具体步骤和时机,避免赞助的项目和规模超出组织的能力。而且赞助方需与接受赞助方签订合同。

(三)审核评定

赞助计划拟定后,随之报送组织赞助委员会或决策机构,由其审核评定,首先是对赞助项目进行总体评估,检查是否符合赞助的方向和政策;其次是对赞助效果进行质和量的评估,质的评估主要是赞助向公众表明组织所承担的义务和责任,即社会公众将有什么评价、能否起到树立组织美好形象的作用、作用有多大,量的评估则是从社会影响的覆盖面、所获得的经济效益两方面进行的。在可行性分析的基础上,最终决定计划的思路及实施细节。

(四) 付诸实施

赞助计划审核通过后,应交由赞助机构指派专人负责落实执行。在实施的过程中,公关人员应该充分运用各种有效的公共关系技巧,将原则性和灵活性有机结合起来,充分发挥人的主观能动性和创造精神,使组织尽可能借助赞助活动扩大其对社会的影响。同时,赞助单位要配合赞助活动相应地策划开展一系列的公关宣传活动,来进一步扩大赞助的效果,借此宣传组织的形象和商品,以期加深社会公众对组织的认识。

(五) 效果测定

赞助活动结束后,组织应对其效果进行调查测定。要广泛收集社会各界特别是新闻舆论等对此次赞助的看法与评论,然后对照原定目标和计划检查是否达到了预期效果,同时总结完成和未完成计划的原因,并把这些写成总结报告上报有关领导,然后归档留存,为以后开展赞助活动提供参考和依据。也可通过对主办单位人员、本单位职工、社会公众的调查,既可对赞助活动的成功程度进行较客观的评估和总结,提高公关人员的业务水平,又可再次增强人们对赞助活动的记忆,达到重复宣传传播的效果,还可为以后的赞助研究提供参考资料。

本章精要

1. 公共关系专题活动是指社会组织为了某一明确的目的,围绕某一特定主题,经过公关人员精心策划才能实现的特殊公关活动。本章介绍了几种最常用的公关专题活动,这些专题活动虽然步骤不同、工作内容不同,但都是组织提高知名度和美誉度的重要手段。

2. 新闻发布会必须要有恰当的新闻作为由头,选择最佳时机,尽量满足记者们的合理要求。庆典活动是组织提高知名度、扩大影响力的活动,应遵循"热烈、隆重、节约"的原则。从拟定名单到最后的馈赠礼品,每一步都应精心筹划。展览会要注重展、销结合,形象直观,要办得别具一格。赞助活动事前一定要认真进行调查研究,做到目的明确,并通过比较挑选,争取取得最佳的效果。

即测即评

一、单项选择题

1. 开展公共关系活动的首要环节是(   )。
   A. 公关调查   B. 公关策划   C. 实施传播   D. 评估总结
2. 赞助活动的对象是(   )。
   A. 赞助公众   B. 社区公众   C. 名流公众   D. 顾客公众
3. 赞助(   )。
   A. 是一种可以获得效益的投资,而不仅仅是一种慈善事业
   B. 是一种慈善事业,而不是一种可以获得效益的投资
   C. 不是一种慈善事业,也不是一种可以获得效益的投资
   D. 仅仅是一种慈善事业
4. 开业庆典赠送的礼品是(   )。
   A. 宣传性传播媒介   B. 纪念性传播媒介

C. 象征性传播媒介　　　　　　　D. 沟通性传播媒介

5. 从性质上看,可容纳多家不同产品进行同时展销的是(　　)。
   A. 专项展销会　　B. 综合性展销　　C. 大型展销会　　D. 中型展销会
6. 策划具有新闻价值的事件又可称之为(　　)。
   A. 新闻发布会　　B. 制造新闻　　C. 撰写新闻资料　　D. 撰写新闻稿
7. 把展览分为综合性和专题性的两种类型的标准是(　　)。
   A. 内容　　　　B. 时间　　　　C. 地点　　　　D. 人员

二、多项选择题

1. 常见的典礼、仪式有(　　)。
   A. 法定节日庆典　　B. 某一组织的节日庆典
   C. 签字仪式　　　　D. 受勋仪式　　　　E. 开业典礼
2. 新闻发布会的主要发言人应该是(　　)。
   A. 当领导的　　　　B. 头脑机敏的　　　C. 漂亮的
   D. 口齿清楚的　　　E. 具有较强口头表达能力的
3. 社会组织开展赞助活动的目的有三个,即(　　)。
   A. 扩大知名度　　　B. 增强信任度　　　C. 促销产品
   D. 扩大影响　　　　E. 提高美誉度
4. 展览会的特点是(　　)。
   A. 高效性　　　　　B. 复合性　　　　　C. 综合性
   D. 新闻性　　　　　E. 双向性
5. 组织进行新闻传播常用的方式有(　　)。
   A. 张贴海报　　　　B. 撰写新闻稿　　　C. 策划新闻事件
   D. 派发资料　　　　E. 召开新闻发布会

三、判断题

1. 开业庆典是提高组织知名度、扩大社会影响的公共关系活动。(　　)
2. 新闻发布会应在重大节日和有重大社会活动时举行。(　　)
3. 展览活动不可以一次展出许多行业的不同产品。(　　)
4. 要使赞助活动取得理想的效果,就必须遵循一定的原则。(　　)
5. 按展览的时间划分,展览会可分为长期展览会和短期展览会。(　　)
6. 节庆活动是指社会组织利用社会上或本行业、本组织具有纪念意义的日期而开展的公关活动。(　　)
7. 一般来说,新闻发布会的主题一般包括说明性、解释性和宣传性三种。(　　)

思考与练习

一、思考题

1. 简述公共关系专题活动的目的和原则。
2. 如何组织参与展览活动?
3. 公关赞助的类型有哪些?
4. 简述新闻发布会的筹备工作和程序要求。
5. 简述庆典活动的基本组织工作程序。

二、案例分析题

2016年中国公关嘉年华"唯进步 · 不止步"

2016年1月12日晚,由中国国际公共关系协会公关公司工作委员会主办、北京嘉利智联营销管理有限公司承办的2016年中国公关嘉年华在北京亚洲大酒店隆重举行。本届嘉年华以"唯进步 · 不止步"为主题,由行业年度十大事件发布、主任委员交接、年度奖项颁发、文艺表演及抽奖等环节组成。众多业内精英从全国各地赶来,共同见证这一盛会。

嘉宾在签到入场之后进行参观,立刻感受到了浓浓的中国年味儿,大家不仅选取了自己心仪的糖人、面人和春联,还加入到有趣的游戏之中,现场气氛十分火热。伴随着热闹的开场视频,2016年中国公关嘉年华正式拉开帷幕。

"2015年十大公共关系事件"的发布,让业内人士产生共鸣。随后,中国国际公共关系协会公关公司工作委员会2015年度主任委员、哲基传播执行董事王虎致辞,并将象征着荣耀与责任的印玺交给2016年度主任委员、迪思传媒集团总裁黄小川。

2016年度公关公司工作委员会另外6位常委分别是蓝色光标数字营销机构总裁矫龙、北京嘉利智联营销管理有限公司总裁李辂、北京时空视点传播机构创始人刘方俊、万博宣伟公关顾问有限公司中国区董事总经理刘希平、哲基传播执行董事王虎、太德励拓(中国)公关传播集团董事长兼总裁朱旭东。

本届嘉年华的奖项共包括年度最佳新人、最佳经理人、最佳演讲人、最佳团队及行业贡献奖。中国国际公共关系协会领导及公关公司工作委员会主任委员,分别为荣获年度行业各类奖项的个人和公司颁发了奖杯和证书。接下来的几轮互动游戏和抽奖,不仅体现了公关人士的团队合作精神,更极大地活跃了现场的气氛。最后,在动感十足的舞蹈表演之后,本届嘉年华圆满落幕。中国公关嘉年华是中国公共关系行业最具影响力的年度盛会,活动旨在促进业内人士的良好互动,传播公关正能量,向社会展现公关人的风采。

资料来源:http://www.cipra.org.cn/templates/T_Second/index.aspx?nodeid=3&page=ContentPage&contentid=1062,2016-01-13。

思考讨论题:
1. 上述案例属于哪一类公共关系专题活动?
2. 这次活动的主体是哪个组织?参与活动的来宾属于哪些组织?

三、小练习

练习内容:观摩一次展览会。

练习目的:了解举办展览会的工作流程及内容,亲身感受展览会的展示效果。

练习要求:以学习小组为单位赴当地的会展中心进行观摩。

练习组织:
1. 全班学生以小组为单位练习,每组5~8人。
2. 各组对观摩所得素材进行整理总结并制作PPT。
3. 安排时间让各组交流观摩展览会的体会。

延 伸 阅 读

1. 谭昆智.公关原理与案例剖析[M].北京:清华大学出版社,2015.
2. 贾岷江,甘霞.欧洲不同类型展览会的规模和国际化水平比较[J].上海对外经大学学报,2016(2).

3. 郭子华.浅谈危机公关中的新闻发布会策划[J].企业科技与发展,2017(5).

4. 魏玮鸽.新媒体环境下政府新闻发言人与公众信任关系建构研究[D].上海:华东师范大学,2014.

即测即评答案

一、单项选择题

1. A 2. A 3. A 4. B 5. B 6. B 7. A

二、多项选择题

1. ABCDE 2. BDE 3. ABE 4. ABCDE 5. BCE

三、判断题

1. √ 2. × 3. × 4. √ 5. × 6. × 7. √

思考与练习参考答案

一、思考题

1. 公共关系专题活动的目的:制造新闻、为促销服务、增强好感、联络感情、挽回影响。公共关系专题活动的原则:社会性原则、科学性原则、实效性原则、创新性与可操作性相结合的原则。

2. 明确主题和目的、确定参展单位、项目、类型、选择展览场地和确定展览时间、经费预算、选择展览场地和确定展览时间、明确参观者类型、选择参展实物及有关资料、展室的布置及美化、培训工作人员、成立专门的新闻发布机构、准备辅助设备和相关服务、准备辅助宣传资料、策划和组织开幕仪式、进行展览会效果评估。

3. 赞助活动的类型:从赞助的作用来看,赞助的类型可以分为:事业赞助、福利赞助、赈灾赞助、基金赞助;从赞助的形式来看,赞助的类型可以分为两种:一是组织参加赞助,即对其他组织或企业的赞助邀请做出响应。二是组织发起赞助,即一个组织为实现某项公关目的而主动发起的赞助活动,是创意性的。

4. 新闻发布会的筹备工作:新闻发布会牵涉的范围比较广,存在着诸多不可控的因素,而且关于新闻发布会的准备工作会在很大程度上影响其召开的效果,所以在新闻发布会正式召开之前,社会组织及其内部公关部门应做好以下一些工作:确定主题、选定主持人和新闻发言人、准备会议材料、选定新闻发布会的召开时间和地点、确定应邀记者的范围、布置会场、预算费用。

新闻发布会的程序要求:签到、发放会议资料、主持人宣布会议开始并对发布会作简单介绍、发言人发言、记者提问和答记者问、安排参观、宴请及馈赠活动、新闻发布会的会后工作。

5. 庆典活动的基本组织工作程序:确定典礼的形式、拟定宾客名单、确定主持人和剪彩嘉宾、宣布典礼开始、介绍重要来宾、领导或来宾致辞、主办者致贺词、剪彩、安排一些助兴节目、组织参观、意见反馈。接待方面主要是安排好签到、接待、剪彩、放鞭炮、摄影照相人员,让他们了解典礼的程序及自己所要承担的工作,保证典礼的顺利进行。安排好专门的接待休息室供重要来宾使用,备好茶水、饮料、香烟等,尤其要注意安排专人接待新闻记者,尽力为他们提供方便。对外地到来的重要来宾,应有专人接送和安排好食宿、来往交通。一切工作人员都应佩带统一的识别标志,礼仪小姐应披彩带,周到地做好服务工作。

二、案例分析题

1. 上述案例属于庆典活动这种公关专题活动类型。

2. 这次活动的组织主体：中国国际公共关系协会公关公司工作委员会。参与活动的来宾组织主要有：哲基传播、迪思传媒集团、蓝色光标数字营销机构、北京嘉利智联营销管理有限公司、北京时空视点传播机构、万博宣伟公关顾问有限公司、太德励拓（中国）公关传播集团。

第五章　公共关系危机公关

本章知识结构图

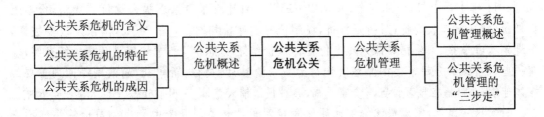

知识目标：了解公共关系危机的特征，掌握公共关系危机管理的程序。
能力目标：树立公共关系危机理念实施常规预防。
实训目标：能策划公共关系危机处理方案。
本章重点：公共关系危机管理的"三步走"。
本章难点：公共关系危机处理的对策与技巧。

家乐福"形象危机"

2011年1月中旬，经济之声《天天"3·15"》节目连续报道家乐福大玩价签戏法，价签上标低价，结账时却收高价；明明是打折，促销价却和原价相同。1月26日，国家发改委披露，多地消费者举报"家乐福等部分超市价签标低价结账收高价"，恶意坑害消费者。经查实，确有一些城市的部分超市存在价格欺诈行为。紧随其后，央视、新华社、新浪网等国内重要的媒体连续、大篇幅在显著位置谴责家乐福，各种报道铺天盖地，一时间造成了巨大的社会反响。

针对这一事件，家乐福就价签问题发表声明称："相关问题是由于我公司价签系统不完善造成的，我们正着手进行升级改造。针对目前出现的问题，公司特别加强了内部监督检查工作及检查频率，将积极与各地的物价等监管部门进行沟通，邀请各地物价检查部门的专业人员对我公司相关负责人及员工加强培训。"然而，媒体调查显示，公众对以上补救措施并不买账。这一外资零售业巨头挽救诚信问题绝非易事。家乐福作为外资零售业巨头为什么会出现上述状况？发生"价签门"事件会给家乐福带来怎样的"形象危机"？这些问题值得思考。

思考一：家乐福"价签门"危机爆发的原因是什么？
思考二：家乐福的危机处理方式能够重新挽回其诚信形象吗？
案例解读：任何社会组织都会遇到公共关系危机事件，如果这些危机事件处理恰当，不仅能够为组织提高知名度，还能够提升组织的形象。预防和处理这些危机事件是公共关系工作的一项重要任务。

第一节　公共关系危机概述

一、公共关系危机的含义

危机（crisis）一词来源于希腊语中的krinein，原始含义是筛选。在《韦氏字典》中解释为一件事物"转化与恶化"的分水岭，是决定性或关键性的时刻，是生死存亡的关头。在汉语中"危机"这两个字可以理解为"危"与"机"的组合，一方面它代表着危险的境地；另一方面又意味着大量的机会。对组织而言，所谓的危机就是组织经营的主要部分或全部遭到严重挫折或困难,给组织的声誉或信用造成严重负面影响的事件或活动,典型的情况是失去控制,或很快将失去控制。对一个组织来说,难免出现这样那样的问题。一旦组织处于危机事件之中,若处理不当,就会给组织造成不同程度的损害直至导致其倒闭,如果处理得当,则可以有效预防或者化解,甚至化害为利。

公共关系危机是指对组织的生存和发展带来重大威胁,严重影响组织声誉的不确定事件或因素。公共关系危机是各种危机中的一种特殊类型,它是由组织内外的某种非常因素所引发的公共关系非常事态和失常事态,也是一种特殊的公共关系状态。这些危机不但会给组织造成人财物的损失,而且会严重损坏组织形象,使组织陷入困境。因此组织在处理突发事件时,处理危机的能力如何是关系到组织生死存亡的大事。

二、公共关系危机的特征

(一) 突发性

危机的发生在时间和征象上往往是不可预见的,或是不可完全预见的。一些突发事件一般是在组织毫无准备的情况下转瞬之间发生的,往往给组织公关带来各种意想不到的困难。特别是那些由组织外部原因造成的危机,如自然灾害、政策变更等,往往是组织始料未及的并且难以抗拒的。

(二) 严重性

由于危机常具有"出其不意,攻其不备"的特点,出现危机对组织的形象、信誉、公众关系的影响是很大的,同时还会影响组织的生存环境,有时甚至是灾难性的。

(三) 聚焦性

进入信息时代后,危机的信息传播比危机本身发展要快得多。危机事件的爆发最能刺激人们的好奇心理,常常成为人们谈论的话题和新闻舆论关注的焦点和热点,而信息传播渠道的多样化、时效的高速化、范围的全球化,使公关危机情景迅速公开化,成为公众聚集的中心,也成为各种媒体热炒的素材。

> **知识小贴士 5.1**
>
> **专家谈危机**
>
> 每一次危机既包括导致失败的根源,又孕育着成功的种子。发现、培育,以便收获这个潜在的成功机会,就是危机管理的精髓。
>
> ——[美]诺曼·奥古斯丁
>
> 虽然所有组织都认为,做好事前预防是最重要的保险措施,但是无论怎样,危机管理还是成为了公共关系实务中最受人重视的技能。各种各样的组织,早晚都会遇到危机。
>
> ——[美]弗雷泽·P·西泰尔

三、公共关系危机的成因

(一) 组织行为不当引起的危机

组织行为不当引起的危机,是指在组织发展过程中,由于组织在指导思想、工作方式、运行机制等组织本身发展过程中的操作失误而引起的公关危机。如过度追求经济利益且不顾公众利益和社会利益造成的环境污染、餐饮行业发生的食物中毒、产品质量引起的消费者投诉、内部员工出于各种目的向政府或媒体等权威机构反映曝光组织不合法的经营与管理、政策失误引起的舆论谴责(发布虚假广告、违反广告法带来的危机)等。这类原因引起的公关危机完全是组织自身的责任,它损害公众利益,影响和谐的社会环境,必然给组织自身带来灾难。而解决的唯一途径也只有社会组织充分重视社会利益,并积极承担自身应尽的社会责任,事先采取积极有效手段,减少组织在发展过程中对社会利益的损害。一旦事发,应迅速采取积极有效手段,并在事后着重考虑如何设法补偿社会的损失、挽回组织的声誉,维持与社会公众的良好关系。

(二) 突发事件引起的危机

突发事件引起的危机,是指由于非预见性、外在因素引起的突然发生的事件,导致组织形象受损。突发事件的特性决定了它常常置组织于困难境地,或引起公众的逃避情绪或干脆失去公众认可,或招来媒体的广泛关注与连续报道,处理不当,产生的负面效应将严重影响组织形象。

一般讲,这类事故属于天灾人祸,组织主体的直接责任不大,关键在于处理是否及时、得当。因此,此类危机的处理要求:一是尽快做好抢救和善后工作,以最大限度减少事故带来的人身安全与财产设备损失,使受伤害的公众及社会有关方面感到满意,并对组织这种主动、认真、负责的行为表示理解与认同;二是及时做好舆论报道工作,将事实真相告诉公众,消除谣言造成的危害,确保危机的处理有一个公正、有利的舆论环境。

(三) 媒体失实报道引起的危机

媒体失实报道引起的危机,是指由于新闻媒体的报道失实,导致公众对组织产生误解,使组织形象受损的危机事件。今天来自各个渠道的媒体报道已深入百姓生活,新闻媒体的言论极易制造舆论轰动,因此,失实报道常常导致组织陷入危机。媒体失实报道引起的危机主要有以下几种:

(1) 失实和不全面的报道。新闻界不了解事实的全貌和真相,导致报道以偏概全,引起公众误解。

(2) 曲解事实。由于新科技、新思想、新方法未被广泛知晓,媒体却按旧观念、旧态度进行分析和报道,曲解事实,引起组织危机。

(3) 报道失误。由于其他组织或人为的诬陷编造,使新闻界被蒙蔽,引起误发报道,使组织产生危机。

(四) 由于谣言而产生危机

谣言主要是指由于公众不了解真相而偏听偏信,或由于公众理解问题的角度、出发点不同而产生的对组织及其行为的错误理解。谣言往往是通过小道消息的形式传播的。小道消息一旦传播,就会在公众的心目中产生强烈的阴影,使公众对组织产生怀疑,从而影响到组织的稳定。每个人在成长过程中认识世界的出发点、途径和角度各不相同,理解问题的角度也不尽相同,且其理解问题的角度一旦形成,在短时间内便很难改变,因理解不同而导致人们对问题的观点、处事的方法也存在差异。因此,一旦公众对谣传信息信以为真,就会对组织出现误解,这种误解如果不能得到消除,会给组织带来麻烦,导致组织与公众之间产生不必要的摩擦,从而影响组织的发展。

传统的新闻报道在广大群众心中有较高的信任度,然而随着媒介形式的多元化,互联网传播占的比例日益增大,传播的信息出现失真的概率明显加大,加之公众一般对专业性的知识掌握不多,很容易受复杂环境下得到的信息的影响,进而产生对组织的不满情绪。这种影响一旦形成,在很长时间内都难以消除。

第二节 公共关系危机管理

一、公共关系危机管理概述

(一) 公共关系危机管理的概念

公共关系危机管理又叫危机公关(crisis public relations),或称危机管理(crisis management),是指组织调动各种可利用的资源,采取各种可能或可行的方式和方法,预防、限制和消除危机以及因危机而产生的消极影响,从而使潜在的或现存的危机得以解决,使危机造成的损失最小化的方法和行为。

(二) 公共关系危机管理的意义

党的十九大报告指出"统筹发展和安全,增强忧患意识,做到居安思危,是我们党治国理政的一个重大原则"。各类组织也要牢固树立危机意识,以预防为主,切实加强危机管理。

公共关系危机事件的出现,具有较大的随机性,不好预测,而且受到不可控因素的牵制,来势凶猛,任何组织都希望与之无缘,但是只要组织存在,就可能出现危机事件。因此,在思想认识上,公共关系人员要高度重视公共关系危机管理工作,而要搞好这一工作,就离不开科学的观念。科学的公共关系危机观念,不但反映了公共关系人员的业务素质,而且也是策略化、实效化、艺术化处理公共关系危机的保障。加强公共关系危机管理的重大意义主要体现在以下两方面:

一方面,妥善处理危机可以减少组织的损失。给组织带来直接或间接的经济损失是公共关系危机的后果之一。如果事先能预防、事中能妥善控制和处理、事后能重塑形象,可以尽可能降低或挽回经济损失。

另一方面,妥善处理危机可以维护组织的形象。公共关系危机的实质就是形象危机和声誉危机,对于任何一个组织来说,无论由何种因素或事件引发的公共关系危机,都会不同程度地影响其在公众心目中的良好形象,而形象的损害对组织来讲是个致命的打击。显然,通过公共关系实务处理,能使组织受到的形象损失不再继续下去,有助于减少物质损失和维护组织及品牌的形象,能控制事态的进一步发展,使形象损失降低,并且还可以塑造比危机前更佳的形象。

(三) 公共关系危机管理的原则[①]

1. 快速反应的原则

好事不出门,坏事行千里。在危机出现的最初12~24小时内,消息会像病毒一样,以裂变方式高速传播。而这个时候,可靠的消息往往不多,到处充斥着谣言和猜测。组织的一举一动将是外界评判组织如何处理这次危机的主要根据。媒体、公众及政府都密切注视组织发出的第一份声明。对于组织在处理危机方面的做法和立场,舆论赞成与否往往都会立刻见于传媒报道。因此,组织必须当机立断、快速反应、果决行动,与媒体和公众进行及时沟通。只有这样,才能迅速控制事态,否则会扩大突发危机的范围,甚至可能失去对全局的控制。危机发生后,能否首先控制住事态,使其不扩大、不升级、不蔓延,是处理危机的关键。

[①] 蔡炜.公共关系学[M].上海:华东理工大学出版社,2014.

2. 真诚沟通的原则

组织处于危机旋涡中时,是公众和媒体的焦点,组织的一举一动都将受到质疑。因此,组织千万不要有侥幸心理企图蒙混过关,而应该主动与新闻媒体联系,尽快与公众沟通,说明事实真相,促使双方互相理解,消除疑虑与不安。真诚沟通是处理危机的基本原则之一。这里的真诚指"三诚",即诚意、诚恳、诚实。如果做到了这"三诚",一切问题都将迎刃而解。

3. 承担责任的原则

危机发生后,公众会关心两个方面的问题:一方面是利益的问题。利益是公众关注的焦点,因此无论谁是谁非,组织应该承担责任。即使受害者在事故发生中有一定责任,组织也不应首先追究其责任,否则会各执己见,加深矛盾,引起公众的反感,不利于问题的解决。另一方面是感情问题。公众很在意组织是否关心自己的感受,因此,组织应该站在受害者的立场表示同情和安慰,并通过新闻媒体向公众致歉,解决深层次的心理、情感关系问题,从而赢得公众的理解和信任。

4. 变危机为良机的原则

古人云:"福兮祸之所倚,祸兮福之所存。"从对危机的辩证认识角度讲就是我们能变危机为契机,精心策划,则不仅能化险为夷,转危为安,还能变危机为良机,变坏事为好事。

5. 系统运行的原则

在进行危机管理时必须系统运作,绝不可顾此失彼。只有这样才能透过表象看本质,创造性地解决问题,化害为利。危机的系统运作主要是做好以下几点:

(1) 以冷对热、以静制动。危机会使人处于焦躁或恐惧之中。所以,组织高层应以"冷"对"热"、"静"制"动",镇定自若,以减轻组织员工的心理压力。

(2) 统一观点,稳住阵脚。在组织内部迅速统一观点,对危机有清醒的认识,从而稳住阵脚,万众一心,同仇敌忾。

(3) 组建团队,专项负责。一般情况下,危机公关小组的组成由组织的公共关系部成员和组织涉及危机的高层领导直接组成。这样,一方面是高效率的保证,另一方面是对外口径一致的保证,使公众对组织处理危机的诚意感到可以信赖。

(4) 果断决策,迅速实施。由于危机瞬息万变,在危机决策有效性要求和信息匮乏条件下,任何模糊的决策都会产生严重的后果。所以必须最大限度地集中决策使用资源,迅速做出决策,系统部署,付诸实施。

(5) 合纵连横,借助外力。当危机来临时,应充分和政府部门、行业协会、同行组织及新闻媒体配合,联手对付危机。在众人拾柴火焰高的同时,增强公信力、影响力。

(6) 循序渐进,标本兼治。要真正彻底地消除危机,需要在控制事态后,及时准确地找到危机的症结,对症下药,谋求治"本"。如果仅仅停留在治"标"阶段,就会前功尽弃,甚至引发新的危机。

知识小贴士5.2

"3T"原则

英国危机公关专家里杰斯提出一个著名的危机沟通的"3T"原则:(1) Tell your own tale(以我为主提供情况);(2) Tell it fast(尽快提供情况);(3) Tell it all(提供全部情况)。这三个原则强调主动、全面、快速,只有"以我为主",才能牢牢把握主动权,掌握信息发布的节奏,只有"全面"才能给大众提供理性的分析判断基础,只有"快速"才能在第一时间堵塞流言产生和传播的空间。

二、公共关系危机管理的"三步走"

（一）危机公关的预防期

公共关系危机预防是指对组织潜在的隐患进行监测、预控的危机管理活动，并能对组织管理者提出警告，以利于组织及时脱离危机，减少组织的损失。造成公共关系危机的许多因素早已潜藏在组织的日常管理之中，如果平时加强对危机的重视，就有可能在危机来临时及时控制局面，把组织的损失降到最低。

预防是公关危机管理的重要组成部分。由于危机是组织的突发事件、偶然事件，一般都是突如其来、从天而降、首次发生、无章可循的，如果没有强烈的危机意识和有效的危机预防措施，组织很可能会束手无策，在迟疑和犹豫之中坐失良机。因此，进行有效的危机预防不仅可以使组织提高警惕，还可以使组织提高危机来临时快速反应的能力。

1. 树立危机意识

危机意识是指组织在日常经营和管理过程中应该有防范与应对组织危机的思维意识。树立危机意识首先要有居安思危、未雨绸缪的危机管理理念，并要伴随着社会组织经营和发展长期坚持不懈，在经济类组织生产经营中要重视与公众沟通，与社会各界保持良好关系；同时，社会组织内部要沟通顺畅，排除危机隐患。1985年，海尔集团前总裁张瑞敏在全体员工面前，将76台带有轻微质量问题的电冰箱砸毁，正是这一举动使全体员工产生了一种危机感与责任感。所以社会组织的全体员工从高层管理者到一般员工，都应居安思危，将危机预防作为日常工作的组成部分，全员的危机意识能提高社会组织抵御危机的能力，有效地防止危机产生。

而危机意识的缺失是造成危机发生、危机事态扩大的主要原因。没有危机意识，就难以产生危机应对计划；没有危机应对计划，就难以判断危机征兆，也就无法有效防止危机的扩散。组织员工应时刻树立公共关系危机意识，在工作中尽量避免不当行为，消除引发组织危机的各种危机诱因。

2. 建立危机信息监测系统

现代组织是与外界环境有密切联系的开放系统，不是孤立封闭体系。预防危机必须建立高度灵敏、准确的危机信息监测系统，随时搜集与组织相关的反馈信息。一旦出现问题，要立即跟踪调查，加以解决。要及时掌握政策决策信息，研究和调整社会组织的发展战略和经营方针；要准确了解社会组织产品和服务在用户心目中的形象，分析掌握公众对本社会组织的组织机构、管理水平、人员素质和服务的评价，从而发现公众对社会组织的态度及变化趋势；要认真研究竞争对手的现状、实力、潜力、策略和发展趋势，经常进行优劣对比，做到知己知彼；要重视收集和分析社会组织内部的信息，进行自我诊断和评价，找出薄弱环节，采取相应措施，建立灵活、准确的信息监测系统，时刻掌握环境的发展变化，才能及时采取应对策略预防危机的发生。

3. 建立公关危机预警机制

危机预警机制是社会组织为了预防危机的发生而建立的关于危机事件预防、处理和保障的机制。具体从以下三个方面加以落实：

（1）制订公关危机处理计划。危机处理计划应该是危机动态管理行动的指导原则。因此，危机处理计划在结构上应有下列的项目安排：目录封面要清楚注明日期，好让使用者知道此危机管理计划的有效性；指导原则和政策；排定演练计划程序；确定危机管理团队，设立危机指挥中心;后勤补给;危机辞典和沟通政策;危机事前部分和危机解决部分;预警和警报部分;恢复管理部分和后果管理部分。

(2) 组建危机管理工作小组。组织根据需要可以调整组织结构,建立矩阵式的危机管理中心。它是灵活多变的组织形式,高层以危机管理委员会的形式存在,由最高领导者担当委员会主席,并从各个职能部门抽取核心的管理骨干担当委员。危机工作小组的目的在于有系统、有计划地收集危机信息、处理危机因素,使危机防患于未然。它的任务包含了危机处理的目标、危机的侦察、危机的辨别、危机的评价等工作。一般在设计危机处理的组织时,应将多学科的专业人才编在处理危机的组织内,而且要根据危机的性质,分为不同的危机编组。危机工作小组的编制要有6~8人,在角色扮演上,要设置最高决策者来总揽权责,其他则为总务、公关、保险和法规等。

(3) 充足的资源保障。危机预警机制的资源保障主要有两个方面:一方面是人力资源的保障。通过组织对员工的培训活动,让员工了解自己在危机事故中的权利和义务,可以印制危机处理手册并发给全体员工,也可以通过录像、幻灯片等方式向员工全面介绍应对危机的方法,让全体员工对出现危机的可能性和应对办法有足够的了解,以确保危机处理时有一批训练有素的专职人员。同时预先确定组织的发言人,危机一旦突然发生,发言人可以及时地以恰当的方式公布各种信息,阻止谣言传播,使人们了解事实,以维护组织的形象。另一方面是物力资源的保障。提前进行危机管理经费、有关软硬件设备、危机管理信息资料、组织发展的背景材料、各种媒介的通讯录等方面的准备,从而提供危机处理时所需的各种物资保障。

(二) 危机公关的处理期

1. 全面调查,分析原因

危机处理小组要成立调查小组,查明危机发生的时间、地点、原因,有无人员伤亡和财产损失,造成了什么样的影响,评估危机形势,了解危机涉及哪些组织和人员,并采取有力措施,控制事态进一步发展。

2. 迅速处理,安抚公众

安抚公众、缓和对抗是危机传播管理的关键一步。一个处于"危机"之中的组织,倘若想的是如何去掩盖、去搪塞、去自我表白,那就等于在给自己裹绳索,让自己跳陷阱,原本很快就可以度过的危机,可能成了一个甩不掉的烫山芋。即便你有千万条减轻自己罪错的理由,值此"紧急的或困难的关头",也应该先去安抚受害公众,真心诚意地取得他们的谅解,争取积极创造化解危机的可能和最佳结局。

危机发生后,要按照危机处理小组的部署和规划迅速有效地开展工作,确认危机事件中的利益相关者,了解他们的情况,与他们及时沟通,表达组织的关心,积极主动地承担责任,赔礼道歉,赔偿损失,做好善后工作。

3. 联络媒体,主导舆论

党的十九大报告指出"高度重视传播手段建设和创新,提高新闻舆论传播力、引导力、影响力、公信力"。危机事件发生后,各种传闻、猜测都会发生,媒体也会纷纷报道。这时组织应委派"发言人"主动与媒介联络,特别是首先报道事件的记者,以"填补信息真空",掌握舆论主导权。

有效控制新闻传播走向。尽力进行事前控制,它是新闻传播走向控制的最为主动的办法和最为有效的措施,若能做好事前控制,对尽快摆脱危机、恢复正常的公共关系状态是十分有利的;对新闻媒介即将发布有关信息之时适当进行即时控制;若新闻界发布了有偏向信息之后设法进行事后控制。在危机处理过程中,还应注意预见谣言产生的可能性,一旦谣言产生要沉着应战,遇事不慌,及时消除危机处理中的谣言。

(三) 危机公关的恢复期

1. 开展评估工作

在危机恢复期,组织要对危机公关工作进行评估,总结经验教训。要通过媒体、组织内部人员、相关专家、利益相关者、主管部门,了解他们对组织应对危机的评价;了解危机给组织带来的损失,包括有形的损失和无形的舆论声誉损失,如媒体对危机的负面报道为组织带来的损失。针对危机的原因、发展趋势和组织在危机中暴露的问题,采取积极有效的整改措施,改进完善。

2. 适当问责

危机处理后,组织可以针对相应的责任,对由于工作失误导致组织产生危机的个人进行问责,如内部通报批评、进行检讨、免职、追究法律责任等。

对危机发生后处理措施不当,导致未能及时处理危机或进一步加深危机的行为也要进行问责。如危机发生后,未及时上报上级有关部门,企图隐瞒或谎报的;危机发生后,不作为或乱作为、延缓危机的处理等。

3. 修复组织形象

危机过后采取恢复性措施,积极落实整改,消除危机带来的负面影响,恢复组织生存和发展的常态,重新缔结与目标公众和利益相关者的良性互动关系,矫正并修复组织形象。

具体来说,可以从以下几个方面进行:

(1) 积极履行社会责任。危机过后,组织可以通过积极履行社会责任来转移公众和媒体的焦点,如开展赞助公益活动、资助希望小学、关注老人生活等都可以提升组织形象。

(2) 加强与公众的沟通。危机恢复期的一项重要工作就是恢复组织与公众之间的沟通,包括利益相关者、受害者、专家、媒体的沟通,可以让他们参加组织的新闻发布会、与公众召开座谈会、组织的领导经常和公众交流、邀请利益相关者组织参观等。

总之,要尽一切努力避免使你的组织陷入危机,但一旦遇到危机,就要接受它、管理它,并努力将你的视野放长远一些。对危机管理的最基本的经验,可以用6个字概括:说真话、赶快说。

本 章 精 要

1. 公共关系危机是指对组织的生存和发展带来重大威胁,严重影响组织声誉的不确定事件或因素。它具有突发性、严重性和聚焦性的特点。而组织行为不当、突发事件、媒体失实报道及谣言等都会引发公共关系危机。

2. 各类组织应牢固树立危机意识,以预防为主,切实加强危机管理,贯彻落实危机管理"五原则",即快速反应、真诚沟通、承担责任、变危机为良机及系统运行的原则。

3. 公共关系危机管理可以分为预防期、处理期和恢复期"三步走"。预防期是对组织潜在的隐患进行监测、预控的危机管理活动,并能对组织管理者提出警告,以利于组织及时脱离危机,减少组织的损失。处理期则要求通过全面调查,分析危机发生的原因,迅速处理,安抚公众,并联络媒体掌握舆论主导权。恢复期是对危机公关工作进行评估,总结经验教训,尽快恢复组织形象。

即 测 即 评

一、单项选择题

1. 危机事件的处理,对新闻界的策略一般是(　　)。
   A. 各抒己见　　　　　　　　　　B. 有结论再与新闻媒体联系
   C. 统一发言口径　　　　　　　　D. 封锁消息
2. 在危机处理过程中,首要遵循的原则是(　　)。
   A. 积极主动原则　B. 真诚原则　　C. 真实性原则　　D. 公众至上原则
3. 危机管理计划内容包括(　　)、正文部分和附录部分。
   A. 概述部分　　B. 摘要部分　　C. 解说部分　　D. 目的部分
4. 公共关系危机和其他危机的主要区别是(　　)。
   A. 形象受损失　　　　　　　　　B. 经济有损失
   C. 有形损失和无形损失　　　　　D. 组织财产损失
5. 危机的内部成因的关键是(　　)。
   A. 管理者公关理念淡薄　　　　　B. 人员及财产设备管理不当
   C. 员工素质低下　　　　　　　　D. 媒介关系不佳

二、多项选择题

1. 下列有可能引起危机的突发事件有(　　)。
   A. 大地震　　　B. 传染病流行　　C. 瓦斯爆炸
   D. 重大盗窃案件　E. 产品自身存在严重缺陷
2. 公共关系危机事件的特点具有(　　)。
   A. 突发性　　　B. 危害性　　　　C. 紧迫性
   D. 聚焦性　　　E. 偶然性
3. 在危机处理过程中,组织应该遵循以下几点原则:(　　)。
   A. 积极主动原则　B. 真诚原则　　C. 真实性原则
   D. 公众至上原则　E. 快速反应原则
4. 危机防范对策包括(　　)。
   A. 成立危机处理小组　　　　　　B. 分析可能发生的危机形态
   C. 进行模拟危机训练　　　　　　D. 与媒介保持良好沟通
   E. 危机训练
5. 下列属于危机事件特征的是(　　)。
   A. 突发性　　　B. 程序性　　　　C. 确定性
   D. 不确定性　　E. 非程序性
6. 按照危机发生的状态可分为(　　)等。
   A. 全局危机　　B. 局部公众　　　C. 现有危机
   D. 社会危机　　E. 未来危机
7. 在企业建立信息监测系统的过程中下列哪些工作是必不可少的?(　　)
   A. 注意随时收集公众对企业产品的反馈信息,发现问题后立即跟踪调查,及时加以解决
   B. 掌握相关政策、法律环境变化的信息,并根据这些信息研究和调整企业的发展战

略和经营方针

C. 及时了解企业产品和服务在公众心目中的形象信息,并收集公众对企业的组织机构、管理水平、人员素质的评价信息,一旦出现负面变化或倾向,必须高度重视,并采取对策

D. 关注竞争对手的变化,收集相关信息,做到知己知彼,制定相应的对策

E. 收集和了解企业内部的信息,并进行自我诊断和评价,从中发现问题,并积极采取措施加以解决

三、判断题

1. 公共关系危机处理就是我们常说的问题管理,两者是一回事。(　　)
2. 危机事件发生后,在了解事实、确定初步对策的情况下,应迅速召开新闻发布会或记者招待会,而且只需召开一次。(　　)
3. 组织在日常经营和管理过程中应该有防范与应对组织危机的思维意识。(　　)
4. 公关危机不仅会给组织造成人、财、物的损失,还会严重损坏组织形象。(　　)

思考与练习

一、思考题

1. 简述公共关系危机的含义和特征。
2. 简述公共关系危机产生的原因。
3. 试述危机公关的策略和方法。

二、案例分析题

"锦湖轮胎"质量门事件

2011年央视"3·15"晚会上扔出首枚重磅"炸弹",世界十大轮胎制造商之一"锦湖轮胎"原料大量掺假,为减少成本不按照比例掺胶,而使用大量返炼胶,严重影响轮胎的质量,给采用其品牌轮胎的汽车带来了安全隐患。

"锦湖轮胎"是全球十大轮胎企业之一,在国内为包括上海通用、上海大众、一汽大众、北京现代、东风悦达起亚、神龙汽车、一汽轿车、奇瑞、比亚迪、长城汽车、哈飞汽车、华晨汽车在内的12家汽车企业的35款车型提供配套轮胎,位列中国国内配套市场占有率第一。其行业的特殊地位,使得"锦湖轮胎"事件牵一发而动全身,很多车企被"锦湖轮胎"事件拖累。"锦湖轮胎"正面临一场信任危机的风暴。

"锦湖轮胎"在被曝光之后先是"拒不认错",表示轮胎不存在质量问题。这样的态度首先让消费者对其品牌形象大跌眼镜,也由此引起媒体的更大关注,并最终引起更大的负面舆论。之后,迫于舆论压力,"锦湖轮胎"中国区总裁李汉燮公开发表道歉声明,否认之前宣称的"不存在质量问题"的情况,以获得消费者的谅解。同时在国家质检总局的压力下,走上了漫长的免费检测和召回的道路。

试分析:

1. "锦湖轮胎"面临的这场公关危机是什么原因导致的?今后应如何防范类似危机的发生?
2. "锦湖轮胎"危机管理都采取了怎样的方法与手段?公关危机处理的效果如何?
3. 从"锦湖轮胎"危机管理中应汲取什么教训?应该怎样正确处理类似的公关危机?

三、小练习

练习内容:制订危机管理计划。

练习目的:了解制订危机管理计划的重要性,掌握危机管理计划的内容,并能够有效地组织危机管理计划的制订和审定。

练习要求:搜集2018年7月长春长生生物科技有限公司"疫苗案"的有关材料,为公司制订一份危机管理计划。

练习组织:

1. 全班学生以小组为单位练习,每组5~8人。
2. 搜集危机管理计划的写作材料。
3. 根据危机管理计划的内容进行小组成员任务分工。
4. 编写危机管理计划书。
5. 小组内学生互评计划,并提出修改意见,完成定稿。
6. 以小组为单位完成一份不少于1500字的练习小结。

练习说明:选择2~3份优秀危机管理计划书和练习小结在全班进行汇报交流,老师进行点评。

延 伸 阅 读

1. 杨军.网络环境下地方政府危机公关能力提升研究[M].北京:中国经济出版社,2018.
2. 岑丽莹.中外危机公关案例启示录[M].北京:企业管理出版社,2010.
3. 丁邦杰.企业危机公关中的媒体攻略[M].南京:江苏人民出版社,2015.
4. 罗子明,张慧子.新媒体时代的危机公关:品牌风险管理及案例分析[M].北京:清华大学出版社,2013.
5. 李华君,陈先红.公共传播研究蓝皮书:中国危机公关案例研究报告(2012卷)[M].武汉:华中科技大学出版社,2014.
6. 黄芸.新媒体视阈下旅游目的地危机公关研究:以桂林国际旅游胜地建设为例[J].市场论坛,2017(4).
7. 王坤.浅析公关危机管理[J].新闻世界,2013(3).
8. 刘雪达.我国政府公关危机管理存在的问题与对策研究[D].辽宁师范大学,2017.
9. 中国公关网.http://www.chinapr.com.cn/.

即测即评答案

一、单选题

1. C 2. C 3. A 4. A 5. A

二、多选题

1. ABCE 2. ABCD 3. ABCDE 4. ABCDE 5. ADE 6. CE
7. ABCDE

三、判断题

1. × 2. × 3. √ 4. √

思考与练习参考答案

一、思考题

1. 公共关系危机是指对组织的生存和发展带来重大威胁,严重影响组织声誉的不确定事件或因素。公共关系危机的基本特征有突发性、严重的危害性、紧迫性和聚焦性等。

2. 公共关系危机产生的原因主要有两种:一种是组织自身的原因,它是由组织自身行为不当而产生的;另外一种危机产生的原因是外在的,它又可分为由于突发恶性事件而产生危机和由于谣言、误解或失实报道而产生危机。

3. 危机公关的策略和方法主要体现在以下几个方面:

（1）了解危机事件的基本情况。当公关危机发生时,组织要保持清醒的头脑,临危不乱,迅速查明危机事件的基本情况。

（2）成立危机处理机构,公布危机事件真相。在了解危机事件基本情况的基础上,组织要立即设置处理危机的专门机构,制定处理危机组织工作的对策告知内部公众,使他们了解实情,同心协力,共渡难关。同时,组织要向外界公布危机的真相,绝不可刻意隐瞒,知情不报,否则只会引起更大的危机。

（3）根据危机产生的根源,迅速采取有针对性的措施。例如,如果是由产品问题引发的危机事件,应立即收回问题产品或组织检测队伍,对问题产品提出召回或补偿措施,并通知立即停售该类产品,然后仔细追查原因、立即改进;假如是由于外界误解或人为破坏造成严重的产品、组织信誉危机,要第一时间通过新闻媒体澄清事实,反驳谣言,消除误解;如果在危机事件中给公众的生命和财产带来了损失,要立即着手善后与补偿事宜,本着负责到底的精神妥善处理。

及时公布危机事件的处理结果。在危机事件处理之后,组织应通过各种媒体渠道及时公布事件经过、处理方法和今后的预防措施,必要时组织还要利用有影响的媒体刊登致歉广告,唤起公众的同情和理解。

二、案例分析题

1. "锦湖轮胎"面临的这场公关危机的主要原因:一是公关意识薄弱;二是组织行为不当,产品质量不合格,严重侵犯了消费者的利益。危机过后该企业应深刻反省,强化公关意识,严控产品质量,自觉维护消费者的利益。

2. 该企业在危机爆发后先是"拒不认错",后又公开发布道歉声明,显然违反了危机管理的基本原则,对消费者及媒体未采取积极的应对措施,导致最初危机处理的效果不佳。后来迫于国家质检总局的压力,才做出了免费检测和召回的处理,但信任危机已然形成。

3. 从"锦湖轮胎"危机管理中应汲取两点教训:一是端正企业的经营管理行为,维护公众的利益;二是制订公关危机管理预案,坚持实事求是的原则处理危机。面对类似的危机要成立危机处理小组,迅速查明原因,真诚面对媒体与受害者,采取积极有效的对策化解危机,以重塑企业形象。

第六章　公共关系形象塑造

本章知识结构图

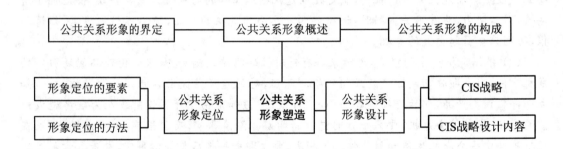

知识目标：了解公共关系形象的构成，掌握CIS战略的内涵。
能力目标：能就CIS战略的某一系统进行设计。
实训目标：结合所在组织的实际进行CIS战略的模拟设计。
本章重点：CIS战略设计内容。
本章难点：公共关系形象定位。

挡不住的诱惑——可口可乐的企业形象设计

在当今世界软饮料市场上，可口可乐占有近一半的市场份额。在世界五大饮料产品中，可口可乐一家公司就占了4个品种：可口可乐、健怡可口可乐、芬达和雪碧（另一家是百事可乐）。全球可口可乐产品的每日饮用量达10亿杯。可口可乐公司创办人阿萨·G·坎德勒（Asa Griggs Candler）曾说过"即使我的企业一夜之间烧光，只要我的牌子还在，我就马上能恢复生产"，可见可口可乐的品牌价值无可估量。而可口可乐的知名，在很大程度上得益于企业形象设计。一部可口可乐的成长史，从某种程度上说，就是塑造企业形象的历史。可口可乐能够在中国广为流行，也是和其强大的宣传攻势分不开的。

可口可乐广告的设计采取红底白字，十分引人注目。书写流畅的白色字母，在红色的衬托下，有一种悠然的跳动之态。由字母的连贯性形成的白色长条波纹，给人一种流动感，充分体现出了液体的特性，整个设计充满诱人的活力。

此外，可口可乐通过赞助体育、教育以及文化等各类活动来强化品牌形象，提升品牌的美誉度，营造饮用氛围，从而促进其产品的销售。最近几年，可口可乐更是与时俱进，不失时机地寻找市场机会，开展网络营销、体育营销等方式吸引消费者的注意，也为可口可乐的品牌赢得了良好的知名度和美誉度。

思考一：可口可乐公司在企业形象塑造方面是如何推进的？
思考二：可口可乐公司企业形象塑造的效果如何？
案例解读：现代企业竞争，在某种程度上是企业形象的竞争。世界著名跨国公司无一不重视企业形象的塑造，它们把企业的名声看得比什么都重要。可口可乐从诞生的那天起，就十分注重企业形象的宣传，这是它能够获得世界最具知名度品牌称号的重要原因，从而引发我们对组织形象塑造重要性的再认识。

第一节 公共关系形象概述

一、公共关系形象的界定

公共关系形象又称组织形象，是指社会公众对组织综合认识后形成的对组织整体印象和总体评价。在公共关系中,组织形象状况反映出组织的关系状况和舆论指向。由公众对组织行为的认知和整合而形成的组织形象,既是一个认知上的问题,又是一个行为上的问题,公众对组织的观念认同和价值评价的程度,实际上可反映出组织与公众的关系是对抗还是合作、是融洽还是冷漠的行为差异。同样,公共关系形象作为公众对组织的认知和评价,又反映出公众对组织的基本态度和意见指向,即舆论指向。可见,公共关系形象的"好坏",与公众关系程度的"深浅"、舆论指向的"正反"有着很大的"正相关"。

公共关系形象具有以下四个基本特征:

第一,客观性。公众心目中的公共关系形象不是凭空想象的,也不是他们头脑中固有的。它是组织的所作所为在公众心目中的投影与反映。根据统计学上的"大致定律",评价的人多了,主观的偏见就会自然减少,因而公共关系形象是较客观的。

第二,多维性。由于组织自身的构成具有多样性,它必然会向社会发出各种各样的信息。从形象的构成要素分析看,比如从时间和空间上、人员素质和设备上、内在精神与外在风格上等等,都可以反映出一个组织的形象。

第三,差异性。由于公共关系形象的评判者是公众,而公众经常是由不同的个体或群体所组成,他们往往都具有自己的文化背景、价值取向和判断标准。因此,组织的同一行为在不同的个体或群体的心目中常常会有不同的评价,即组织的表现与特征在不同的公众心目中会产生不同的差异化的评价。

第四,相对稳定性。由于众多因素的影响,公共关系形象始终处在一个动态的变化过程中,但是,公共关系形象一旦形成,就具有一定的相对稳定性。形象的变化不会是不可捉摸的、瞬间即逝的,像中国的"百年老店"所塑造起来的良好形象至今令人不能忘怀即是实例。所以,不论作为"硬件"的外在形象、建筑风格、个性标志,还是作为"软件"的组织精神、传统风格,往往会伴随一个组织生命的全过程,并会在一定的时空条件下、一定的公众群体中形成概念化的东西,造成一种具有一定时间长度的心理定势。

二、公共关系形象的构成

(一)组织的产品与服务形象

产品形象是指通过组织提供产品或劳务所反映出来的形象,它是公共关系形象的基本要素和客观基础;服务形象是指组织通过服务行为展现的形象。现代社会组织的形象竞争在某种程度上取决于服务的竞争,谁的服务好谁就容易赢得公众的心。

(二)组织的人员形象

人员形象是指通过组织成员的品行、素质、作风、能力、态度、仪表等所体现出来的形象,它包括组织管理人员形象和员工形象。一个组织的人员形象首先从管理者形象反映以来,领导班子的知识结构、年龄结构、能力结构、学历结构、经验情况,领导决策者的战略眼光、决策能力、创新精神、开拓精神、风险意识、组织能力、协调能力、交际能力、领导作风,领导班子是否团结、是否具有权威、是否平易近人等,不仅决定着公众对领导者是否尊重与依赖,更重要的是影响着内外公众对组织决策的评价以及他们对组织前途的信心。其次是员工形象,它是组织员工在职业道德、专业水平、文化素养、精神风貌、言谈举止、服务态度和着装礼仪等方面的综合表现。一个人才济济、阵容整齐的组织,会使组织的形象倍增光彩。过硬的人员形象是品牌延伸的前提,具有良好的专业素养,才能保证品牌形象的质量。知名的大企业十分重视人才的培养,把它看成企业发展、文化延伸的保障。

（三）组织的文化形象

它是公共关系形象的精髓所在，它以组织的价值观为基础，以组织系统和物质系统为依托，以组织员工的群体意识和行为为表现，形成具有特色的生产经营管理的思想作风和风格。文化形象主要包括组织使命、组织精神、组织价值观和组织目标。

（四）组织的环境形象

环境形象，是指通过组织的相关环境设施所展现的形象，它对组织起着烘托和装饰的作用，是公共关系形象的硬件部分。环境形象主要包括三个方面：工作环境、生活环境和外貌环境。环境形象是构成组织现代办公文明、生产文明、商业文明的一部分。具体来讲包括地理位置、建筑群落、风景设施、装饰点缀、门面招牌、厂容店貌、橱窗布置、展览室、会客室、办公室、生产场地、指示牌的陈设等。

综上所述，公共关系形象是一个整体概念，是各种形象要素的有机结合。因此，必须注意发挥每个要素的作用，通过对各要素的协调统一，进而树立起组织良好的整体形象。

第二节 公共关系形象定位

一、公共关系形象定位的要素

公共关系形象定位是指组织根据环境变化的要求，结合组织和竞争对手的实力，选择自己的经营目标及领域、经营理念，为自己设计出一个理想的、独具个性的形象位置。要让组织在公众心目中留下清晰、深刻、特别的印象，就必须有准确的组织形象定位。

> **知识小贴士 6.1**
>
> **定位理论**
>
> 定位理论最早出现于20世纪60年代末美国广告界的一些文章里，直到1972年在美国很有影响的《广告年代》杂志上正式出现。当时强调的是通过广告攻心，将产品定位在顾客的心中潜移默化，而不改变产品的本身。到20世纪80年代，美国著名营销专家菲利普·科特勒（Philip Kotler）开始把定位理论系统化、规范化。他指出：定位就是树立企业形象，设计有价值的产品和行为，以便使细分市场的顾客了解和理解企业与竞争者的差异。

（一）主体个性[①]

主体是指社会组织，个性包括品质个性、价值个性两个方面。主体个性是社会组织在其品质和价值方面的独特风格。公共关系形象定位必须以主体的存在特性作为基础，必须是组织所具有的个性，不能夸张，也不能捏造，否则一定会被公众所遗弃。像劳斯莱斯是以"不求廉价便利，只求高档豪华"作为形象定位的。但这种定位必须以过硬的产品及服务作为基础。如果一家品质、服务平平的组织也提出高档豪华的形象定位，其结果只能是事与愿违。

（二）传达方式

传达方式指的是把主体个性信息有效准确地传递给公众的渠道和措施。主体个性信息

---

① http://gggx.lszjy.com/Articlejakjbzja/20111/234.html, 2011-11-10.

如果不能有效传达,公众根本无法去了解和把握。传达方式主要指营销、广告与公关等宣传方式。

良好的公共关系形象不见得在主体个性上有过多的优势,但其传达能力是不容怀疑的。如IBM并不是电脑的发明人,从这一点来讲,IBM在电脑方面的主体个性肯定不是优势。但是,IBM确实运用有效的传达方式使人们将电脑与IBM联系起来,并以优良的服务建立起"IBM意味着最佳服务"的形象定位。

(三) 公众认知

社会组织经过主体个性确定,并运用了有效的传达方式后,要确认组织形象是否得到了公众的认知。对于经济类组织而言,公众对组织形象的认知是在获得经济类组织提供的物质、服务的同时,也要能获得精神上、感受上的满足,才能使经济类组织形象更容易、更深刻地被公众认知、接受。

上述要素分别从主体、通道、客体三个方面构成了完整的公共关系形象定位,使得组织形象的功能和效应得以发挥,这与组织开展公共关系工作的主体、客体、传播程序具有一致性,而公共关系工作里也包括了组织形象定位。

二、公共关系形象定位的方法

公共关系形象定位的方法有很多,这里主要介绍以下四种。

(一) 个性张扬的定位方法

个性张扬的定位方法主要指充分表现组织独特的信仰、精神、目标与价值观等。它不易被人模仿,是自我个性的具体表现。这既是组织形象区别于他人的根本点,又是公众认知的辨识点,因此,组织形象定位时一定注意把这种具有个性特征的思想表现出来。美国IBM公司也是以"科学、进取、卓越"的独特定位来表现组织形象定位的,这种个性形象可以是整体性的,也可以是局部性的,如组织的人员个性、产品个性、外观个性、规范个性等。像丰田汽车的"车到山前必有路,有路必有丰田车",就是其局部性即产品个性的表现。当然,这种个性也应是组织整体个性的代表性、集中性的表现。

(二) 优势表现的定位方法

在这个"好酒也怕巷子深"的竞争激烈年代,组织要想立于不败之地,除了利用个性的张扬之外,还必须扬其所长而避其所短,重视展现组织的优势。公众对组织形象的认识实质上是对其优势性的个性形象的认识。组织给予公众这种优势性形象的定位,才能赢得公众的好感与信赖。作为公众,都会不同程度地得益于这种形象定位。当然,经济类组织也同样会因这种定位而获得更高的经济效益与社会效益。不同特色的组织都有不同特色的优势,只要抓住其优势特色进行定位,就可以很好地发挥作用。如"跨越时空旅程,邂逅农历马年",一场精心策划的"爱马仕之马"主题展览,以庆祝"爱马仕之家"在上海盛大开幕。2014年9月15日至10月11日,以轻松诙谐的视角解读"爱马仕与马"的奇妙故事。

(三) 公众引导的定位方法

组织通过对公众从感性上、理性上、感性与理性相结合上的引导来树立组织形象的定位方法。感性引导定位法主要是指组织对其目标公众采取情感性的引导方法,向公众诉之以情,以求工作能够和组织在情感上产生共鸣,进而获得理性上的共识。比如海尔集团的"真诚到永远"则以打动人心的感情形象扎根于公众心目中。理性引导定位法主要是指组织针对目标公众采取理性的说服方式,用客观、真实的组织优点,让公众自我做出判断,进而获得理性的共识。比如苹果电脑标识——"被挖掉了一块的苹果",让公众清楚地知道公司仍然存在不足,并非完美,但他们会不断努力的,这种理性引导公众的定位法更有利于培养起公众对组织的信任。感性与理性相结合的引导定位则是综合了感性与理性的双重优势,可以做到"情"与"理"的有机结合,在公众"晓之以理""动之以情"的过程中完成形象定位。如麦当劳以干净、快捷、热情、优质而组成的"开心无价,麦当劳"为其组织形象定位,充分表现了公司愿让每一位顾客都享受到"高兴而来,满意而归"的宗旨。这种既表现出组织的价值观又带有人情味的形象定位,不仅能适应不同公众心理的多方面需求,更能赢得公众的青睐。

(四)形象层次的定位方法

形象层次的定位方法是根据组织形象表现为表层形象与深层形象来进行定位的,表层形象定位是指构成组织形象外部直观部分的定位,比如厂房、设备、环境、厂徽、厂服、厂名、吉祥物、色彩等的直接定位。如"可口可乐"那鲜红底上潇洒动感的白色标准字就体现出了"世界第一可乐饮料"的风范。深层形象定位主要是根据组织内部的信仰、精神、价值观等组织哲学的本质来进行定位的。中国电信"沟通从心开始"的定位即为深层形象定位。

第三节 公共关系形象设计

一、CIS战略

(一) CIS战略的内涵

"CIS"是英文"Corporate Identity System"的缩写,一般直译为企业形象识别系统。CIS作为企业的形象识别战略,是在社会进入工业时代后,随着企业的大量涌现,在市场竞争中逐渐形成的。它是指企业为了塑造或提升自身形象,将企业的经营观念与精神文化运用统一的整体传达识别系统传递给内外部公众,并使公众对企业产生一致的认同感和价值观的一种战略性活动。CIS是现代企业新的、全方位的公共关系战略措施,是现代企业与公众沟通和传播的有效手段之一。企业形象识别系统为现代企业塑造了个性形象,并使之深入人心,使社会公众容易清晰识别企业特征及深切感受企业个性形象的冲击力和震撼力。

知识小贴士 6.2

CIS战略的沿革

CIS最早在企业中得到应用,当属建筑史上赫赫有名的建筑家佩特·奥伦斯受聘为德国AEG电器公司的设计顾问,为其设计商标,并应用到便条纸和信封上,这可以看作视觉识别的开端。CIS的正式发轫,当属20世纪中期的美国,即1956年美国计算机巨人——IBM公司引进CIS构想之时。IBM公司通过CIS设计塑造企业形象,称为美国公众信任的"蓝色巨人",并在美国计算机行业占据了首屈一指的霸主地位。随着IBM公司导入CIS的成功,美国的许多公司都纷纷效仿。

1. 美国CIS的发展

美国模式的CIS战略主要是通过对企业视觉识别(VI)的标准化、系统化设计规范,通过独特的视觉信息符号系统来表现企业的经营理念和特色,统一企业形象传播,使社会大众认知、识别,建立良好企业形象为目的。

2. 日本 CIS 的发展

日本从美国引进了 CIS 战略,作为东方民族,日本的企业管理思想历来深受东方文化的影响,特别注重企业自身的内在修炼。正如日本人巧妙地将西方先进的管理理论、管理技术和管理手段和日本的传统文化相结合,形成了日本式的企业经营管理制度一样。

日本企业在导入 CIS 战略时,不仅吸取了欧美等西方国家的长处,同时融合了日本民族文化和管理特色,创造了具有本民族特色的 CIS 模式。

3. 中国 CIS 的发展

20 世纪 70 年代后期,CIS 在台湾地区兴起,80 年代中后期盛行。台塑、味全、统一、宏基电脑等先后导入 CIS 极大地提高了它们在市场竞争中的地位。

CIS 进入中国大陆地区是在 80 年代中后期,最早接受 CIS 理论的是美术院校。1984 年,浙江美术学院从日本引进一套 CIS 资料,作为教材在校内进行教学使用。进而,各美术大专院校纷纷在原来的平面设计、立体设计等教学中增加了 CIS 的视觉设计的教学内容,着重介绍 CIS 这门新学科新的设计概念和技法。伴随着经济全球化的发展特别是国外企业和产品逐步进入中国,其强烈的 CIS 视觉识别对消费者的冲击力和感染力,促成 CIS 走出艺术院校的殿堂与企业经营管理相结合,为塑造中国企业新形象服务。

资料来源:http//wenku.baidu.com/vieu/90597967f5335a8102d22072.html。

(二) CIS 战略的构成要素

完整的 CIS 由三个子系统组成,分别为理念识别系统(Mind Identity System,MIS)、行为识别系统(Behavior Identity System,BIS)、视觉识别系统(Visual Identity System,VIS),如图 6.1 所示。这三个要素是相互联系的统一整体,其中 MIS 是其核心和灵魂,可以比作企业的"脑";BIS 是其动态识别,是企业生产经营活动各个方面的行为所呈现出的总体态势,可以比作企业的"手";而 VIS 是其静态识别符号,是具体化、视觉化的传达形式,可以比作企业的"脸"。后面我们将结合如家酒店的 CIS 设计来做进一步的解读。

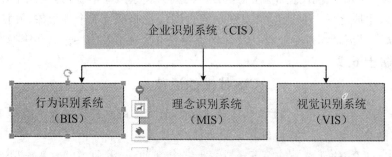

图 6.1　CIS 的构成要素

二、CIS 战略设计内容

(一) 理念识别系统

理念识别系统(Mind Identity System,MIS)是指得到社会公众普遍认同的、体现组织自身个性特征的、为促使并保持其正常运作及长期发展而构建的,并能反映企业明确的经营意识的价值体系。企业的 MIS 是其基本精神所在,是文化在意识形态领域中的再现,是 CIS 最基本最核心的内容,也是企业导入和实施 CIS 战略过程的原动力和重要组成部分。一般来说，一个企业的 MIS 主要由企业哲学、企业精神、企业道德、企业目标、企业宗旨与企业作风等要素构成。MIS 是 CIS 的根本，它使企业从经营观念上与其他企业相区别，并指导和规范着 BIS(行为识别系统)和 VIS(视觉识别系统)。

在整个 CIS 中，MI 处于绝对的核心地位，其主要功能在于向公众描述企业的经营理念、发展策略、愿景，力图让公众能从抽象的概念中更多地了解企业的核心意识。进行 MI 设计时一定要认识到：虽然 MI 是一种观念、一种意识形态，是无形的，但必须要通过有形的载体将其表现出来。常见的表现形式有两种：一是观念的形式，二是文字的形式。

1. 企业理念的观念形式

企业理念的观念形式主要包括经营宗旨、经营哲学、行为准则、经营方针、经营策略以及企业价值观等。

（1）经营宗旨。经营宗旨是指企业经营活动的主要目的和意图。包括企业长期的发展方向、目标、目的、自我设定的社会责任和义务。如家酒店的理念"把我们快乐的微笑、亲切的问候、热情的服务、真心的关爱，献给每一位宾客和同事"，从本质上反映了企业的核心思想和价值观。

（2）经营哲学。经营哲学是企业在经营管理活动中所依据的基本政策和价值取向，是企业理念的浓缩，是企业文化的重要表现形式。如家酒店的"为宾客营造干净温馨的家"，也可通俗地理解为企业为了实现自己的使命准备"怎么做"的问题。

（3）行为准则。行为准则是规定企业内部员工应当具备的心理素质和行动的原则。在 MI 中，行为准则属于"不许做"的问题，是明确的组织行为的戒律。

（4）经营方针。经营方针是企业运行的基本准则，是指以企业的经营思想为基础，根据实际情况为企业实现经营目标而提出的一种指导方针。

（5）经营策略。经营策略是指企业为了达到自己的目标而采取的具体经营战术，是更加具体的企业经营哲学和方针。

（6）企业价值观。企业价值观是指企业全体成员所拥有和接受的共同观念，它是整个企业理念系统的基石。企业理念的诸多构成要素，归根结底都要受到企业价值观的约束。

2. 企业理念的文字形式

表达企业理念的文字形式主要有以下几个方面：

（1）口号。这种方式是指把企业精神和经营理念的主要内容用高度概括的语言凝练出来。例如海尔公司的口号就有"敬业报国、追求卓越"，"真诚到永远"等。这些标语式的口号张贴在企业的四周，使员工随时都可以看见，以起到警示和激励作用。

（2）训词。有些组织把理念提炼为一句训词，把组织精神作为规则、文件在组织内予以公布。例如著名的松下企业"七精神"：产业报国的精神，光明正大的精神，和睦团结的精神，奋斗向上的精神，礼貌谦让的精神，顺应同化的精神，感谢报恩的精神。

（3）歌曲。组织的歌曲也是一种很好的企业理念承载形式。有些企业歌曲因曲调悠扬、歌词唯美而被广为传唱，起到了极好的传播效果。

拓展阅读 6.1

如家酒店 CIS 设计

> 如家连锁酒店集团公司（以下简称"如家"）是国内经济型连锁酒店的领军品牌，创于 2002 年。作为中国酒店业海外上市第一股，在全国拥有连锁酒店 500 多家，覆盖 100 多主要城市，形成了遥遥领先业内的最大的连锁酒店网络体系。如家能有这样的成绩，其鲜明的企业形象起到了至关重要的作用。

1. MI 设计

如家从建立开始就着力塑造良好的形象、鲜明的特点,强调与同行业竞争者的差异,突出独特的精神,打造适合自己的理念——"把我们快乐的微笑、亲切的问候、热情的服务、真心的关爱,献给每一位宾客和同事"。如家所制定的使命也与此契合:为宾客营造干净温馨的"家"、为员工提供和谐向上的环境、为伙伴搭建互惠共赢的平台、为股东创造持续稳定的回报、为社会承担企业公民的责任。从企业核心理念到宣传语——"不同的酒店,一样的家",处处都有着宾至如归的"家"文化的影响。

在如家的理念识别系统中,不仅体现在顾客方面,还兼顾到了员工、伙伴、股东以及对于社会的责任。面面俱到的周密考虑,有利于企业树立良好的社会形象,扩大其知名度与美誉度。

2. BI 设计

如家内部建立了一套完整而详细的管理制度,约束并规范组织和员工的行为。对此,其管理团队提出了"像制造业一样生产服务",主要就是强调服务质量的标准化。"我们对待服务的质量,要像制造业的企业一样。在制造业,次品率往往低于千分之一或者万分之一才是合格品;而服务性行业,能够达到90%以上的客户满意度就非常不错了。其实说起来90%的客户满意度还是说明有10%的次品率;即使是99%的满意度还有1%的不合格产品,这是不可以的。我们现在提倡零缺陷,虽然与客户接触的服务流程环节非常多,但我们仍然要求全过程的次品率要在1‰以下。换个角度,就可以把服务像制造产品一样分解成一个个环节。能够保证按照恒定的质量标准永远重复下去,才是最为成功之处。"如家主要负责人如是说。

扩展到企业外部,如家也致力于各种社会公益活动、公共关系、营销等。比如迎接世博,推出多项绿色环保活动;赞助东方卫视全程参与"加油!好男儿!"活动;举办员工运动会、技能比拼大赛等活动;制定反舞弊政策;制定商业行为和道德规范等。如家一直以来都在通过各种行为准则的制定及实践、持续的媒体活动策划,打造充满活力、管理高效、热心公益、注重人文关怀的形象,使品牌在大众中的知名度、美誉度和特色度不断得到提升,树立了良好的动态形象。

3. VI 设计

如家的 LOGO 由红、黄、蓝三色构成,颜色鲜艳、对比强烈,可识别性高。小房子样式的设计,HOME INN 的标志,"I"做成弯月的样子,"如家"两字嵌在房门中,整体 LOGO 巧妙而简洁,给人温馨的家的感觉。店面的设计也主要是黄、蓝两色,这样鲜艳的色调在城市中很少看到,故而识别性很高,仅这一点就为其特色度加了不少分。有很多新闻报道直接用"黄房子"来代替如家,其高识别度由此可见一斑。酒店内部的设施亦高度标准化,棕黄色的地板、粉红色的床单、白色的窗纱、蓝色的窗帘,都意在区别于其他酒店难以接近的一片白色,营造家庭般的感觉。总体而言,如家的 VI 设计与其理念完好地契合,充分体现了"不同的城市,一样的家"。

在如家的 CIS 设计中,自始至终贯穿着宾至如归的"家"文化,MI、BI、VI 三者相互融合,打造出全方位立体的企业形象。

资料来源:郭亿馨.如家酒店 CIS 设计[J].中国市场,2011(15).

(二) 行为识别系统

行为识别系统(Behavior Identity System,BIS)是指在企业的经营理念、经营方针、企业价值观及企业精神指导下,在内部协调和对外交往中的一种规范性准则。它通过企业的经营管理活动及社会公益活动等来传播企业的经营理念,使之得到企业内部员工的认可和支持之后,进一步得到社会公众的接受,从而进一步强化其品牌形象,在市场创立的品牌中树立一种美誉度极高的企业形象,创造更加有利于企业深化发展的内外部环境。从这一意义上讲,BIS以企业独特的经营理念为基本前提,这就决定了BIS具有某些个性化的特点,并始终围绕着企业经营理念这个核心展开。对此,其BIS的设计需要从企业内部和外部两个方面来进行。

1. 企业内部识别系统

企业内部识别就是对全体员工的组织管理、教育培训以及创造良好的工作环境,使员工对企业理念认同,达成共识,增强企业凝聚力,从根本上改善企业的经营机制,保证对客户提供优质的服务。如家酒店提出了"像制造业一样生产服务",在企业内部建立了一套完整而详细的管理制度,约束并规范组织和员工的行为。

(1) 工作环境。工作环境的构成因素很多,主要包括两部分内容:一是物理环境,包括视觉环境、温湿环境、嗅觉环境、营销装饰环境等;二是人文环境,主要内容有领导作风、精神风貌、合作氛围、竞争环境等。一个良好的企业内部环境,不仅能保证员工身心健康,还是树立良好企业形象的重要方面,企业要尽力营造一个干净、整洁、独特、积极向上、团结互助的内部环境,这是企业展示给社会大众的第一印象。

(2) 员工的组织管理和教育培训。实施CIS战略,需要企业全体员工的协作,员工是将企业形象传递给外界的重要媒介,如果员工的素质不高,将损害企业形象。所以CIS战略的推行,必须对企业员工加强组织管理和教育培训,提高每位员工的素质,使每位员工认识到自己的一言一行都与企业整体形象息息相关。只有通过长期的培训和严格的管理,才能使企业在提供优质服务和优质产品上形成一种风气、一种习惯,并且得到广大消费者的认可。

员工教育培训的目的是使行为规范化,符合企业行为认识系统的整体性的要求。员工教育分为干部教育和一般员工教育,两者的内容有所不同。干部教育主要是政策理论、法制、决策水平及领导作风教育。一般员工教育主要是与日常工作相关的一些内容,如经营宗旨、企业精神、服务态度、服务水准、员工规范等。

(3) 员工行为规范化。行为规范是企业员工共同遵守的行为准则。行为规范化,既表示员工行为从不规范向规范的过程,又表示员工行为最终要达到规范的结果。它包括的内容有:职业道德、仪容仪表、见面礼节、电话礼貌、迎送礼仪、宴请礼仪、说话态度、说话礼节和体态语言等。

(4) 企业文化活动。企业文化活动在企业发展中对外具有宣传的功能,对内具有增进凝聚力的功能,企业通过开展一些喜闻乐见的文化性活动,向员工宣传和传播价值观;另一方面,作为组织开展企业文化建设的一种实践形式,涉及与外界的接触,传递的信息代表企业形象,能否给外界造成企业员工热爱组织、积极参与、团结一致、蓬勃向上的深刻印象是企业文化活动开展成败的重要因素。企业文化活动包括企业运动会、共青团组织的青年活动、党支部组织的党员活动及其他文体活动等,形式丰富、内容多样,能有效调动员工的积极性和参与性。

2. 企业外部识别系统

对外行为系统是企业动态的识别形式之一，是指企业通过市场营销、公共关系活动、社会公益活动等，向消费大众、销售通路、金融界、政府主管部门、社区公众的信息传播行为，以求得到社会大众的认同，为企业的经营创造理想的外部环境。如家酒店一直以来都在通过各种行为准则的制定及实践、持续的媒体活动策划，打造充满活力、管理高效、热心公益、注重人文关怀的形象，使品牌在大众中的知名度、美誉度和特色度不断得到提升，树立了良好的动态形象。

在企业外部行为方面需要做好四个方面的工作。一是要进行积极的市场调查；二是要完善对外的服务工作；三是要积极进行广告宣传，获得社会各界对企业及产品的广泛认同；四是要搞好公共关系，建立与公众的真诚沟通。

（三）视觉识别系统

视觉识别系统（Visual Identity System，VIS）是指运用系统的、统一的视觉符号系统，对外传达企业的经营理念与信息，是CIS中最具传播力与感染力的要素。VIS的基本要素包括企业名称、企业标志、企业象征图案等，应用要素包括事务用品、办公用具、招牌、旗帜、服装饰品、包装用品、产品与展示陈列等，如图6.2所示。VIS是CIS的基础，是CIS的载体。它运用视觉设计，将企业理念视觉化、规格化和系统化，将企业意识、营销策略通过视觉再现传递给公众。VIS设计的主要内容有以下几个方面：

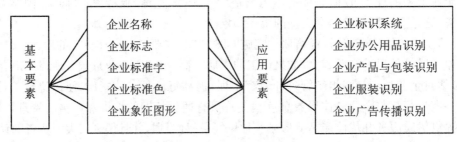

图6.2　视觉识别系统要素

（1）企业标志。企业标志一般称之为标徽，企业标志集中代表了企业理念，是企业理念在视觉上的表达。企业标志的创意以企业MI为出发点，从企业形象的定位上发现和展开，企业标志设计的要求是定位要准、构思要奇、形式要新。企业标志既是一个让公众记住的信息符号，同时又承担着传达企业理念、企业文化，树立企业形象的使命。企业标志的形式既要充分考虑视觉生理和心理联想的科学性，又要充分照顾在应用中的广泛适应性。所以，一个成功的企业标志设计，不仅是停留在稿纸上的设计，还应该是经受社会与市场考验的设计。

（2）企业标准字。企业标准字一般是企业名称或企业名称缩写的字体经过设计而成为企业自己专有的符号化字体。它从功能上已不单纯是企业名称的文字符号，而是如同企业标志一样，是企业形象在视觉上的基本要素之一。它的形态风格特点直接受到企业标志的影响，也是传达企业理念的媒介符号。企业标准字一般采用简练的字体造型，字体应当具备企业形象所要求的造型风格和个性特点，同时又要符合国家语言文字工作委员会、国家标准化管理委员会公布的文字要求，在国内使用标准的简化字。由于企业的内容和企业的形象定位不同，也使得字体造型风格各异；企业的标准字为了追求个性化的风格，需要字与字之间的并列、相接、相叠、相容等组合,以充分体现这些企业在塑造形象时借助标准字传播视觉信息的媒介作用。

(3) 企业标准色。企业标准色是根据企业 MI 的要求,将特定的颜色作为企业的专用色。指定的专用色可以是一种颜色或几种颜色的组合,并成为企业在所有 VI 中规定使用的标准颜色,是企业视觉形象中最基本、最重要的元素之一。色彩的使用,使企业形象的塑造和感染力的加强为其他视觉符号所不及。企业标准色在应用时,应做出严格的配色规范。

(4) 企业象征图形。企业象征图形是具有企业象征意义的一种专用图形,在企业的标志、字体和空间构图中,在企业的应用要素中,为了加强视觉效果和丰富视觉表现力而设计的图形。它大大弥补了企业形象中的基本要素因自身形态的限制而造成的不足,尤其在特殊比例的空间构图里,企业的象征图形以其灵活的处理,适应了构图的多种需要。

(5) 企业标识系统。企业标识系统是企业建筑物上及室内外环境中设置的信息识别系统。包括企业形象和名称识别、企业建筑和部门识别、企业有关规定识别等。这部分识别系统在功能上属于公共图形符号的性质。在建筑物的屋顶、墙壁和入口处设置的企业标志、企业名称或简称,可以在城市空间中明确地表示企业的存在,并不断地传递出企业形象信息。在企业的建筑和设施指示上,比如入口、出口、门牌、楼号、楼层、单位等设立标识。这些标识的功能是信息传递的视觉符号,明快、醒目,造型风格应与企业 VI 的特征协调。此外,企业标识系统还有企业的环境平面示意图与各种公共图形符号,它有着企业独特的风格。整个企业标识系统的设计,既要考虑白天的视觉效果,也要保证夜间的功能和形象需要。

(6) 企业办公用品识别。企业办公用品识别是企业 VI 应用要素的重要组成部分,是从名片、信函、票证、稿纸到明信片、公文袋、夹子、奖状、证书等所有的办公用品的系列化、标准化设计。这类用品在企业中种类多、数量大,并长期使用,所以它们既是日常的媒体,又能够从这一面看到企业的形象和管理水平。如果有一套设计精良的办公用品,会给人以美感和信赖感。

(7) 企业产品与包装识别。CI 战略中的产品与包装系列是企业形象识别的主体,是企业整个 CI 战略的基础。产品系列附属物如产品说明书、合格证、防伪标签、保修卡及包装,在市场中已不仅仅是保护和介绍产品,而是企业形象识别的重要工具,是企业与社会公众信息沟通的媒介。在 CI 战略中,它以企业形象的统一化和识别性的信息而成为重要的应用要素。造型与构图应是企业的标志、标准字及标准色的规范使用。

(8) 企业服装识别。企业服装识别是企业战略中穿在企业员工身上的"企业外衣"。它对外可以充分展示企业的形象,对内可以激发企业员工的荣誉感和向心力。通过企业服装的应用,不仅能加强企业员工的参与意识,还可通过职工与外界的日常接触扩大企业影响。

拓展阅读 6.2

合肥师范学院的文化标识

第七十七条 学校以"爱满天下,知行合一"为校训,倡导博爱情怀和知行合一精神。

第七十八条 学校校风是"诚朴包容,精细雅致",教风是"为人师表,教学相长",学风是"勤习慎思,品学兼优"。

第七十九条 学校校徽图案为圆形,主色调为蓝色,内容由校名中英文、中心图案和建校时间组成。校徽上标明了校名中英文。校名中文字体为苏轼体。中心图案为学校主建筑锦绣校区图书馆,采取抽象构图,图案横画象征堆积的书籍,竖画象征竹简,寓意知识和教育。中心图案下方为学校的建校时间1955年。

第八十条　学校校旗旗面为蓝色或红色,长方形,其长与高之比为三比二。

第八十一条　学校校歌为《合肥师范学院校歌》。由徐海燕作词、罗可曼作曲。

第八十二条　学校校庆日为10月16日。

资料来源:《合肥师范学院章程》第八章。

本 章 精 要

1. 公共关系形象又称组织形象,是指社会公众对组织综合认识后形成的对组织整体印象和总体评价,它包括组织的产品与服务形象、组织人员形象、组织文化形象和组织环境形象。公共关系形象具有客观性、多维性、差异性和相对稳定性的特征。

2. 可以从主体、通道、客体三个方面进行公共关系形象的定位,采用个性张扬定位、优势表现定位、公众引导定位及形象层次定位等四种公共关系形象定位方法。

3. 通过CIS战略的实施提升公共关系形象,CIS战略包括MIS、BIS、VIS三个子系统,通过发布导入CIS内容、编制CIS手册和CIS运作管理加以实施。

即 测 即 评

一、单项选择题

1. 完整的CIS应由三个子系统组成,这三个要素是相互联系的统一整体,其中(　　)是企业的核心和灵魂,是企业活动的基本方针。

　　A. 理念识别　　B. 行为识别　　C. 视觉识别　　D. 环境识别

2. 完整的CIS应由三个子系统组成,这三个要素是相互联系的统一整体,其中(　　)是在企业理念的指导下,企业生产经营活动各个方面的行为所呈现出的总体态势。

　　A. 理念识别　　B. 行为识别　　C. 视觉识别　　D. 环境识别

3. 完整的CIS应由三个子系统组成,这三个要素是相互联系的统一整体,其中(　　)是CIS中最直现、最外显的部分。

　　A. 理念识别　　B. 行为识别　　C. 视觉识别　　D. 环境识别

4. (　　)是指企业经营活动的主要目的和意图,包括企业长期的发展方向、目标、目的、自我设定的社会责任和义务。

　　A. 经营理念　　B. 经营宗旨　　C. 经营目标　　D. 经营哲学

5. (　　)是指企业在经营管理活动中所依据的基本政策和价值取向,是企业理念的浓缩,是企业文化的重要表现形式。

　　A. 经营理念　　B. 经营宗旨　　C. 经营目标　　D. 经营哲学

6. 视觉识别系统VIS中应用最广泛、出现频率最多的要素是(　　)。

　　A. 标准字　　B. 标志　　C. 标准色　　D. 象征图案

7. 整个组织形象的客观基础是(　　)。

　　A. 管理形象　　B. 人员形象　　C. 产品形象　　D. 环境形象

8. 组织形象处于较为稳定和安全状态的是(　　)。

　　A. 高美誉度、低知名度　　　　　　B. 高知名度、高美誉度

C. 高知名度、低美誉度 D. 低美誉度、低知名度

二、多项选择题

1. 下列属于CIS内部功能的是（   ）。
   A. CIS有利于企业的文化建设 B. CIS有助于增强企业产品竞争力
   C. CIS有助于企业多元化经营 D. CIS有利于吸引优秀人才
   E. CIS战略容易获得消费者的认可

2. 下列属于CIS外部功能的是（   ）。
   A. CIS有利于帮助企业更容易获得资金支持
   B. CIS有助于增强企业产品竞争力
   C. CIS有助于企业多元化经营
   D. CIS有利于吸引优秀人才加盟
   E. CIS战略容易获得消费者的认可

3. 下列属于MIS的构成要素是（   ）。
   A. 经营哲学   B. 工作环境   C. 公益活动   D. 价值观
   E. 企业名称

4. 下列属于BIS的构成要素是（   ）。
   A. 广告媒介   B. 工作环境   C. 公益活动   D. 价值观
   E. 企业名称

5. 下列属于VIS的构成要素是（   ）。
   A. 经营哲学   B. 商品包装   C. 公益活动   D. 价值观
   E. 企业象征图案

三、判断题

1. CIS战略的基本内容包括MI、BI、VI。（   ）
2. 在一个企业战略的导入中，公共关系实施所追求的目标都是树立企业的良好形象。（   ）
3. 德国的AEG电器公司和美国的IBM可以说是导入现代CI战略较早的企业。（   ）
4. 公共关系形象的定位只要考虑公众的认知和接受程度。（   ）

思考与练习

一、思考题

1. 完整的CIS战略由哪几个子系统组成？
2. 组织理念识别系统（MIS）设计时应注意哪些问题？
3. 组织视觉识别系统（VIS）的基础要素和应用要素一般包括哪些？
4. 简述CIS实施管理阶段的主要任务。

二、案例分析题

格力是怎样打造其品牌形象的[①]

2015年，中国品牌价值评价信息发布，格力凭借446.82亿元的品牌价值毫无悬念地继

[①] http://digi.tech.qq.com/a/20151216/055459.htm.

续雄踞家用电器行业榜首,位居全行业品牌榜第 18 名,与工商银行、长安汽车等国内知名企业一道称霸各自行业。

纵观格力品牌的发展,格力的品牌价值较 2014 年净增 31 亿元,同比增长 7.5%,而与 2013 年品牌价值 347.1 亿元相比,增长了近 30%。这再次验证了格力电器董事长董明珠的话:"真正的竞争对手是你自己,你永远要挑战自己,让自己成为行业的领导者,这不是喊出来的,更不是跟别人打架打出来的,而是你跟自己挑战出来的。"

如此霸道的地位是要有实力支撑的。自 1995 年至今,空调产销量连续 20 年位居中国第一;2005 年至今,连续 10 年空调产销量位居世界第一,全球用户超过 3 亿;2014 年实现营业总收入 1400.05 亿元,净利润为 141.55 亿元,纳税总额 133.34 亿元,继续保持行业第一。

根据"产业在线"数据显示,格力主导产品国内市场占有率高达 43.19%,国际市场占有率也达到 30.91%,行业排名第一。根据中国标准化研究院顾客满意度测评中心的数据,格力的顾客满意度高达 83.3 分,稳居行业首位。

格力有着极强的品牌意识,"成就格力百年的世界品牌"是格力的目标。目前,格力拥有主品牌"格力"、品牌"TOSOT"生活电器和"晶弘冰箱",在全球 214 个国家和城市进行了品牌注册申请。在品牌推广方面,格力多年来持续保持高投入,以 2014 年为例,格力在品牌推广方面的投入高达 15 亿元,占销售比例的 1.07%。正是在这些品牌推广和品牌保护的推动下,格力品牌影响力不断扩大。2015 年,据美国"福布斯"杂志公布,格力电器位列福布斯全球上市企业 500 强第 385 位,强力挺进全球 500 强,在家用电器分类中排名第一。

试分析:

1. 经济类组织形象的构成要素有哪些?2015 年格力品牌价值位居家用电器行业榜首,格力的产品、服务及实力形象要素表现在哪些方面?

2. 格力的品牌意识表现在哪些方面?上网查看关于格力的企业理念识别的相关资讯。

3. 格力品牌成功打造为其赢得了哪些无形资产?

三、小练习

练习内容:企业形象识别系统(CIS)设计。

练习目的:了解 CIS 战略设计要素、程序、主要任务及要求,明确 CIS 战略设计思路并能进行初步的设计。

练习要求:选择当地的一个星级酒店为它进行 CIS 战略模拟设计。

练习组织:

1. 全班学生以小组为单位练习,每组 5~8 人。

2. 搜集所选酒店的经营及服务理念、管理模式、营销特色、规章制度等有关的材料。

3. 围绕 CIS 战略的内容进行小组成员任务分工。编写该酒店的 MIS、BIS、VIS 三个子系统战略。

4. 小组内学生互评计划,并提出修改意见,完成 CIS 设计。

5. 以小组为单位完成一份不少于 1500 字的练习小结。

练习说明:选择 2~3 份优秀 CIS 设计稿和练习小结在全班进行汇报交流,老师进行点评。

延 伸 阅 读

1. 郑晨予.基于自组织的国家形象传播模式构建:兼论与国家形象互联网承载力的对

接[J].2016(1).

2. 胡美玲,吴丽.互联网时代如何利用网络塑造国家形象[J].新闻世界,2012(4).
3. 曹琛.中小企业再创业时期CIS战略导入研究[D].重庆:西南大学,2014.
4. 曲直.基于CIS战略塑造基层政府形象探究[D].哈尔滨:黑龙江大学,2014.
5. 范徵,潘红梅.公共关系学:组织形象管理的学问[M].北京:高等教育出版社,2014.
6. 文心.你的形象决定你的价值[M].哈尔滨:黑龙江教育出版社,2018.

即测即评答案

一、单选题

1. A 2. B 3. C 4. B 5. D 6. B 7. C 8. B

二、多选题

1. ABC　　2. DE　　3. AD　　4. BC　　5. BE

三、判断题

1. √　　2. ×　　3. √　　4. ×

思考与练习参考答案

一、思考题

1. 完整的CIS战略是由三个子系统组成,分别为理念识别系统(MIS)、行为识别系统(BIS)和视觉识别系统(VIS)。

2. 在整个CIS设计的过程中,最为关键的就是MI的设计,因为只有MI定位准确,才能顺利进行BI和VI的设计。在进行MI的设计时,应特别注意两个方面的问题:一是要实事求是,切勿脱离组织实际;二是要真正突出该组织的特性。我国不少组织的MI流于形式,人云亦云,缺乏个性。如"质量第一、用户第一、服务第一","团结、奋进、求实、开拓、创新"等,这些空洞的口号,难以给人留下深刻的印象。

3. VIS的基本要素包括企业名称、企业标志、企业象征图案等,应用要素包括事务用品、办公用具、招牌、旗帜、服装饰品、包装用品、产品与展示陈列等。

4. CIS实施管理阶段的主要任务包括发布导入CIS内容、编制CIS手册和CIS运作管理。

(1) 发布导入CIS内容。CIS的发表包括对公司内部发表和对公司外部发表两个部分。对内主要是实施内部传播与员工教育。对外发布CIS成果时,必须针对企业不同的关系对象选择与之相适应的传播媒体和手段。利用新闻发布会发表CIS成果是对外发表的核心。

(2) 编制CIS手册。CIS手册是记录CIS企划的设计成果,是CIS实施的技术保障,是企业未来整体形象的指南。当CIS设计全部完成后,就要把所有设计内容和操作要求以CIS手册的形式记录下来,作为今后全部工作的一个统一化、标准化的依据。

(3) CIS运作管理。CIS的实施与传播是一个系统的、长期的工作,绝非一蹴而就。导入后的大型公关、传播活动非常重要,同时要保持一定的持续传播力度。另外,要使CIS计划真正落到实处,还需要进行监督、评估和反馈工作,以保证实现CIS导入的预期效果。

二、案例分析题

1. 经济类组织形象的构成要素主要有组织的产品与服务形象、人员形象、文化形象及环境形象等。格力的产品及服务形象表现为主导产品国内外市场占有率高、顾客满意度高达83.3分,稳居行业首位,其实力形象则表现为:"2014年实现营业总收入1400.05亿元,净利润为141.55亿元,纳税总额133.34亿元,继续保持行业第一。"

2. 格力的品牌意识表现为:进行品牌注册申请;持续保持高投入进行品牌推广;不断提升品牌价值。格力的企业理念识别系统(略)。

3. 格力品牌的成功打造使其品牌价值达到446.82亿元(2015年),雄踞家用电器行业榜首,位居全行业品牌榜第18名;2015年位列福布斯全球上市企业500强第385位,强力挺进全球500强,从而为格力赢得了宝贵的无形资产。

第七章　网络公共关系的崛起

本章知识结构图

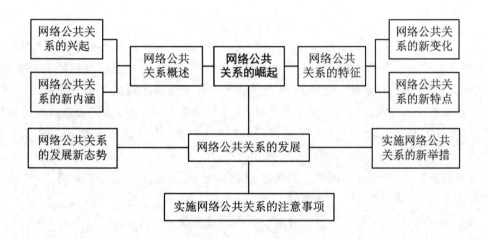

知识目标：了解网络公共关系兴起的背景，掌握网络公共关系的内涵与特征，了解网络公共关系发展的新趋势。

能力目标：能够策划网络公共关系活动方案。

实训目标：能利用新媒体开展网络公共关系活动。

本章重点：网络公共关系的新内涵。

本章难点：实施网络公共关系活动新举措。

"支付宝"事件[①]

2015年5月27日晚上6点左右，杭州等地用户发现支付宝已无法正常使用支付转账功能，同时余额宝也因出现问题而无法显示余额。一时间，众多用户担心自己的资金安全，对支付宝的安全级别产生质疑。但是阿里巴巴集团支付宝总部方面随后的一系列公关措施，显示了老练的公关技术。事件短短半个小时，其在微博做出官方回应，说明造成的原因以及处理措施，第一时间保证了用户的资金安全，恢复了信息，随后的几条微博通报了事件的进度。

纵观整个事件，业界都为阿里公关的专业性所折服，及时、专业、切中关键点，这是现实中的公关课，值得每个企业学习和思考。

思考一：阿里巴巴集团是运用何种途径开展网络公共关系的？

思考二：该案例中网络公共关系实施的效果如何？

案例解读：在互联网的时代，无论是传统行业，还是新兴行业，都需要进一步学习与实施公关。可以说，无论企业实力多么雄厚，影响力多强，公关一直是一个公司发展的必备技能。如何利用网络公共关系，让本组织"转危为安"是一项技术，也是一门艺术。

网络公共关系（Public Relations on Line），简称网络公关，是社会组织利用互联网塑造组织形象，优化生存环境，影响公众的一种公共关系手段。网络公关的兴起，其直接原因是互联网的出现和应用，是信息时代下公关行业网络化发展的必然趋势。而网络公关区别于传统公关的根本原因是网络本身的特性和公关业发展的需要。正如党的十九大报告所指出的"创新是引领发展的第一动力"，因此，在这两者的综合作用下，传统的公关理论不能完全胜任对网络公关的指导，需要在传统公关理论的基础上，从网络的特征和公关业需要换个角度出发，对网络公关观念重新进行演绎和创新。

[①] 周斌.论网络时代的公共关系[J].中国管理信息化,2016(7).

第一节 网络公共关系概述

一、网络公共关系的兴起

20世纪90年代初,网络技术和网络沟通取得了迅猛的发展,因此导致了网络公共关系的出现和发展。美国的唐·米德伯格(Don Middleberg)在《成功的公共关系》一书中,将网络公共关系的发展过程分为以下几个方面:

(1) 不被记者接受时期(20世纪90年代初)。那时候只有极少数的沟通专家能够预测到互联网会对公共关系产生革命性的影响,许多人对这种新的沟通方式持怀疑态度,认为记者也不会接受这种沟通方式。

(2) 担心互联网会失去控制(1995年左右)。人们认识到互联网的潜力并持赞成态度。

(3) 互联网被广泛认可,记者和很多组织都开始利用互联网进行沟通,公共关系人员开始涉足网络公关。

(4) 重新思考公共关系组织(1996年)。公共关系人员重新思考网络公共关系是什么,认识到互联网不仅是一种工具,它还可以改变我们的沟通过程,改变组织与其公众联系的方式。

(5) 沟通的彻底转轨,网络化沟通推进组织的战略化发展,一些大的组织将网络公共关系融入到商业活动中,小的组织也将广告、公关、营销整合到一个部门。同时,也公开出版发行了一些具有代表性的著作:美国的谢尔·霍兹的《网上公共关系》、英国的大卫·菲利普斯的《网络公关》以及美国的约瑟夫·斯特劳巴哈和罗伯特·拉罗斯合著的《今日媒介:信息时代的传播媒介》。而美国网络传播学教授谢尔·霍兹在其专著《网上公共关系》中则将网络公共关系发展分为四个阶段:网络技术科研阶段、互联网商业化阶段、公关人员开始接触网络阶段和互联网成为公关传播重要渠道的阶段。

知识小贴士7.1

网络传播的基本形式

网络传播的基本形式有网站传播、即时通信、网络社区、博客、微博客、播客、搜索引擎、RSS等。其中,网站传播的主体为ISP(互联网服务提供商)、媒体、政府、机构与组织、企业、个人等,其传播特点为:技术上的相对复杂性,特定网站中传播主体的单一性与高控制权,传播受众的相对不确定性,可互动性等。即时通信传播则一般主要用于个体交流、信息共享、人脉资源积累、个人信息与情绪披露等,其特点表现为:具有点对点的信息交流结构、能够实行同步的即时交流、交流具有可控性、交流手段丰富等。网络社区传播,当前以强国论坛、百度贴吧、猫扑社区、业主论坛、豆瓣网等为典型代表。社区传播是受众之间就感兴趣的话题与共同关心的问题进行交流,专业性、归属感较强,信息自由传播,易形成舆论。博客传播的特点是以非组织性的传播者为主流,传播者构成多样性,具有受众深度参与的可能性、私人空间与公共空间的交织性以及融合多种传播形态等特点。搜索引擎是以网民搜索行为的独立性与关联性为传播特点,在信息搜索中,搜索引擎是运用较为广泛的工具,便于传播者对用户行为进行分析。RSS传播使受众的消费个性得到体现,满足定向、高效的信息传播需求。

资料来源:彭兰.网络传播学[M].北京:中国人民大学出版社,2009.

当前我国网络公共关系发展迅速且引起人们的关注,根据中国互联网络信息中心(CNNIC)发布的第41次《中国互联网络发展状况统计报告》显示,截至2017年12月,我国网民规模达7.72亿,其中手机网民规模达7.53亿,普及率达到55.8%,超过全球平均水平(51.7%)4.1个百分点,超过亚洲平均水平(46.7%)9.1个百分点,加上各大新媒体及社交平台的火热,如微博、微信、APP客户端、论坛等,可以说这为公共关系管理网络化提供了十分有利的外部条件。2018年5月17日,中国国际公共关系协会(CIPRA)在北京发布了《中国公共关系业2017年度调查报告》:"据调查估算,整个市场的年营业规模达到560亿元人民币,年增长率约为12.3%。2017年,公关与广告、营销行业的跨界融合开始提速,目前已形成行业之间优势互补、相互渗透的竞争格局。公关行业正面临着从传统公关到新媒体时代公关的转型。"2009年9月19日,中国国际公共关系协会在京发布了国内首份官方形式的《2009中国公关行业网络公关业务调研报告》,该报告以网络公关业务领军企业为调研样本,首次对网络公共关系的服务模式、盈利模式、团队结构、服务标准、道德规范等进行了专业调研和分析。2010年3月16日,中国国际公共关系协会在北京发布了《网络公关服务规范》(指导意见),这是我国针对网络公共关系业务的首份行业标准文件。与此同时,我国关于网络公共关系的研究从2000年以后也发展迅速,由于网络公共关系是在网络的兴起和普及后才发展起来的一种新型公关手段和途径,目前的研究则是侧重于从策略方面对各类组织的网络公关提出对策建议:有的从企业管理角度研究企业网络公共关系;有的从新媒体角度研究网络时代的政府公共关系;有的侧重从网络传播与传统公共关系变革方面研究网络公共关系。但总体研究还不够全面,不成体系,有待进一步完善。

由此可见,随着互联网络媒体的发展,网络公共关系已经成为公共关系的一个重要组成部分,由于网络传播的低成本与高效率,以及网络用户数量的不断扩大,各类组织借助网络可以随时与世界各地的公众进行沟通交流,因此网络顺利进入公关领域,公共关系活动的网络化已经成为一种趋势与潮流,甚至在某种程度上成为各类组织重要的竞争战略。

拓展阅读7.1

《网络公关服务规范》(指导意见)

2010年3月16日下午,中国国际公共关系协会在北京发布了《网络公关服务规范》(指导意见)。这是中国公共关系行业继2004年《公关咨询业服务规范》(指导意见)后的又一份重要行业文件,也是我国针对网络公关业务的首份行业标准文件。该文件由中国国际公共关系协会公关公司工作委员会于2009年上半年酝酿起草,经过近一年的专项调研、行业讨论和专家论证,于2010年2月10日经全体委员表决通过。《网络公关服务规范》分序言、规程、附则等八章26条款,涉及网络公关的服务定义、业务内容、技术应用、工作流程、收费模式、运营管理、职业开发和职业道德等内容,共计4398字。

自1984年美国伟达公关公司在北京设立第一家代表处以来,公共关系服务伴随着中国的改革开放和全面建设小康社会逐步发展起来,由早期的新闻发布、信息传播、媒体关系等服务发展到当前的整合营销传播、品牌管理、危机管理、企业社会责任等业务。近年来,随着互联网以及论坛、博客等社会化数字媒体的兴起和普及,传统的信息传递方式和沟通方式发生了巨大变化,营销传播模式和公共关系环境也发生了颠覆性变革,网络公共关系成为传统公共关系服务不可或缺的重要延展。

然而,在此良好形势下,也出现了一些违法违规的现象。少数作坊式的小公司和个人利用法律的空白点,采取恶意炒作等手段,达成客户服务需要;更有甚者,将攻击客户竞争对手作为谋利的手段,严重影响了网络公关服务的声誉,对整个行业发展造成了极为不利的影响。为此,中国国际公共关系协会向所有网络公关从业者及公司发出倡议,倡导"绿色网络公关"。在此背景之下出台《网络公关服务规范》(指导意见)则格外具有特别重要的意义。

资料来源:根据凤凰网财经(2010-03-18)相关报道整理。

二、网络公共关系的新内涵

什么是网络公共关系?这种基于网络媒体和传统媒体相结合的公关模式与以往基于传统媒体的公关模式到底有何不同?网络公共关系是传统公共关系在新技术环境下的延续和发展,相对于传统媒体,网络公共关系的最大特点就是突破了传统公共关系在时间、空间和传播范围上的局限,使组织公共关系策略的传播能够实现随时、随地、随意,并且对网络公众的个性化需求更有针对性。为此,围绕网络公共关系的新内涵也有了几个代表性的解读。

美国著名的营销和广告公司 Sicola Uartin 的公关总监大卫·坎普对网络公共关系做了生动的描述:网络是公司新的名片、新的文件夹,是第一个也许是唯一的塑造最佳第一印象的机会。网络公共关系作为公共关系服务模式中唯一有可能实现量化、复制化和预期化的创新服务手段,具有广阔的发展前景。

美国学者谢尔·霍兹认为:"网络公关是指社会组织为了塑造组织形象,借助互联网络,为组织收集和传递信息,在电子空间中实现组织和公众之间双向互动式的全球沟通来实现公关目标,影响公众的科学与艺术。"

"广义的网络公关是指网络化组织以电信网、有线电视网络以及计算机网络为传播媒介,来实现营造和维护组织形象等公关目标的行为。狭义的网络公关是指组织以互联网为传播媒介,来实现公关目标的行为,通常我们所说的网络公关主要是从狭义上讲的。"

公共关系是一种重要的促销工具,它通过与企业利益相关者,包括供应商、顾客、雇员、股东、社会团体等,建立良好的合作关系,为企业的经营管理营造良好的环境。网络公共关系与传统公共关系功能类似,只不过借助互联网作为媒体和沟通渠道。网络公共关系较传统公共关系更具有一些优势,所以网络公共关系越来越被一些企业决策层所重视和利用。一般说来,网络公共关系有下面一些目标:① 通过与网上新闻媒体建立良好合作关系,将企业有价值的信息通过网上媒体发布和宣传,以引起消费者对企业产生兴趣,同时通过网上新闻媒体树立企业良好的社会形象。② 通过互联网宣传和推广产品。③ 通过互联网建立良好沟通渠道。包括对内沟通和对外沟通,让与企业利益相关者都能充分了解企业,以巩固老顾客关系,同时与新顾客建立联系。

综上所述,本书把网络公共关系定义为:网络公共关系就是以网络作为沟通手段,利用网络超越时空、即时性和互动性的特征,创造与目标顾客之间直接互动的机会,实现传统公共关系的目标。网络公共关系产生的直接原因是互联网的出现和应用。网络公共关系即以组织作为公关主体的网络公共关系活动,它有利于组织掌握公关的主动权,使组织可以直接和自己的公关公众进行传播沟通。组织的网络公共关系对策就是在网络时代,依据网络传播的规律,通过自身的公共关系活动策划准备,选择最为有效的传播方式与传播机会,通过网络这一媒介平台,有目的、有计划地向网络公共关系公众宣传及传播信息,以最大限度地沟通网络公众、争取公众，使公众对组织形象及其产品或相关服务等产生好感与信心。

第二节　网络公共关系的特征

公共关系本质上是一种传播活动，公共关系的过程是组织主体与公众客体之间的信息传播活动和信息交流过程。互联网作为 21 世纪人类传播科技和信息交流的主要标志，为网络公关的发展提供了一个崭新的平台和机遇，同时也带来了公共关系诸多方面的变化，赋予了公共关系新的特征。

一、网络公共关系的新变化

（一）网络时代的发展使公共关系的对象发生了变化

在互联网的影响下，公关对象实现了从群体性向个体性的转变，传统意义上的公关对象广泛存在于社会上，是由不同个体所组成的公众群体。然而随着网络时代的发展，人们对个性的需求日益膨胀，传统的整体性的群体被瓦解成为了一个个的小众性甚至个体性的群体，这样也导致了模糊、宽泛的受众对象转换成了已知的、明确的受众对象。然而如何对待这部分个性明确、有血有肉的受众是对公共关系学的补充，应当从这个群体的喜好、特点、心理活动等方面做出相应调整，扩大公共关系学的作用范围。而这个群体以年轻人居多，是推动网络时代前行的中坚力量。从长远角度来看，处理其关系是极为重要的。

（二）网络时代的发展使公关关系的传播方式发生了变化

公共关系传播是沟通组织与公众的桥梁，传播的内容是信息或观点。传统的公共关系传播的手段是以大众传播为主的多样化手段，"大众传播"和"人际传播"是其传播的主要类型。而随着网络时代的到来，掀开了自媒体时代的序幕。人们不再满足于从以报纸、杂志、书籍等为代表的大众媒体中获取最新的信息和资讯，而是自觉自愿地去发掘、寻找自己想要的信息或从他人分享的信息资源中吸取有益于自身的部分。信息来源的多元化满足了人们对自身所渴望信息的不同而产生的差异需求，并且网络成为了一种冉冉升起的新的媒介，对以印刷、电子作为媒介的传统传播方式造成了巨大的冲击，因而我们应当对原有的公共关系做出相应的调整。当前，网络公关主要是借助电子邮件、聊天工具、论坛、新闻组、电子杂志等各种网络工具，令社会组织与相应公众可以在网络环境中自由交流，就会带给公众视觉听觉的多重享受，并形成一种"一对一"的个性公关，使组织与公众进行一对一的交流，保证信息完全被公众接受，同时，能够及时得到公众的反馈信息。这样就能提高公众对信息接收的主动性，增加公众对组织信息的记忆度。而这些新型媒介当然也会成为公共关系最理想的传播媒介。

（三）网络时代的发展使组织与公众的关系发生了变化

根据传统的公共关系学观念，公众可以被划分成如下几类：受欢迎公众、不受欢迎公众和被追求公众。组织相应的公共关系体系的确立是针对目标公众群体，即具有共性的一类人而设立的，然而对单一个体的需求却无法做到面面俱到，甚至采取的是牺牲个体意愿的方式，这无法保证组织与公众之间联系的紧密性和信息来源的准确性。

当下网络传播媒介发展迅速，组织与公众的关系也进入了新的阶段。微博公众号的产生与出现便是其中较为成功的例子。微信公众号的运营是建立在向粉丝推广的基础上，粉丝通过公众号获取自身所需求的信息,而公众号团队也能借此获得所需。微信平台具有针对性强、更全面、更直观的特点,通过点对面、一对多的联系方式紧密与公众的联系。在实际运营中能够得到用户最大程度的青睐,信息也能被主动而不是被动地传播。

组织与公众的联系不再是将公共关系体系建立于应对一个个模糊的整体而是开始针对、重视个体需求,"一对一"的互动新格局也在逐步形成,并在组织体系中起到举足轻重的作用。组织对公众群类的划分能够做到更加细致,以求在应对公众的需求时服务落到关键处,并对他们的潜在反馈做出正确应对,只有这样才能真正做到紧密组织与公众间的联系,即时获得公众的反馈信息。网络时代的发展同时也降低了进行公共关系调查的成本,低廉的在线调查有助于组织完善自身形象,优化公众对组织整体形象的评价,这样就可以有效地拉近组织与公众间的距离。

可见,网络公关的组成仍然是三个要素:组织、互联网、公众。组织是公关主体,社会公众是公关客体,互联网络是公关中介。网络公关是计算机网络的迅猛发展给传统公关带来的一种创新形式,它以互联网作为信息传播的手段开展公关活动,有利于组织改善自身形象、提升社会知名度、创造更多发展的机会。

二、网络公共关系的新特点

网络公关与传统的公关相比较最大的不同是传播载体发生了极大的改变,网络作为新型媒体赋予公关新的内涵,网络公关的特点主要体现在网络媒体的优势上。

(一)传播交流超越时空、互动性更好

在网络时代,公关部门和公关对象可以运用互联网更好地进行互动和交换,它一改以往单一地宣传和灌输,公关对象不再仅仅是被动的信息接受者,而且是信息的制造者,两者双向交流。在信息发布方面,互联网克服了信息空间传播障碍,加大了信息容载量。互联网使得组织可以不需要记者或编辑的介入,直接面向公众发布新闻和信息,并且可以避免产生信息的失真。在信息搜索方面,网络公关一方面可以使组织通过公共论坛等渠道,及时了解各界人士对其看法和态度,辨识各类公众,并及时掌握其思想变化,组织也可以通过互联网新闻和论坛,发现新的利益群体,获取相关信息;另一方面,公众可以在线了解组织的有关情况,从而对组织的形象做出自己的评价。网络作为一个平台,很好地拉近了组织与公关对象之间距离,公关对象可以对网上信息进行编辑、加工,与公关部门共同参与到公关部门的各项活动中来,提高了互动性和参与度。

(二)信息传播范围广、实时高速

在互联网的使用下,公共关系的信息传播方式是多种多样的,可以采用文字、图片、音频、视频等多种形式,通过电脑、手机等进行传播。既有个人传播,如使用电子邮件等,也有集体传播,如建立网上论坛等。传统的报纸、杂志、电视、广播的传播所需要的时间比较长,及时性是网络最大的特性,它能够在最短的时间内把信息制作并传播出去,使信息传播突破了时间和地域限制,组织的相关信息能以更快的速度在更大范围内进行传播,这也是其他任何传播方式都无法比拟的。利用网络的这种特性来进行公关活动在一定程度上可以获得更好的效果。

(三)信息传播低成本、高效率

传统公共关系建立的成本是巨大的,而互联网的运用使得公共关系具有其他方式无可比拟的成本优势,比如通过发送电子邮件、建立网上论坛等就可以开展公共关系。与传统的

公关宣传方式相比,网络公关节省了信息传递花费的成本、信息发布花费的成本以及人力资源成本。

网络上的传播形式多种多样,突破了传统公关的文字和广告类的图片,进入了多媒体综合运用的时代。网络公关借助于这一全方位立体式传播媒体对信息进行宣传与反馈,通过多种形式加强与公众的沟通,传播效果自然要好于传统媒体。传统公关仅仅将品牌和产品的印象留给目标消费群,但是网络公关不仅具有双向沟通特性,还可以根据不同客户的需求和产品的特征,更为准确地选择锁定目标公众,从而以最优化的方式对这一部分目标客户进行信息传达,有效地影响终端消费者。

第三节 网络公共关系的发展

一、网络公共关系的发展新态势

(一)网络公共关系能够更加广泛地传播

网络信息的传播能够为公共关系的传播提供极大的便利。一方面,网络在传递信息的过程中能够突破时间、地点、环境等方面的限制,而且成本非常低,所以这些优势都能够促进网络公共关系的快速发展,并且达到传统媒体所无法达到的快速和时效性,从而为公共关系的活动提供了非常重要的信息保障。目前的网络化信息化的时代,谁更快掌握信息资源,谁就拥有话语权。可以说,信息获取的速度是公共关系维护的重要维度。尤其是对于企业来说,要想进一步提升企业形象的树立,必须充分地运用好网络,从而更加快速地向社会公众来传递企业信息,帮助企业快速的发展。在网络化时代下,公共关系所起到的主要作用还是信息的沟通,所以必须在互联网络中加强公共关系的沟通作用,这样能够保障企业与用户在沟通的过程中信息对等,从而实现沟通的快速高效。网络的出现也打破了传统媒体的局限性,一方面,网络信息能够融合视频、图像、声音等多种媒介,这样能够保证信息本身的生动与形象,从而更加高效地提高企业宣传的效果。另一方面,网络信息也能够打破空间与地域限制,在短时间内将企业宣传快速地传递到国内外各地。在这样的趋势下,公共关系也能够更加"全球化""本土化"。作为数字化传播的主要形式,能够打破地域限制,让人们不再因为地域环境等方面的影响因素而有效地进行沟通和交流,所以,公共关系能够在网络助力下更好地提升。

(二)网络公共关系的地位不断提高

随着网络时代的发展,人人都能够成为信息源。过去的广播、电视等媒体缺乏互动性,所以能够掌握大量的信息资源,从而在公共关系中占据非常重要的地位,这样的权利就能够保证传统的媒介获得对于信息的影响、操纵甚至支配的权利,对于事件的发生具有很关键的作用,所以在过去传媒能够有效地帮助企业营造良好的公共关系,进一步掌握着企业的形象建设,对于企业的发展有非常大的限制影响。但是伴随着互联网络的兴起,传统的媒介不再掌握独家的信息资源优势,所以网络公共关系的影响因素也更加多变。网络的出现对于人们获得信息具有非常大的优势。一方面,网络能够给任何人提供自由发表言论的平台,从而形成人人都是信息源的局面,只要在网络环境下,人们掌握了计算机知识以及网络知识,就能够通过网络传媒来广泛地传递信息。还可以建立自己的网站、邮箱等发布新闻,这样就如同自己获得了媒体权利,使得原本少数人所掌握的资源变成了一种大众资源,进一步提高了信息资源对于个人的影响。而且,网络资源不仅能够打破传统媒体的信息垄断,形成更加民主的舆论环境,还能够通过提高公共人员在网络传播的过程中获得新型的可控媒体,通过这样的组织环境,能够更加有效地形成全方位的公共管理建设,在不违背法律和职业道德的前提下来维护良好的公共关系。

(三) 网络公共关系能实现"点对点"的沟通

网络时代的发展能够增强信息多边交互的模式,不仅能够形成稳定的主客体之间的沟通交流模式,而且还能保证主客体之间的合作关系更加长久。所谓的公共关系实践能够概括为四种情况,即新闻代理模式、公共信息模式、双向非对称模式和双向对称模式。在这四种模式中,最民主、最理想的就是双向对称模式。在传统的公共关系中,通常是借助于传统媒体在公共关系中进行传播活动,而信息管理者只需要将信息进行复制与粘贴就能够传播给受众。这样的传播方式双方之间缺乏沟通,无法实现真正双向对称传播。受众在这些方面也只能够听之任之,无法充分地表达自己的观念。所以通过网络公共关系的发展,能够保证传统的"一对多"模式转变为"多对多"模式,这样双方之间的沟通和交流也就显得更加的流畅,不仅保证了信息传播的快捷高效,而且也能够保证公众主动地参与到信息管理的过程中,全面地了解公关过程,从而更好地提高自主选择的能力。

知识小贴士 7.2

网络公关危机处理

网络公关危机一旦爆发,如何有序稳步加以处理,是公关危机管理的重要内容,是有效化解危机的关键。面对公关危机时应对失误,是导致危机加剧的重要原因,普通的诉讼官司、产品质量纠纷、媒体报道、广告轰炸等各种各样的事件,都可能引发或转变为企业的公关危机,处理不当就会使企业多年辛苦建立起来的良好形象化为乌有。

企业的网络公关危机处理程序,是企业处理突发网络公关危机的基本流程,有利于企业在面临不利形势时能稳扎稳打,逐步化解危机,走出困境。在网络环境下,企业的公关开展考验着众多公司,企业必须应对来自互联网的公关危机。企业管理者应该不断地加大对网络公关的重视程度,增强危机意识,不断提升企业的网络公关能力,建立相对完善的网络危机预警系统,同时不断加强员工的沟通与培训,做到全员公关。要注重灵活的战略,及时化危机为商机。

资料来源:张远灯.企业网络公关的战略思考[J].统计与管理,2015(4).

二、实施网络公共关系的新举措

网络公共关系的建立主要包括确定网络公共关系目标、选择与设计网络公关模式、整合网络媒体、确定网络公共关系内容等几个主要步骤[①]。

(一) 确定网络公共关系目标

目标是组织应该在未来实现的预期成果,是组织管理活动的始点和终点,一切的管理活动都要围绕着目标来展开,由此可见目标在组织管理活动中的重要作用。在网络公共关系的建立过程中,确立目标是组织所应解决的首要问题。在确立网络公共关系目标时,应该根

---

① 秦勇.公共关系学理论、方法与实践[M].北京:中国发展出版社,2014.

据遵循目标明确的原则,即在一定时间内组织的公关目标是树立组织形象还是提高产品知名度、是激励推销人员和分销商还是降低促销成本,都应事先确定。

(二)选择与设计网络公关模式

在这一环节中,组织应该注意以下三个方面的问题:

(1)让网上公众很容易找到组织的网址。一个易记的组织网址很重要。一般来说,网址比一串毫无意义的电话号码更易记住,网上公众可以从网址或组织的电子信箱中猜到这是一家什么单位。还要把组织的网址列入搜索引擎中,让网上公众通过搜索引擎迅速找到该组织在网上的主页。之外,还需要在产品包装上、各种新闻媒体中、电话黄页本里等都能看到其网址。

(2)设计一个有特色的主页。网上公众对网上首次接触的是组织的主页。主页也是网上组织的橱窗,它的设计将直接影响能否吸引网上公众进入他们所需的部分,一个设计精良的主页可以清楚地引导公众需求。组织的主页应该是艺术性、可读性和实用性三者的结合。

(3)通过网络提供帮助。当通过网络提供帮助时,首先要考虑的是使网上公众尽可能方便地得到帮助。每一页都应有指向自身帮助区的醒目箭头以及与组织有关的特点声明。

(三)整合网络媒体

在公关目标和公关模式选择之后,应选择有效的网络媒体即网络公共关系实践的载体。网络媒体的基本要素有数字化信息、互联网、发布平台、编辑制作系统、信息集成界面、传播平台、接收终端。组织通过整合网络媒体,第一时间发布组织的声音,保持与其目标公众之间的实时"交流",为组织在第一时间赢得公众的信赖。

(1)即时传播。在网络媒体上,新闻内容总在不断滚动更新,头条新闻更新速度快,借助数码摄录设备和手机等现代数字化影像处理和通信工具,网络新闻记者可以很方便地进行事件"现场直播",在网络上第一时间图文并茂地报道出来,特别是面对突发事件的时候,网络信息编辑比传统纸媒、电视、广播时间更短暂、更迅捷。公众在网络上可以即时看到事件的发展进程,网络后台的编辑们还可以迅速调出与事件相关的背景图文资料,让社会公众更全面、更直观地了解事件真相、新闻后面的故事和细节。

(2)目标公众直达。组织可以通过面对特定网站、网络空间,将信息直接送达目标公众。例如房地产企业可以直接到门户网站的房产频道、专业房产BBS等网络媒体直接接触有买房意愿的目标受众。区别于传统媒体的"广而告之",网络公关更倾向于针对性强、目标直达的"窄告"。

(3)"多对多"的互动交流。在网络传播中,受众与传播者或者受众与受众之间可以在一定程度上进行直接双向交流,这就是网络"多对多"交流特性,也被称为网络交互性。互动交流可以说是网络上信息发布的低门槛和信息传播方式灵活性而带来的直接结果,在一个真正的互动的环境中,信息不再是依赖于某一方发出,而是在双方的交流过程中形成的。也就是说,网络上不再有信息传播控制者,而只存在信息传播参与者。但是,把网络的互动性简单理解为网站与网民"一对多"的双向传播关系是不够的,还存在网民之间"多对多"的互动关系,甚而正是这种网民之间"多对多"的互动关系,才真正意义上达到了格鲁尼格提出的公共关系传播最理想的状态——"双向对称传播"。作为公关人可以很方便地在这种互动交流中获取更多来自信息受众的声音,把握网络舆论走向,为网络信息的监测提供便利条件。

在网络媒体的帮助下,组织的公关人员不仅可以很迅速、便利地确定公众的数量和活跃区域,还能了解到目标公众的阅读习惯、地域特征等其他信息,了解他们的潜在需求,为组织搜集有效的信息反馈,形成"多对多"的互动关系。在覆盖广、信息量巨大的特点背后,网络公共关系能够细致入微地服务目标公众,强化与公众的互动交流,实现组织的公关目标。

(四) 制作网络公共关系材料

使用传统的媒体发布新闻稿件,因受到版面或时间的限制,许多详尽的信息无法传播,但在网络上却没有这样的限制。组织不仅可以完整地发布新闻,还可以将新闻链接到其他相关信息上,网上公众在搜索信息时,可以通过这些链接获得更多有用的新闻。网络媒体的这一特性可以使网上互动新闻稿件的信息量远远多于传统媒体的新闻稿件。

组织在制作网络公共关系材料时应注意以下几个方面:① 在新闻稿件的顶部和尾部添加联系信息链接,以便使网上公众能够及时、方便地与组织的有关人员实现即时互动。② 将新闻稿件与本组织站点中过去的新闻稿件及相关信息进行链接,以便使网上公众能够对其发布的新闻事件有一个较为完整、全面的认识。③ 将新闻稿件与其他站点中的相关信息进行链接,方便网上公众进一步获取信息。④ 为了吸引网上公众的注意力,应该在新闻稿件中添加一定的图片信息。

三、实施网络公共关系的注意事项

实施网络公共关系时需要注意的问题较多,概括起来主要有以下几点:

第一,提供的信息必须要真实、可靠。切不可为了追求所谓的新闻效应而杜撰、发布虚假或夸张的信息,谎言一旦被揭穿,最终受到损害的只能是组织自身的形象和利益。组织的信息披露要尽可能全面,不能只报喜不报忧,而应该正视公众和媒体,全面报道事件的来龙去脉,以提升组织的公信力。例如,一些企业不顾事实,在网上宣称自己"全球销量第一""国内遥遥领先""领先竞争对手15年"等等,本想彰显实力,博得消费者好感,但事实上往往适得其反,给人以"老王卖瓜、自卖自夸"的负面印象。

第二,网络公关的实施要讲求策略,选择恰当的方法。通过建立QQ群,建立网上论坛,邀请知名专家与网友聊天,这样既可以为扩展交往搭建平台,还可以提高人们的参与度,增进彼此的交流与了解。尤其是当组织面临负面事件或报道时,要及时对网络舆情做出合理回应,表明态度,披露真相,争取公众和媒体的理解与支持。

第三,建设好自己的网站。在网络时代,互联网以其不可比拟的优势成为继大众传媒之后的第四媒体,大有成为主流媒体之势。信息的传递、交流与沟通现今已经无法与网络脱离,人们娱乐、生活的重心已倾向于利用诸如电脑、手机、平板等先进的电子产品进行在线操作。因此,构建好属于自己的网站是组织自身的迫切需求,也成为搞好网络公共关系的第一要务。首先,组织必须确认访问者可以找到自己需要的信息,时刻以"为了满足顾客需求"作为建设的基本出发点。其次,门户网站设计应该简洁,并且人性化。最后,组织的门户网站要及时准确地进行信息更新。

第四,网络媒介与传统媒介相得益彰。网络媒介具有它巨大的优越性,但也存在着局限性,况且,传统媒介的作用和影响力也不容忽视。因此,通过多种渠道、多种途径进行传播相关信息有助于加深公众对于组织的印象和更好地塑造出组织形象,是信息传播最为有效的方式,同样也能够达到令公众接受组织传递相关信息的目的。不同的传播媒介对应着不同年龄段、不同类型、不同层次的公众,将网络传播媒介与传统传播媒介相结合,共同为组织的信息传播服务,才能更好地构建出优良的网络时代下的新型公共关系。

第五,要加强网络舆论的监控,防范网络谣言的传播。现今网络时代,民众拥有越来越多的话语权,似乎每个人都成了记者、播音员、时事评论家甚至是批评家,因此,各类组织必须要密切关注公众舆论的动向,加强对网络舆论的监控力度并采取切实可行的应对措施。

第六,关注网络安全。网络具有高度开放性、虚拟性和交互性等特点,另外匿名性是网络使用者其网络行为的一大特征,人的真实行为和真实身份不再具有明显的对应关系,这种模糊性加大了网络公关的难度,使网络的信息安全出现先天性不足和脆弱性。加上网络公共关系还可能会受到黑客、竞争对手、顾客等的攻击,因而关注网络安全十分重要,这也是网络公关一个非常重要的课题。一方面,加强自身管理,采用技术手段,提高安全水平。另一方面,政府需要加强法制建设和监督管理工作,保障网络公共关系在良好的环境中运行。正如党的十九大报告指出的"加强互联网内容建设,建立网络综合治理体系,营造清朗的网络空间"。

互联网在全球范围内的迅速发展对传统社会产生了冲击和挑战,人类迎来了网络时代。网络时代对传统的公共关系也产生了巨大的影响,使公关对象、组织与公众的关系、公关部门和公关运作方式等方面都发生了很大的变化,我们必须深入研究网络时代的公共关系,为传统公关注入时代的内容,为组织发展提供新的平台。

本 章 精 要

1. 网络公共关系具有传播交流超越时空、互动性更好、信息传播范围广、实时高速及信息传播低成本、高效率的特点。

2. 网络时代的发展使公共关系的对象、组织与公众的关系及传播方式发生了新的变化,从而使网络公共关系能够更加广泛地传播,实现"点对点"的沟通,网络公共关系的地位不断提高。

3. 网络公共关系通过确定公共关系目标、选择与设计网络公关模式、确定公共关系的传播载体、确定公共关系内容来加以实施。

即 测 即 评

一、单项选择题

1. 网络公共关系的(　　)可以是网上的任何社会组织。
   A. 主体　　　　B. 公众　　　　C. 客体　　　　D. 对象
2. 网上消费者即为网络公关关系的(　　),是指与网上企业有着直接或间接利害关系的个体或整体。
   A. 主体　　　　B. 客体　　　　C. 传播者　　　　D. 媒介
3. 企业开展公共关系活动时,必须从公众利益出发,重视(　　)。
   A. 道德效益　　B. 经济效益　　C. 广告效益　　D. 社会效益
4. 按照(　　)的观点,完整的现代企业公共关系涉及出版物、事件、新闻、社区关系、媒介确认、游说、社会理念营销七个领域。
   A. 菲利普·科特勒　　　　　　　B. 迈克尔·波特
   C. 大卫·奥格威　　　　　　　　D. 彼得·德鲁克
5. 2010年3月16日,中国国际公共关系协会在北京发布了(　　)。
   A.《中国公关行业网络公关业务调研报告》
   B.《公关咨询业服务规范》

C. 《网络公关服务规范》
D. 《中国互联网络发展状况统计报告》

二、多项选择题

1. 网络的互动性特点可以使组织在网络公共关系的主动性大大增强,企业可以通过( )等直接向目标市场及时发布各种信息,而不像过去那样受媒体的多方制约。
   A. 网络论坛　　B. BBS　　C. 电子邮件　　D. 新闻组
   E. 海报

2. 企业网上的消费者构成了企业赖以生存的两大类网络社区：一类构成了垂直的网络社区,包括( )等以及目标市场的其他成员；另一类是围绕某一主题形成的横向网络社区,包括与企业有着竞争关系的其他企业组成的组织。
   A. 股东　　B. 竞争对手　　C. 分销商　　D. 顾客
   E. 企业职员

3. 在网络公共关系中可供选择的主要传播载体有( )等。
   A. 传统媒体电子版　　B. 新兴媒体出版物
   C. 网络视频　　D. 网络广播
   E. 新闻组论坛

4. 下列有关制作网络公共关系材料时应注意的要点描述正确的是( )。
   A. 在新闻稿件的顶部和尾部添加联系信息链接,以便使网上公众能够及时、方便地与企业的有关人员实现即时互动
   B. 将新闻稿件与本企业站点中过去的新闻稿及相关信息进行链接,方便网上公众能够对企业发布的新闻事件有一个较为完整、全面的认识
   C. 将新闻稿件与其他站点中的相关信息进行链接,方便网上公众进一步获取信息
   D. 对于一些与企业不利的消息应尽可能地不去涉及
   E. 为了吸引网上公众的注意力,应该在新闻稿件中添加一定的图片信息

5. 网络公共关系的形式主要有( )等。
   A. 站点宣传　　B. 网上发布新闻
   C. 赞助活动　　D. 雇用网络水军
   E. 电子邮件

6. 卓越理论的建构主要依赖于公共关系的四个模型,这四个模型是( )。
   A. 新闻代理模式　　B. 广告代理模式　　C. 公共信息模式　　D. 双向对称模式
   E. 双向非对称模式

三、判断题

1. 网络公关区别于传统公关的根本原因是网络本身的特性和公关业发展的需要。( )
2. 随着网络公共关系的崛起,传统公关可以渐渐淡出了。( )
3. 新型媒介成为网络公共关系最理想的传播媒介。( )
4. 网络时代的发展使公共关系的对象发生了新的变化。( )

思考与练习

一、思考题

1. 网络公共关系的特征有哪些?

2. 网络公共关系所应遵循的原则主要有哪些？
3. 为何网络公共关系的传播时空更为广泛？
4. 简述网络公共关系建立的程序。
5. 试述实施网络公共关系应注意的问题。

二、案例分析题

"今日头条"版权之争

这是传统媒体与新兴媒体教科书式的一个经典案例，相信有不少网民的手机上都有这款手机客户端，受众非常广泛。2014年6月"今日头条"刚拿到1亿美元的投资，就陷入了版权之争。其实对于普通用户来讲，只想看到自己喜欢的内容，才是安装某个APP的初衷之一，这也正是"今日头条"宣传语：你关心的，才是头条。很明显它牢牢关注了用户的需求点。同时这也是事件的导火索，广州市交互式信息网络有限公司起诉"今日头条"侵犯其著作权，随后越来越多的传统媒体加入这场版权之争。随着事件的持续发酵，"今日头条"开始了它的危机公关，先是一再强调其所采用的数据挖掘和机器学习等技术方式并未有侵权问题，紧接着创始人主动示弱，承认这种做法"有争议"，并表示可以以传统的版权购买形式与相关方合作。随后，在一次演讲中，创始人一句"我不是一个媒体人，我只是一个码农"博得了众多同行、相关互联网公司的同情，这种主动示弱的姿态为事件的和解提供了条件。最后，各方达成和解，"今日头条"挺过这场风波。

试分析：
1. "今日头条"遭遇了怎样的网络公关危机？
2. "今日头条"采取了哪些网络公关的手段来化解版权之争？

三、小练习

练习内容：制作网络公共关系材料。

练习目的：了解和掌握制作网络公共关系材料的要求、方法与步骤。

练习要求：围绕某一企业自选一个主题撰写网上新闻发布稿，要求在新闻稿件的顶部和尾部添加联系信息链接、与其他站点中的相关信息的链接，并要有一定的图片信息，可以实现即时互动。

练习组织：
1. 全班学生以小组为单位练习，每组5~8人。
2. 确定网络新闻稿的主题。
3. 根据网络新闻稿的撰写要求进行小组成员任务分工。
4. 对照要求撰写网络新闻稿。
5. 小组内学生互评自查，并提出修改意见，完成新闻稿。
6. 以小组为单位完成一份不少于1500字的练习小结。

练习说明：选择2~3份优秀网络新闻稿和练习小结在全班进行汇报交流，老师进行点评。

延 伸 阅 读

1. 杨军.网络环境下地方政府危机公关能力提升研究[M].北京：中国经济出版社,2018.
2. 罗子明,张慧子.新媒体时代的危机公关：品牌风险管理及案例分析[M].北京：清华大学出版社,2013.

3. 农万宾.新媒体背景下广西中小企业公关危机管理体系构建与实践研究[J].2018(7).

4. 杨玉婷.新媒体视域下企业突发事件的网络危机管理：以"西门子冰箱事件"为例[J].新闻世界,2014(4).

5. 王晨光.基于互联网背景下企业公关的问题与对策研究[J].传播力研究,2018(10).

6. 李晶.政府网络公关在公共危机治理中的效用分析[J].行政论坛,2017(4).

7. 晏娟娟.网络公关异化问题研究[J].新媒体研究,2017(8).

即测即评答案

一、单选题

1. A 2. B 3. D 4. A 5. C

二、多选题

1. ABCD   2. ACDE   3. ABCE   4. ABCE   5. ABE   6. ACDE

三、判断题

1. √   2. ×   3. √   4. √

思考与练习参考答案

一、思考题

1. 网络公共关系的特征有：(1) 网络公共关系的即时性增强。(2) 网络公共关系客体拥有更多的权力。(3) 网络公共关系的中介效能大大提高。(4) 网络媒体的信息组合能力使网络公共关系的专题性增强。(5) 网络公共关系传播时空更为广泛。

2. 网络公共关系所应遵循的原则主要有：(1) 开展网络公共关系必须要建立广泛的网络媒体联络，及时发布信息。(2) 进行网络公共关系活动时应注重保持与目标受众的双向沟通，传播的信息应该真实可靠。(3) 开展公共关系活动时必须从公众利益出发，重视社会效益。(4) 开展网络公共关系活动不能抛弃传统的媒体，一定不能忽视传统媒体的作用。

3. 网络公共关系的传播时空更为广泛，首先，从传播时间上看，传统的公共关系媒体都有固定的播放和发行时间，而在网络上可以全天候24小时随时发布信息。其次，从传播空间上看，传统公共关系活动所撰写的新闻稿件要受到版面及时间的制约，企业很难全面、详实地传播完整的、全面的信息。而在网络公共关系活动中没有这种限制，企业有足够的空间传播内容详尽的信息。同时，企业还可以通过与其他相关信息的链接来增加信息的容量，使消费者能够更加全面地了解企业，真正实现企业与消费者之间的互动。

4. 网络公共关系的建立主要包括确定公共关系目标、选择与设计网络公关模式、确定公共关系的传播载体、确定公共关系内容等几个主要步骤。

5. 实施网络公共关系应注意两方面的问题。一是提供的信息必须要真实、可靠，切不可为了追求所谓的新闻效应而杜撰、发布虚假或夸张的信息，若谎言一旦被揭穿，最终受到损害的只能是组织自身的形象和利益。二是网络公关的实施要讲求策略。尤其是当组织面临负面事件或报道时，要及时对网络舆情作出合理回应，表明态度，披露真相，争取公众和媒体的理解和支持。

二、案例分析题

1. "今日头条"因为传统的版权之争而遭遇了公关危机。广州市交互式信息网络有限公司最先起诉"今日头条"侵犯其著作权,随后越来越多的传统媒体加入这场版权之争。这无疑对刚拿到1亿美元投资的"今日头条"是一个不小的打击。

2. 面对出现的危机,"今日头条"马上做出反应,公开声明所采用的数据挖掘和机器学习等技术方式并未有侵权问题,紧接着创始人主动表态,承认这种做法"有争议",并表示可以以传统的版权购买形式与相关方合作,并在后面的演讲中一再表明谦卑的态度,从而博得了众多同行、相关互联网公司的同情。最后,各方达成和解,"今日头条"挺过了这场风波。无疑在这场网络危机公关中,及时的沟通、示弱的姿态及创始人的态度是此次公关成功的关键。

第二单元
现代礼仪规范

第八章　现代礼仪概述

本章知识结构图

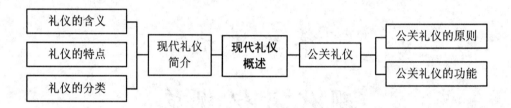

知识目标：了解现代礼仪的含义、特征和原则,掌握公关礼仪的重要意义。
能力目标：运用所学知识,明确和谐的人际关系的特征及内容。
实训目标：能够根据所学分析现代礼仪的重要性。
本章重点：现代礼仪的特征。
本章难点：现代礼仪的重要意义。

英国前首相玛格丽特·撒切尔夫人出身于英国某小镇的一个小业主家庭。她从小就有强烈的独立意识和自信心。从小镇考上牛津大学,她选学了女生极少学的化学,毕业后成了一名工程师。孩子刚满月,她立志学法律。后来又从一名律师走上了政治家的道路,当上了保守党议员。尽管讲究门第的上流社会有人讥笑她出身寒门,但她从不自惭形秽。终于有一天,她走进了首相希思的办公室,彬彬有礼地对首相说:"阁下,我来向你挑战。"这是何等坦率而有自信的风度。正因为自信,一位从小镇来的姑娘,向命运进行了成功的挑战,成了世界上最著名的女政治家、连任三届的英国女首相。

思考一:英国前首相玛格丽特·撒切尔夫人为什么会成功?
思考二:这个案例给了我们怎样的启示?
资料来源:胡锐.现代礼仪教程[M].杭州:浙江大学出版社,2013.
案例解读:礼仪是人类文明的重要标志,在人们的日常生活与工作中,几乎一切行为都可以同它联系在一起。内在美德衍生到外在便是良好的礼仪,一个人能否受到他人的欢迎和敬重,很大程度上取决于他的教养风度,但是礼仪、风度不是天生的,也不是完全自发形成的,而主要是后天在人际交往与公关交往中逐渐学习、积累而成的。在日常交往与工作中,自觉地执行礼仪规范,有利于得到他人的认可与赞赏,从而形成一种相互尊重、和谐友好的人际关系。那么,什么是礼仪?礼仪的特征是什么?懂"礼"有何重要意义呢?

第一节 现代礼仪简介

一、礼仪的含义

礼仪一词在西方,最早见于法语中的"etiquette",原意是"法庭上的通行证"。当"etiquette"进入英文后,就有了礼仪的含义,译意演变为"人际交往的通行证"。

在中国,东汉许慎的《说文解字》中对"礼"字的解释是"履也,所以事神致福也。从示从豊,豊亦声"。可见"礼"原是指用来祭神求福的器物和仪式。人类进入奴隶社会、封建社会后,礼开始为统治阶级所利用,成为一定阶级维护自身利益的等级制度和道德规范。如《荀子·富国》中说:"礼者,贵贱有等,长幼有差,贫富轻重皆有称者也。"《春秋繁露·奉本》说:

"礼者,继天地,体阴阳,而慎主客,序尊卑贵贱大小之位,而差外内远近新故之级者也。"

而在现代社会,礼仪主要指礼节和仪式。它包含两层含义:一是思想,即在人际交往、社会交往中应该有尊敬他人、讲究礼节的思想;二是形式,即礼仪的基本程序和具体表现。将这两者相结合,礼仪就是人们在生活、生产、社会交往等各种活动中所遵循的一种约定俗成的行为准则或道德规范,以及表现这些规范的外在形式。简言之,礼仪就是人们在社会交往活动中应共同遵守的行为规范和准则。

拓展阅读8.1

礼仪来源

中国作为一个具有悠久文化的文明古国,素有"礼仪之邦"之美称。"礼仪"一词,很早就被作为典章制度和道德教化来使用。在古汉语中,"礼"主要包含三层意思:

第一,我国奴隶社会和封建社会的等级制度,以及与之相适应的一整套礼节仪式。如《论语·为政》:"殷因于夏礼,其损益,可知也。"《礼记·曲礼上》:"礼不下庶人,刑不上大夫。"

第二,表示尊敬和礼貌。《左传·襄公二十二年》:"执事不礼于寡君。"(执事指晋国国君。寡君指郑国国君)礼物,即赠送的物品。《晋书·陆纳传》:"及受礼,惟酒一斗,鹿肉一样。"

"仪"既指容貌和外表,又指礼节和仪式。《诗·大雅·烝民》:"令仪令色,小心翼翼。"(翼翼:恭恭敬敬的样子)《晋书·温峤传》:"风仪秀整,美于谈论。"《晋书·谢安传》:"诏府中备凶仪。"(凶仪指丧事仪式)"仪"也指准则和法度。《史记·秦始皇本纪》:"普施明法,经纬天下,永为仪则。"

资料来源:胡锐.现代礼仪教程[M].杭州:浙江大学出版社,2013:2-3.

二、礼仪的特点

礼仪是人类社会文明程度的重要标志之一,主要具有以下几个基本特点:

(一) 规范性

礼仪是一种规范。它是在人际交往和社会交往等社会实践过程中所形成的一种被人们普遍遵守的行为准则,是全体成员调节相互关系的行为规范,这种行为准则已经渗透到社会的方方面面,从政治、经济、文化再到人们的日常生活,礼仪都普遍存在,不断地控制甚至支配着人们的交往行为。

(二) 差异性

礼仪作为一种约定俗成的行为准则和规范,其具体运用则会因时间、地点、环境的不同而有所不同。所谓"百里不同风,千里不同俗",不同的地域具有不同的文化背景,因而产生不同的礼仪文化。我国幅员辽阔,是一个多民族国家,不同民族的礼仪都各具特色,以见面礼为例,不同的民族就有不同的表现形式,有拥抱的,有双手合十的,有手扶胸口的,有脸碰脸的,当然更多的是握手致意。除了地域性差异外,礼仪的差异性还表现为个性差异,也就是因人而异,对不同身份地位、不同性格的对象需施以不同的礼仪,如出席宴会,对待男子与女子的礼仪不同,而且身份和地位高的自然会受到更高等级的款待。

(三) 发展性

礼仪是社会历史发展的产物,具有鲜明的时代特点。礼仪的演变受到政治、经济、技术、文化等发展的影响,使得礼仪的内容也不断发展、丰富、完善。礼仪的发展是一个扬弃的过程,是一个"取其精华,去其糟粕"的过程,那些符合社会发展、体现劳动人民智慧和精神的礼仪应得到继承和发展,那些繁文缛节、腐朽落后的礼仪则应被改革甚至剔除。现如今,世界各国都很注重礼仪改革,以期来促进良好社会风尚的形成和发展。

三、礼仪的分类

礼仪的内容多种多样,可以分为以下几类:

(一) 个人礼仪

人是礼仪的行为主体,讲究个人礼仪在日常生活中变得尤为重要,所以讲礼仪首先应该从个人礼仪开始。个人礼仪主要包括个人仪表、仪容、言谈、举止、待人、接物、服饰等方面的礼仪要求,是个人道德品质、文化素养的外在表现。

(二) 家庭礼仪

家庭是人类社会生活的基本单位,家庭关系也是人类社会中最普遍的关系。家庭礼仪就是人们在长期的家庭生活中运用的礼仪,主要包括家庭称谓、问候、祝贺与庆贺、赠礼、家宴及家庭应酬等。它是巩固和维护家庭正常关系的纽带,是增强家庭凝聚力的强大精神支柱。

(三) 社交礼仪

社交礼仪是人们进行社会交往必不可少的一部分,由于社交活动范围较广,交往关系也更为复杂,所以相对于家庭礼仪而言,社交礼仪的要求更高。社交礼仪包括见面与介绍的礼仪、拜访与接待的礼仪、交谈与交往的礼仪、宴请与馈赠的礼仪等。掌握社交礼仪可以帮助人们建立深厚友谊,共享资源,对取得事业的成功大有益处。

(四) 公务礼仪

公务礼仪是指人们在工作岗位上处理日常事务时所应遵循的礼仪规范。公务礼仪一般包括:工作礼仪,如工作汇报、办公室礼仪等;会议礼仪;公务迎送礼仪等。自觉遵守公务礼仪,能够维护个人和组织的形象,提高个人办公水平和工作效率。

(五) 商务礼仪

商务礼仪是在商务活动的各个环节中应遵守的行为准则。对于商业企业而言,从商品的采购到销售,再到售后服务,其中每一个环节都能够影响到企业的形象。因此,商业企业以及当中的每一个工作人员都能够按照商务礼仪的要求去开展工作,必然会对塑造企业的良好形象、促进产品的销售起到极为重要的作用。商务礼仪主要包括柜台待客礼仪、商业洽谈礼仪、推销礼仪、商业仪式等。

(六) 外事礼仪

党的十九大报告指出,世界多极化、经济全球化、社会信息化、文化多样化深入发展,全球治理体系和国际秩序变革加速推进,各国相互联系和依存日益加深,国际力量对比更趋平衡,和平发展大势不可逆转。随着我国与国外交往的日益频繁,熟悉掌握外事礼仪便变得尤为重要。在国际交往中,从事涉外工作的人员代表的不仅是个人、企业,还代表着一个国家和民族的形象,所以涉外工作人员不仅需要掌握外事礼仪的相关知识,还要了解各国的一些重要礼节、风俗习惯和禁忌等,避免在与国外人员的交往过程中出现不必要的错误和麻烦。外事礼仪包括外事接待和迎送的礼仪、会见礼仪、邀请和应邀的礼仪、宴请的礼仪、聚会的礼仪等。

(七) 习俗礼仪

不同的国家和地区、不同的民族都有着不同的风俗习惯,熟悉和了解不同的风俗习惯,并在实际的社会交往中自觉尊重、遵守,有助于提升自身的形象,促进社会交往的成功,达到人与人之间关系的和谐。其主要内容包括日常生活礼仪、岁时节令礼仪、婚嫁礼仪、丧葬礼仪等。

(八) 礼仪文书

礼仪文书是人们在喜庆、哀丧、欢迎、送别以及其他社交场合用以表示礼节和情感的具有规范写作格式的文书。在比较盛大重要的活动中使用礼仪应用文,可以增强喜庆隆重的气氛;在人们日常交往活动中通过使用礼仪文书可以达到互通信息、交流情感、增进了解的目的。常用的礼仪文书有:礼仪书信,如邀请函、贺信、感谢信、致歉信等;请柬;名片;讣告;贺年卡;碑文;唁电等。

第二节 公关礼仪

公关礼仪是社会组织的有关人员为了树立和维护组织的良好形象,构建组织与内外公众和谐关系所遵循的礼仪规范,包括人们在现代社会交往中各种符合公关精神、准则、规范的交往方式、行为方式、社会活动、典礼程序以及与之相适应的标志、服饰等。公关礼仪是公关人员必须具备的基本知识和基本素养,是公关人员塑造形象、间接塑造社会组织形象的基本条件,是社会组织获得公众理解与支持的重要手段。

> **知识小贴士 8.1**
>
> **周总理的礼仪修养**
>
> 新中国的第一任国务院总理周恩来堪称仪表美的楷模,一直为世人所景仰,这与周总理少时就十分注重仪表修饰和自身修养密不可分。周恩来在天津南开中学就读期间,曾将教学楼门厅大镜上的镜铭作为自己的行动指南,常常告诫自己:"面必净,发必理,衣必整,纽必结。头容正,肩容平,胸容宽,背容直。气像勿傲、勿暴、勿怠。颜色宜和、宜静、宣庄。"以此来约束自己的言行举止,加强个人的礼仪修养,并时刻不忘对自己道德修养和文化修养的提高,经长期不懈的努力终于拥有了举世称道的人格魅力与个人形象。
>
> 资料来源:胡锐.现代礼仪教程[M].杭州:浙江大学出版社,2013:50-51.

一、公关礼仪的原则

(一) 真诚尊重的原则

公关礼仪最根本的原则就是对公众要真诚尊重。真诚是一种实事求是的态度,要求公关人员要真心实意地对待公众,不撒谎、不虚伪。尊重是礼仪的基础,金正昆曾说:"尊重上级是一种天职,尊重同事是一种本分,尊重下级是一种美德,尊重客人是一种常识,尊重对手是一种风度,尊重所有人则是一种教养。"公共关系的客体是公众,所以只有真诚地对待公众,尊重公众,才能与之很好地沟通,赢得公众的理解和支持,进而达到组织的公关目标。除此之外,还要尊重不同地方的风俗与习惯,避免给组织造成不必要的影响。

（二）平等适度的原则

平等对待一切公众是公关礼仪的首要原则。现代公共关系利益是建立在平等基础之上的，在交往的过程中不可自以为是、目中无人，更不可以貌取人、以势压人，而应平等待人、谦虚有礼，只有这样，才能和他人保持长久的和谐关系。适度原则要求我们在社会交往中要注意把握分寸，使用礼仪一定要具体情况具体分析，因人、因事、因时、因地而行使相应的礼仪，真正做到恰如其分、适可而止。如与人相处既要彬彬有礼，又不能低三下四；既要热情大方，又不能轻浮谄媚等。

（三）信用宽容的原则

信用即讲信誉，讲诚信。孔子曰："民无信不立。"公关人员在与人交往时一定要讲究诚信、注重信誉。尤其要注意守时守约，也就是与人约定的会见、会议等，绝不拖延迟到；与人签订的协议，绝不反悔，要说到做到，所以在社交场合，如果没有十足的把握就不要轻易许诺他人。宽容的原则就是要求公关人员要设身处地地对待和处理与公众的关系问题，要允许别人拥有自己的见解和行动，对不同于自己的观点和见解要理解容忍，站在对方的立场上来考虑事情。

（四）自信自律的原则

自信是公关人员在社交场合需要具有的心理素质，只有充分自信的人才能在与人交往的过程中表现得落落大方、不卑不亢，遇到困难与挫折时才不会轻言放弃。自律则是要求公关人员要自觉学习和掌握公关礼仪规范，并在心中自觉树立起正确的道德信念和行为准则，以此来约束自己，督促自己在交往中自觉执行礼仪规范。

二、公关礼仪的功能

随着社会的发展，公关礼仪在社会交往和组织管理中起着越来越重要的作用，充分发挥公关礼仪的功能有利于维持组织与公众之间的和谐关系，完成组织的公关任务。公关礼仪的功能主要体现在以下几个方面：

（一）塑造形象

组织形象是组织向社会介绍自己的名片，在竞争日益激烈的今天，树立良好的组织形象对于组织生存和发展至关重要。而礼仪是组织形象和员工素质的外在表现，公关礼仪塑造形象的功能便包含塑造组织形象和个人形象两个方面。公关人员衣着打扮、言谈举止得体大方，为人处世、与人交往谦逊有礼不仅会使公众产生好感和信任，也会使合作更加顺利和成功。

公关人员遵行礼仪，保持良好的个人形象，社会组织必然会因此获得美誉，组织形象必然会得到提升。反之，如果公关人员衣衫褴褛、缺乏素养，公众便可能会因此联想到组织整体素质低下，进而怀疑组织的实力，组织形象便会受到不好的影响。

（二）沟通信息

公关礼仪具有传递组织信息的功能。主要包括三种类型：言语礼仪、饰物礼仪、行为表情礼仪。一个人讲话时，他的语音、语速、表情、手势等远远比说话的内容更加容易引起别人的注意，更加容易感染别人。合适的语调、恰当的语速、正确的手势、真实的面部表情等传递的信息比内容更加丰富，因此这也是沟通信息的关键。公关礼仪就要求与人交往时要注意细节表达，做到文明沟通。

（三）联络感情

公关礼仪具有联络感情、增添组织凝聚力的功能。在现代生活中，人与人之间的关系错综复杂，难免会有发生冲突，甚至采取更为极端的行为，而公关礼仪要求真诚待人，这有利于冲突各方保持理性冷静，缓解矛盾的激化，实现对人际关系的调解。如果在社会交往中，公关人员都能够自觉主动地遵守公关礼仪规范，并按照礼仪规范来时刻约束自己，便可使人际间的感情得以联络沟通，缓和和避免不必要的矛盾和冲突，增添组织的凝聚力。

（四）增进交往

公关礼仪具有帮助组织进行社会交往的功能。公关礼仪的宗旨是内求团结、外求发展，它既能促进组织内部的团结，增强凝聚力，也能促进对外交往，帮助组织广结善缘。公关礼仪强调待人以礼、待人以诚、尊重友善，同时又注重以良好的仪容、仪表、仪态出现在社交场合。一般来说，人们受到尊重、礼遇时就会产生吸引心理，形成友谊关系，所以良好的形象和修养必然会得到公众的赏识，增添与公众之间的吸引力，进而有助于建立起相互尊重、彼此信任、友好合作的人际关系，结实新朋友，扩大交际圈，促进组织各项事业的发展。

除此之外，公关礼仪还具有增强自身素质、促进身心健康、提高组织文明水准、规范社会文明建设的功能。

本 章 精 要

1. 礼仪的特点包括规范性、差异性、发展性。
2. 礼仪可以分为个人礼仪、家庭礼仪、社交礼仪、公务礼仪、商务礼仪、外事礼仪、习俗礼仪、礼仪文书。
3. 公关礼仪的原则包括真诚尊重的原则、平等适度的原则、信用宽容的原则、自信自律的原则。
4. 公关礼仪的功能和作用体现在塑造形象、沟通信息、联络感情、增进交往四个方面。

即 测 即 评

一、单项选择题

1. 古人云，勿以恶小而为之，勿以善小而不为。其中"善小"是指（　　）。
   A. 大的好事　　B. 小的好事　　C. 坏事　　D. 小的坏事
2. 职场交往中，以下哪个为"安全"话题？（　　）
   A. 年龄和收入　　B. 婚姻和家庭　　C. 天气和艺术　　D. 健康和死亡
3. 交谈时应（　　）。
   A. 面带微笑　　B. 视线转移　　C. 东张西望　　D. 经常看表
4. 进入别人的办公室，（　　）入座，不要把文件、包袋、手提电脑、茶杯或咖啡杯随意放在桌上。
   A. 未经同意也能　　　　B. 无所谓对方同意不同意
   C. 须经同意才能　　　　D. 视本人的需要
5. 办公室里的言论，不要飞短流长，不要迁怒于人，不要言而无信，（　　）。
   A. 可以随便开玩笑　　　B. 无所谓
   C. 不要过分开玩笑　　　D. 不让别人开玩笑
6. 办公环境中，对个人的区域与公用场所和部位（　　）卫生整洁。

A. 部分应保持 B. 都应保持
C. 某些时间应保持 D. 无所谓

7. 对别人的业余生活（　　）。
   A. 可以评论 B. 可以小范围评论
   C. 可以背靠背评论 D. 不妄加评论

8. 女性在办公室适宜穿（　　）。
   A. 运动鞋　　B. 高跟鞋　　C. 中低跟鞋　　D. 拖鞋

9. 上班和参加重要活动之前,应（　　）食用带有异味的食物。
   A. 可以 B. 避免
   C. 有时不可以,有时可以 D. 无所谓

10. 职员的身体各部（　　）刺青。
    A. 可以　　B. 隐蔽部位可以　　C. 无所谓　　D. 不可

11. 进行商务正式宴请时,首先考虑的是（　　）。
    A. 座次　　B. 菜肴　　C. 餐费　　D. 时间

12. 闲谈在商务活动中也有技巧,下列做法正确的是（　　）。
    A. 闲谈一定不要谈话,那样显得不礼貌
    B. 要多多赞美对方,人人都爱听好话
    C. 无论对方出于何意,都不要反驳对方以显风度
    D. 虽是闲谈,也不要胡乱幽默、抬杠或争执

13. 下列哪个理解是错误的？（　　）
    A. 男性不用化妆 B. 发生错误时,一定要真诚道歉
    C. 未经别人的允许不要发传真 D. 进入他人办公室,一定要先敲门

14. 在拜访别人办公室时,你应该（　　）。
    A. 敲门示意,等对方同意再进入 B. 直接进入
    C. 推门而入,再自我介绍 D. 任何一种行为都可以

15. 公务用车时,上座是（　　）。
    A. 后排右座 B. 副驾驶座
    C. 司机后面之座 D. 以上都不对

二、多项选择题

1. 下列属于礼仪的特点的是（　　）。
   A. 规范性　　B. 差异性　　C. 发展性　　D. 层次性

2. 下列属于礼仪分类的是（　　）。
   A. 个人礼仪　　B. 商务礼仪　　C. 社交礼仪　　D. 外事礼仪

3. 下列属于公关礼仪的功能和作用主要体现在（　　）。
   A. 塑造形象　　B. 沟通信息　　C. 联络感情　　D. 增进交往

4. 办公室的礼仪要注意的礼节许多,下列属于忌讳的范围的是（　　）。
   A. 在办公室打扮自己
   B. 借用办公室同事办公用品
   C. 向同事炫耀工作业绩
   D. 在办公室做与办公无关的事情

5. 正式的商务交往需用正式的邀约,它包括以下哪些具体形式?(　　)
   A. 当面邀约　　　B. 请柬邀约　　　C. 书信邀约　　　D. 传真邀约
6. 良好的职业道德包括(　　)。
   A. 顾客意识　　　B. 团队意识　　　C. 自律意识　　　D. 学习意识
7. 社会交往的价值是(　　)。
   A. 生存和发展的需要　　　　　　　B. 个人身心健康发展的需要
   C. 获取知识的需要　　　　　　　　D. 实现个人价值的需要
8. 礼仪主体的类型包括(　　)。
   A. 个人主体　　　B. 临时团体　　　C. 组织主体　　　D. 社会
9. 演讲中礼仪的表现途径是(　　)。
   A. 书面语言　　　B. 个人表现　　　C. 团体表现　　　D. 即席演讲
10. 与西方人交谈时不可以谈论(　　)。
   A. 对方年龄　　　B. 对方婚姻　　　C. 天气情况　　　D. 对方收入

三、判断题

1. 在办公地点,接待彼此不相识的来访者可以不用为他人做介绍。(　　)
2. 在社交场合,"兄弟""哥们"等称呼可以随时使用。(　　)
3. 年长者与年幼者握手,应由年长者首先伸出手来。(　　)
4. 不要用左手与他人握手。(　　)
5. 俄罗斯人的姓名,通常由三个部分构成,先为本名,次为父名,末为姓氏。(　　)
6. 若被介绍者双方地位、身份之间存在明显差异,那么身份地位为尊者的一方应当先被介绍给另一方。(　　)
7. 不要拒绝与他人握手。(　　)
8. 接过名片时要认真看一遍,还应口头道谢。(　　)
9. 在各种社交场合,涉及对方年龄、健康、经历等话题应忌谈。(　　)
10. 社交礼仪对乘坐飞机的有关礼仪规范主要涉及先期准备、登机手续和乘机表现等三个具体方面。(　　)

思考与练习

一、思考题

1. 谈谈公关礼仪的原则。
2. 论述公关礼仪的重要意义。

二、案例分析题

大学生怎么啦?

一次人才洽谈会上,笔者与一位用人单位老总聊起人才招聘的事,该老总抱怨说:"不是我眼界高,确实在众多的应聘者里很少有让我看一眼就觉得满意的。有的还与女友紧紧相偎,把头发染成红色。还有的竟然口里含着口香糖和我说话。你看刚才那位,一坐下就跷起二郎腿前后摇摆,派头比我还大。"最后,他苦笑着说:"现在大学生怎么啦?"

根据上述案例,请分析:
1. 案例中提到的大学生行为上有何不妥的地方?
2. 大学生应聘时应注意哪些礼仪常识?

三、小练习

练习内容:分析公关礼仪的重要性。

练习目的:在人际交往中,拥有良好的礼仪习惯会带来巨大的好处。

练习要求:分析某一类礼仪规则的要求、特点,完成实训报告。

练习组织:学生6人一组,每组选择撰写一类礼仪规则,完成上述实训要求;课堂交流各小组实训报告,教师点评。

延 伸 阅 读

1. 王贺兰.当代中国青少年礼仪教育的反思与构建[D].石家庄:河北师范大学法政学院,2008.

2. 王宗源.中华礼文化与大学生礼仪教育研究[D].北京:首都师范大学,2008.

3. 吕承烨.礼仪教育对提升大学生人文素质的意义及实施路径[D].宁波:宁波大学,2015.

4. 彭林.礼,文明古流不可弃[N].人民日报,2014-5-6.

5. 林莉.当代大学生礼仪教育的困境与对策研究[J].西南民族大学学报(社会科学版),2014(8).

6. 盛运来.建好现代礼仪文化[N].湖北日报,2017-2-26.

7. 谭秋浩.大学生优秀传统礼仪教育的现实困境及路径选择[J].现代教育论坛,2015(4).

8. 甲宏伟.当代大学生传统礼仪教育研究综述[J].唐山师范学院学报,2017(4).

9. 汤海艳.成人之道:中国传统礼仪及其道德教育功能研究[M].南京:南京大学出版社,2015.

即测即评答案

一、单选题

1. B 2. C 3. A 4. C 5. C 6. B 7. D 8. B 9. B 10. D
11. A 12. D 13. A 14. A 15. A

二、多选题

1. ABC 2. ABCD 3. ABCD 4. ACD 5. ABCD
6. ABCD 7. ABCD 8. ABC 9. AB 10. ABD

三、判断题

1. × 2. × 3. √ 4. √ 5. √
6. √ 7. √ 8. × 9. √ 10. √

思考与练习参考答案

一、思考题

1. 真诚尊重的原则、平等适度的原则、信用宽容的原则、自信自律的原则。

2. 包含两层含义:一是思想,即在人际交往、社会交往中应该有尊敬他人、讲究礼节的思想;二是形式,即礼仪的基本程序和具体表现。

二、案例分析题

1. 与女友紧紧相偎,把头发染成红色。口里含着口香糖说话。一坐下就跷起二郎腿前后摇摆。

  2. 大学生在应聘时需要注意礼仪规则。一是仪表。包括卫生习惯和服饰。二是言谈。态度要诚恳、亲切,声音大小要适宜,语调要平和沉稳,尊重他人。用敬语,表示尊敬和礼貌的词语。如日常使用的"请""谢谢""对不起",第二人称中的"您"字等。初次见面为"久仰";很久不见为"久违";请人批评为"指教";麻烦别人称"打扰";求给方便为"借光";托人办事为"拜托"等。要努力养成使用敬语的习惯。三是举止态度。包括站姿、坐姿、走姿。

第九章 形象礼仪

本章知识结构图

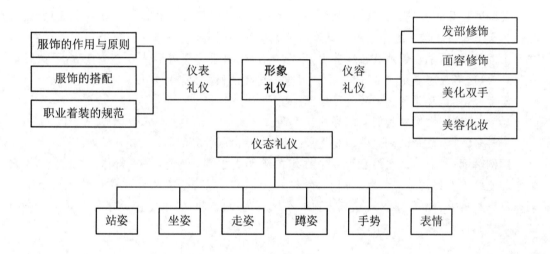

知识目标：了解服饰的作用与原则，了解着装的色彩，掌握职业着装的规则，掌握头发清洁、皮肤养护，掌握三姿及表情的礼仪要求。

能力目标：能够掌握职业装的搭配，掌握发型和妆容的相关知识，掌握三姿等正确姿态。

实训目标：掌握正确的仪容仪表仪态。

本章重点：服饰的作用、着装的规范。

本章难点：交际中的仪态要求。

某跨国公司正在进行招聘，一位应聘者步态轻盈走进门后沉着地向大家鞠躬致意，然后选择了最前排且人较多的中间座位就座。他就座的姿势端庄，臀部占据椅子三分之二左右，并且上身挺立，两手自然地放在膝盖上，不左顾右盼，双眼注视着面试官……最后，面试官们一致认为，这名应聘者是一名难得的人才，非常适合他们所招聘的职位。

思考一：面试官为什么一致认可他呢？

思考二：这个案例对我们有怎样的启示？

资料来源：李霞. 社交礼仪[M]. 北京：北京大学出版社，2013.

案例解读：人们总是通过看到的事物外在形象建立第一感觉，穿着得体、举止端庄的人通常都能给人良好的第一印象。那么，怎样的仪容仪表仪态会在人际交往中给他人留下深刻印象呢？这就需要了解仪表仪态方面的礼仪规范，践行礼仪，才能在工作及人际交往中树立良好的礼仪形象。

第一节 仪表礼仪

在人际交往中，服装被视为人的"第二肌肤"，既可以避风、挡雨、防暑、御寒、蔽体、掩羞，发挥多重实用性功能，又可以美化人体、扬长避短、展示个性，反映精神风貌，体现生活情趣，发挥多种装饰性功能。不但如此，在正式场合，它还具有反映社会分工、体现地位、身份差异的社会性功能。因而，服饰不但是一门技巧，更是一门艺术。

索菲亚·罗兰说过：一个和你会面的人，往往自觉或不自觉地会根据你的衣着来判断你的为人。从礼仪的角度看，着装能折射出一个人的教养与品位。我们每个人在社会交往中，都应在力所能及的前提下，结合自身特点、所处场合等因素对服装进行精心选择、搭配和组合，给他人以良好的印象。

一、服饰的作用与原则

（一）服饰的作用

为了取暖和遮羞，人类的祖先开始用衣服来遮盖身体，但也就在那时，装饰作用也同时成了服装功能的一个重要组成部分。在特定的时代、特定的群体里,生活方式的变化及外界的压力都影响着人们对装饰方式的选择。今天,虽然人们穿戴衣物的基本原因还是为了取暖、消暑和遮羞,但更重要的原因已经是为了更好地装扮自己。

因为人类是社会群体,服装也具有一种社会化特征。通过一个人的衣着,可以看出其社会地位、经济地位、性别角色、政治倾向、民族归属、生活方式和审美情趣。服饰是一种强烈的、可视的交流语言,它能告诉人们穿着者是哪类人、不是哪类人和将要成为什么样的人。

知识小贴士 9.1

服饰的色彩

色彩是有感情的,它可以表达出穿着者的喜怒哀乐。色彩本身不仅能给人视觉上的冲击,同时也可以左右人们的感官,从而使人们对不同的颜色产生不同的心理感受,而这种心理感受会成为人们抒发和表达感情的关键。色彩具有功能性,它会在某种程度上给人一定程度的视觉冲击,而在这感官的作用下,会对穿着者的身体形成一定的修饰和弥补的作用。

资料来源:赵曼曼.当代大学生服饰色彩研究:对北方部分地区高校大学生的服饰色彩调查及分析[D].呼和浩特:内蒙古师范大学,2013.

1. 服饰具有实用功能

服饰最初功能是遮身蔽体,防寒御暑,随着社会的发展,服饰的作用演变成以适应生产生活需要为主要目的。现在,人们除了用服饰来保暖、遮羞外,还用服饰来协调身材的不足之处,这是服饰实用功能的进一步延伸。

2. 服饰具有伦理功能

服饰成为社会角色和等级身份的标志。随着社会分工的多样化、身份等级的严格化,服饰愈发复杂化。社会分工不仅有农、牧、渔、猎之分,还有不同行业、不同职务之分,此外还有性别、年龄、质地、颜色等之分,其服饰也随之复杂化。

3. 服饰具有审美功能

服装审美是一个极其复杂的过程,服装以其神秘的、朦胧的、含而不露、引而不发的艺术特质传达着视觉张力,激发观众的想象力和审美意识。审美受到审美者文化素养、经济、年龄、受教育程度、宗教信仰、习俗、价值观、感知能力等诸多因素的制约。感知服装美是重要的,它依赖于人们对服装的审美态度。审美个体有差异,使人对服装兴趣的大小,对服装美的注意程度和对服装行为所抱有的审美期望不同,所以,对服装感知的程度也不同,产生的想象和情感以及对服装的理解就不一样,美的感受程度也就不一样。

4. 服装具有标识功能

人类是社会群体,服装也具有一定社会化特征。通过服饰可以判断出着装者所属的群体,可以看出其社会地位、经济地位,还可以看出其性别角色、职业群体、民族归属、生活方式等信息。

(二)服饰的原则

一个人的穿着打扮就是他自身教养的最形象说明。不是你会不会穿、爱不爱穿,而是特定的场合、特定的身份、特定的要求,规定你必须这么穿。"无规矩,不成方圆",着装也一样。着装原则主要表现在以下几个方面:

1. 着装整洁

在职场中,我们应该保持服饰的整洁干净。衣服不能沾有污渍,更不能有破洞,扣子等配件应齐全,衣领和袖口处特别要注意整洁。整洁是着装的第一原则、首要要素。古语说"衣贵洁,不贵华,上循份,下称家"。整洁突破了地位、家境等的制约和界限。只有整洁,才能恰到好处地表达自尊和对他人的尊重。

2. 符合身份

服装不是一种没有生命的遮羞布。它不仅是布料、花色和缝线的组合,更是一种社会工具。要恰当地表达自己,还要注意在不同的时空阶段穿着符合自己角色特点的服装。

3. 突出个性

服装往往能传达出一个人的性格、爱好、心理状态等多方面的信息。突出个性,即服装必须与人的身材、气质、爱好等相匹配。服装有自身代表的风格,只有个性化的着装,才能与自己的个性一致,才能更好地烘托个性,展示个性,保持自我。当所着服装恰当时,就会更好地塑造出自己的最佳形象和礼仪风貌。

4. TPO 原则

着装要与时间、场合、目的相和谐。T 即时间(Time),P 即场合(Place),O 即目的(Objective)。"TPO"原则即指在选择服饰时,要注意配合时间、场合、目的三个重要因素,要求在决定穿一件衣服时,要首先考虑所去的是一个什么场合,在什么时间去这种场合,是因为什么事情或是要和谁见面。

(1) T:时间。着装要随一天时间的变化而变换,白天上班着正装,晚上参加宴会着晚礼服或者中国传统服饰旗袍等。着装也要分四季,切不可只要风度,不要温度;只顾美丽"冻人",而无视自身实际。着装要有时代性,是说着装应顺应时代发展的主流和节奏,既不可超前,也不可落后。

(2) P:场合。着装要随地点、场合不同而不同。场合原则是人们约定俗成的惯例,具有深厚的社会基础和人文意义。一种服饰所蕴含的信息内容必须与特定场合的气氛相吻合。否则,往往会引起人们的疑惑、猜忌、厌恶和反感,导致交往空间距离与心理距离的拉大和疏远。

(3) O:目的。从目的上讲,人们的着装往往体现出其一定的意愿,即自己对着装留给他人的印象是有一定预期的。根据不同的目的进行着装。如穿着西式套裙去上班,是为了显示自己的成熟稳重;穿着旗袍去赴宴,是为了展示自己所独有的女性风采;穿上牛仔装与朋友一道去登山踏青,则是为了轻松与随便。

二、服饰的搭配

(一)着装的色彩

一个人想穿着得体,必须巧妙地利用服装色彩扬长避短,表现美点,掩盖缺点。要使着装色彩达到理想的效果,就必须明确服饰色彩的选配、展示个性特征的基本色,以及不同社交场合择色的原则等。

1. 色彩的搭配原则

服装色彩搭配的原则主要体现为和谐、自然,具体可归纳为以下几点。

(1) 要有主色调,力避杂乱无章。通常、着装讲究三色原则,一个人身上最好不要超过三种色系。大面积的色调为主色,加上陪衬色和点缀即可。

（2）采取调和、对比方法体现和谐美。首先，用同色系的数种色调来搭配，可以给人端庄、稳重、高雅的感觉；其次，用相似色搭配会显得柔和协调。也可选用对比色搭配。

（3）以上轻下重的色系体现稳定感。一般场合着装色彩应上半身偏轻，下面偏重为好，或上身浅色逐渐深下去搭配妥当，能够体现和谐、稳定、大方的气质。重色在上、轻色在下也可达到飘逸活泼的效果。

总之，服装配色美是色彩对比与调和多样统一的一种形态表现。它的真谛在于"和谐"，即变化于统一之中。因此，着装时考虑色彩的搭配还应注意把胸花、领带、丝巾、鞋袜等饰物通盘考虑进去，以达到画龙点睛、锦上添花的效果。

2. 结合肤色确定着装的基本色

每个人在着装时应努力选择出最能使自己肤色增辉的颜色作为基本色，并在此基础上配以其他与之相协调的色彩。[①] 如何根据肤色选择着装见表9.1。

表 9.1　肤色与着装的选择分析

皮肤类型	皮肤白皙者	皮肤较黑者	皮肤较黄者
选择建议	可选择冷、暖、深各类颜色的服装，以明亮艳丽的色彩为宜，也可以选择深暗的色彩	适宜选择较明亮的色彩，映衬肤色发亮，富有光泽	选择暖色与明亮适中的色彩
优势	映衬得有健康活力，效果良好	显示一种健康活泼的风韵，增加美感	充满活力，减少自卑的感觉
注意事项	避免穿近似皮肤色彩的服装，容易给人以病态感觉	避免穿深灰、深褐色、紫色等使肤色更加黯淡的颜色	避免穿米黄色、土黄色等颜色的衣服

（二）着装的款式

如果了解自己的体型，并根据体型的特点选择、设计符合自己的服装，就能利用眼睛的视错觉，扬长避短、隐丑显美，取得良好的效果。如何根据身体要素选择着装见表9.2。

表 9.2　身体要素与着装的选择分析

身体要素		适宜选择	不适选择
脸型	长脸	圆形领口、高领口或带有帽子的上衣	与脸型相同的领口衣服，V形领和开得低的领子
	方脸	穿V形或勺形的衣服	方形领口的衣服
	圆脸	穿V形领或者翻领衣服	圆形领口和带帽子的衣服
脖颈	长颈	高领口的衣服	低领口的衣服
	粗颈	宽敞的开门式	窄小的领口或领形
	短颈	敞领、翻领或低领的衣服	高领衣服

---

① 李霞. 社交礼仪[M]. 北京：北京大学出版社，2013.

续表

身体要素		适宜选择	不适选择
肩膀	宽肩	无肩缝的衣服	宽方领口衣服
	窄肩	方形领口的衣服	高领衣服
手臂	长臂	短而宽的盒子式或袖子的衣服	衣袖不宜又瘦又长
	短臂	穿长袖衣服	太宽的袖口边
胸部	大胸	敞领或低领口的衣服	高领口或在胸围打碎褶,水平条纹的衣服
	小胸	水平条纹或细长领口的衣服	过深的V形领的衣服
腰身	长腰	高腰的、上有褶皱的罩衫或者带有裙腰的裙子	窄腰带,穿腰部下垂的服装
	短腰	穿使腰、臀有下垂趋势的服装	高腰式的服装和系宽腰带
臀部	大臀和宽臀	柔软合身的裙子和上衣	大褶或碎褶的裙子,臀部缀口袋,袋状宽松的裤子
	窄臀	宽松袋状的裤子或宽松打褶裙子	太瘦长的裙子或过紧的裤子

三、职业着装的规范

(一) 男士的着装规范

交际场合最常见、也是最受欢迎的是西装。因为西装在造型上线条活泼而流畅,使穿着的人潇洒自然,风度翩翩,富有健美感;在结构造型上与人体活动相适应,使人的颈、胸、腰等部位舒坦,富有挺括之美;在装饰上胸前饰以领带,色彩夺目,给人以一种飘逸的美感。因此,西装是举世公认的既合乎美观大方又穿着舒适的服装,男女皆宜。因为它既正统又简练,且不失气派风度,所以已经发展成为当今国际最标准通用的礼服,在各种礼仪场合被广泛穿着。西装的穿着有相当统一的模式和要求,只有符合这种模式和要求的穿着才能被认为是合乎礼仪的。

1. 西装穿着方法

(1) 要拆除衣袖上的商标。在西装上衣左边袖子上的袖口处,通常会缝有一块商标。有时,那里还同时缝有一块纯羊毛标志。在正式穿西装之前,切勿忘记将它们先行拆除。

(2) 要熨烫平整。要保持西装平整挺括、线条笔直,除了要定期对西装进行干洗外,还要在每次正式穿着之前,对其进行认真的熨烫。

(3) 要扣好纽扣。西装的风格在纽扣样式上能得到很好体现。西装的纽扣除实用功能外,还有重要的装饰和造型作用。西装有单排纽和双排纽之分。单排纽又有单粒扣、双粒扣、三粒扣之别。在非正式场合,一般可不扣,以显示潇洒飘逸的风度;但在正式和半正式场合,要求将实际纽扣即单粒扣、双粒扣的第一粒,三粒扣的中间一粒都扣上,而双粒扣的第二粒,三粒扣的第一、三粒都是样纽(也称游扣),不必扣上。双排纽则有四粒扣和六粒扣之别,上面的两粒或四粒都是样扣,不必扣上。

(4) 要搭配衬衫。社交场合穿西装,衬衫是个重点,颇有讲究。一般来说,与西服配套的衬衫必须挺括整洁无皱折,尤其是领口和袖口。在正式场合,是否与西装搭配,(长袖)衬衫的下摆必须塞在西裤里,袖口必须扣上不可翻起。不系领带时,衬衫领口可以敞开,如系领带,应备有座硬领的衬衫,合领,合领后以抵入一个手指头为宜。夏季着短袖衬衫时,一般也应将下摆塞在裤内。

(5) 要少装东西。西装衣袋的整理同样重要。上衣两侧的两个衣袋只作为装饰用,不宜装东西,上衣胸部的衣袋是专装手帕之用。有些社交场合下要用到西装手帕。西装手帕能起到画龙点睛、锦上添花的效果。装饰性的手帕一般是白色的,熨烫平整,根据不同场合需要折叠成各种图形,分别抵于西装的上衣袋。其中,隆起式是郊游、嬉戏场合中常见的装饰式样。方法是将手帕的边角掩入袋内,外露部分呈自然隆起状,无造作感,不露棱角。

2. 西装搭配方法

(1) 与衬衫、领带的搭配。一般情况下,公关交际场合西装、衬衫、领带搭配的常见方法有:

黑色西装,配白色或淡色衬衫,系银灰色、蓝色或黑红细条纹领带;

中灰色西装,配白色或淡蓝色衬衫,系砖红色、绿色及黄色调领带;

暗蓝色调西装,配白色或淡蓝色衬衫,系蓝色、深玫瑰色、褐色、橙黄色调领带;

墨绿色调西装,配白色或银灰色衬衫,系灰色、灰黄色领带;

乳白色西装,配红色略带黑色、砖红色或黄褐色领带互补的衬衫会更显文雅气派。

正确的领带系法和搭配,将使你的外表形象有所提升,如果你想成为一位优雅的绅士、成功人士,就要学习打领带的多种方法。

(2) 与鞋袜搭配。黑皮鞋能配任何一种深色的西装,但灰色鞋子不宜配深色西装;浅色鞋子只可配浅色西装,不能配深色西装。漆皮鞋只适宜配礼服。请留意:鞋子擦得锃亮、光洁,容易给人留下好感,脏兮兮的鞋最不宜登大雅之堂。袜子宁长勿短。深色袜子对于深色或浅色西装都能配;浅色袜子虽能配浅色西装,但配深色西装却不适合。白袜子配衣服较难,穿时应三思。

(3) 领带的打法。

① 单结:领带结的古典形式。这是最常用的一种结法,打结和解结都非常容易,对大部分的领带和几乎所有的衬衫领都非常适合。为了打好单结,需要注意的是:领带结需要与衬衫领和谐搭配,它应该不太紧,也不太松地系在衬衫领上——领带的最宽部分(即在"最宽点"前)应位于腰带处,如图 9.1 所示。

② 双单结:双单结类似单结,它们的不同这处在于前者有两个结,即两圈。这种结适合个子矮小的男士,它适合意大利领和稍细的领带且简单易做。

③ 温莎结:引起潮流的 Windsor 结是一种非常英国式的漂亮领带结法。它体积大,因此适合系在分得很开的衣领上(例如意大利衣领)和很细的领带上,如图 9.2 所示。

除此之外,还有亚伯特王子结,适用于浪漫扣领及尖领系列衬衫,搭配浪漫质料柔软的细款领带,正确打法是在宽边先预留较长的空间,并在绕第二圈时尽量贴合在一起即可完成此一完美结型。浪漫结是一种完美的结型,适合用于各种浪漫系列的领口及衬衫,完成后将领结下方之宽边压以褶皱可缩小其结型窄边亦可将它往左右移动使其小部分出现于宽边领带旁。

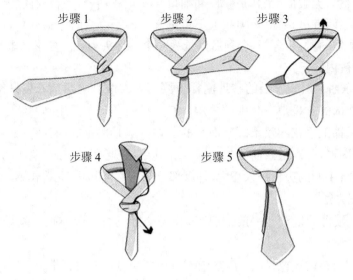

图 9.1 单结打法

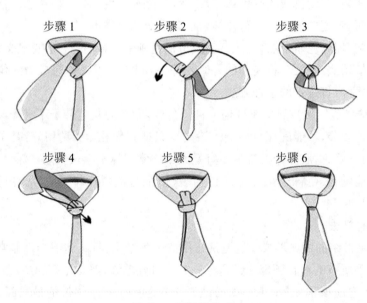

图 9.2 温莎结打法

（二）女士的着装规范

1. 女士着装要求

女性的穿着打扮应该灵活有弹性，要学会搭配衣服、鞋子、发型、首饰和妆容，使之完美和谐。职业女性的着装仪表必须符合其本人的个性、体态特征、职位、企业文化、办公环境和个人志趣等。同时，女士的服装款式多样，选择面比男士的要广。女士可以根据不同的着装场合选择适时的服装，通过完美的场合着装可以获得良好的人际关系，如表 9.3 所示。

表9.3　三种场合着装要求

要求场合	公务场合	社交场合	休闲场合
地点	办公室、会议室等场所	应酬场所	休闲、运动等场所
着装要求	庄重保守	时尚个性	舒适自然
着装实例	制服、套装	礼服、时装	运动装、休闲装

2. 女士着装的注意事项

（1）忌搭配不当。礼服、正装与休闲装和运动装穿在一身；质地不同的服装穿在一身；款式不同的服装穿在一身。

（2）衣服不宜过于暴露或透明。衣服尺寸也不要过于短小和紧身，否则会给人以不稳重的感觉。内衣不能外露，更不能外穿。穿着裤子或裙子时，不要明显透出内裤的轮廓，文胸的肩带注意不能露在衣服外面。

（3）女士穿裙服时应穿着丝袜。女士在穿着裙装时，穿着丝袜能增强腿部的美感。腿较粗的女士最好选择深色的袜子，腿较细的女士则适合穿浅色的袜子。穿着丝袜时，袜口不能露于裙子外面。不要选择鲜艳、有明显花纹或网格的丝袜。女士在正式场合穿的鞋子应该是高跟鞋或中跟鞋。

（4）衬衫的着装应规范。女士正装衬衫以选择单色为最佳。女士穿着衬衫还应注意以下事项：衬衫的下摆应掖入裙腰之内而不要悬垂于外，也不要在腰间打结；衬衫的纽扣除最上面一粒可以不系上，其他纽扣均应系好；穿着西装套裙时不要脱下上衣而直接外穿衬衫；衬衫之内应当穿着内衣且内衣不能显露出来。

第二节　仪容礼仪

仪容礼仪，即容貌（相貌、长相），包括头发清洁、皮肤养护、手部保养及总体的精神面貌。俄罗斯伟大的作家契诃夫有过一句名言：人的一切都应该是美的，美的仪表、美的服装、美的心灵。深层次的仪容美是一个人纯朴高尚的内心世界和蓬勃向上生命活力的外在表现。塑造优雅知性的仪容美不仅能够给人以视觉上的享受，还能够给人以人格上的尊重。一个人的仪容受到两个条件制约：一是先天条件；二是后天的修饰与维护。先天条件固然头等重要，但是这并不意味着先天条件优越的人，就可以不去进行任何后天的修饰与维护。修饰与维护对于仪容的优劣而言，往往起着非常重要的作用。对自己的仪容进行必要的修饰与维护，要依照规范与个人条件，扬其长，避其短，设计、塑造出最适合自己并符合工作岗位要求的个人形象。

一、发部修饰

发部修饰，特指人们依照自己的审美习惯、工作性质和自身特点，对自己的头发所进行的清洁、修剪、保养和美化。

（一）确保头发整洁

对任何人而言，其头发在人际交往中能否确保整洁，都直接会影响到他人对自己的评价。为了确保头发整洁，维护企业和自身形象，必须自觉主动地对自己的头发进行清洗、修剪和梳理。

1. 清洗头发

应养成定期清洗头发,并坚持不懈的习惯。一般每周清洗两次即可,油性发质最好1～2天清洗一次,干性发质洗头时间间隔可稍长一些。年轻的男性每天必须洗一次,在参加活动和上班前,最好也要洗一次。洗发用品的选择应根据自己的发质而定:头皮屑过多者,宜选用去头屑的洗发剂;头发干燥分叉者,应使用护发素。头发未干时,不要用力去梳理,也不要用毛巾用力擦头发,最好让其自然风干。有条件者可定期选用营养剂滋润头发。对头发勤于梳洗,作用有三:一是有助于保养头发,二是有助于消除异味,三是有助于清除异物。若是对头发懒于梳洗,弄得自己蓬头垢面,满头汗馊、油味,发屑随处可见,是很败坏个人形象的。

2. 修剪头发

与清洗头发一样,修剪头发也需定期进行。正常情况下,应当半个月左右修剪一次头发,至少也要确保每个月修剪一次头发。对于男士头发的标准长度,一般的要求是:既不宜理成光头,也不宜将头发留得过长。为了显示出商界人士的精明干练,同时也是为了方便其工作,通常提倡商务人员将头发剪得以短为宜。女士提倡剪短发,并且一般要求在工作岗位上头发长度不宜超过肩部。

3. 梳理头发

养成自觉梳理头发的习惯,发梳最好随身携带。出门上班前、换装上岗前、摘下帽子时、下班回家时及其他必要时,都应适时梳理。梳发时应注意三点:一是不宜当众梳发;二是不宜五指梳发;三是不宜乱扔断发。

(二) 发部造型

头发的造型,指的就是头发在经过一定修饰之后所呈现出来的形状。

1. 男士发型

男士的发型统一的标准就是干净整洁,并且要注意经常修饰、修理,头发不应过长。一般认为,男士前部的头发不要遮住自己的眉毛,侧部的头发不要盖住自己的耳朵,同时不要留过厚或者过长的鬓角,男士后部的头发应该不要长过西装衬衫领子的上部,这是对男士发型的统一要求。

2. 女士发型

女士在选择适合自己的发型时,应该先分析研究一下自己的脸型,有了彻底的了解后,才会选择出最适合脸型的发型。一般来讲,掌握以下几个原则即可:

(1) 高额角、低额角。如果你的脸型属高额角,发梢应向下梳,做刘海或波浪,让你的头发遮盖一部分前额;若是低额角,发梢应尽量离开前额往上梳,如果你偏爱刘海,必须要短,决不能低于发线,避免使额头看来更低。

(2) 宽额角、窄额角。宽额角,发梢应从两边向中间梳,用波浪遮掩住太宽的额角。对窄额角的年轻女士来说,情况正好相反,头发应沿两边向后梳,如果你做了刘海,则发卷切不要让它伸延至太阳穴前。

(3) 高颧骨、低颧骨。高颧骨,两鬓的头发往前梳,超过耳线,盖住颧骨,刘海不妨略长些,但不可梳中分式。至于低颧骨的年轻女士,两边的头发应往后梳,不要遮耳线,两鬓可以做发卷,以中间分开更好。

(4) 大鼻子、小鼻子。大鼻子,头发应梳高或向后梳,避免中分,因为中分会使鼻子显得更大,最好不要蓄刘海。小鼻子的年轻女士头发绝不要往上梳,应让刘海下垂,遮住发线,但刘海不可留得过长。

（5）粗短颈子。头发四面向上梳,应蓄短发,永远不要让头发遮盖发线。若为细长颈子,则头发要向后梳,避免选择较短的发式。

3. 发型的搭配

（1）与发质的搭配。各人的发质不一,不同的发质适合不同的发型。下面以女士为例来说明发质与发型的搭配方法。

① 自然的卷发。自然卷曲的头发,只要能利用自然的卷发,就能做出各种漂亮的发型。这种发质如果将头发减短,卷曲度就不太明显,而留长发才能显示出其自然的卷曲美。

② 服帖的头发。这种发质的特点是头发不多不少,非常服帖,只要能巧妙修剪,就能使发根的线条以极美的形态表现出来。这种发质的人,最好将头发剪短,前面和旁边的头发,可以按自己的爱好梳理,而后面则一定要用能显示出发根线条美的设计,才是理想的发型。修剪时,最好能将发根稍微打薄一点,使颈部若隐若现,这样能给人以清新明媚之感。

③ 细少的头发。这种发质的人应该留长发,将其梳成发髻才是最理想的,因为这样不但梳起来容易,同时也能比较持久。通常这种发质缺乏质感,可以辅之以假发。如果梳在头顶上,适合正式场合;梳在脑后,是家居式;而梳在后颈上时,则显得高贵典雅。

④ 直硬的头发。这种发质要想做出各种各样的发型是不容易的。在做发型以前,最好能用油性烫发剂将头发稍微烫一下,使头发能略带波浪,稍显蓬松。在卷发时最好能用大号发卷,这样会看起来比较自然。由于这种头发很容易修剪得整齐,所以设计发型时最好以修剪技巧为主,同时尽量避免复杂的花样,做出比较简单且高雅大方的发型来。

⑤ 柔软的头发。这种发质比较容易整理,做任何一种发型都非常方便。由于柔软的头发比较服帖,因此俏丽的短发比较适合这种发质,它能充分表现出个性美。

（2）与脸型的搭配。人的脸型不同,选择的发型也不同。设计发型时,只有对发型设计及化妆的原则有深刻的认识,针对脸型处理发式进行平衡与调和,才能弥补脸型的不足,创造美丽和满意的效果。① 如何根据脸型选择发型如表9.4所示。

表9.4 不同脸型的发型选择

脸型/发型	椭圆形脸	圆形脸	方形脸	长形脸	三角形脸
女	标准脸型,适合任何发型	不要梳两边蓬起来的发型,不留头帘	留中发,吹理向内弯曲一下,有曲线美	不宜留长发,适合烫成短发,留头帘	增加额头两侧头发的厚度,头缝不可中分,而要采用侧分
男	宜短发,以能体现干练与活力。长脸型不宜太短,方下巴者可留鬓发				

（3）与体型的搭配。体型的缺陷可以用发型来弥补,一般来说,标准体型适合任何发型。如何根据体型选择发型如表9.5所示。

---

① 杨萍.酒店服务礼仪[M].海口:南海出版公司,2009.

表 9.5 不同体型的发型选择

体型/发型	适中型	高瘦型	矮小型	高大型	短胖型
女	标准体型,适合任何发型	适合留长发、直发及大波浪的卷发	适合超短发及盘发	以短直发为宜,也可使用大波浪的卷发	轻便的运动式或将头发盘起,不宜留披肩发
男	中等个头的人什么发型都合适,高瘦体型的人应该留分段式发型或长发,短胖或瘦小体型的人应该留短发				

(4) 与服装的搭配。以女士为例,发型与服装搭配的方法如下:

① 与西装相适应的发型。无论直发还是烫发都要梳理得端庄、艳丽、大方,不要过于蓬松。

② 与礼服相适应的发型。着礼服时,可将头发挽在颈后结低发髻,显得庄重、高雅。

③ 与运动衫相适应的发型。可将头发自然披散,给人以活泼、潇洒的感觉;如将长发高束,或将长发编成长辫,可增加柔美的情调。

二、面容修饰

仪容在很大程度上指的就是人的面容,由此可见,面容修饰在仪容修饰之中举足轻重。修饰面容,首先要做到面必洁。清洁是仪容美的关键,是讲究礼仪的基本要求,也是事业成功的必要条件。每天早晚要坚持洗脸,及时清除附在面颊、颈部的污垢、汗渍等不洁之物。正确的洗脸方法有助于保护皮肤的弹性,保持血液循环良好和新陈代谢的正常进行。

(一) 皮肤性质

在掌握正确洗脸方法的同时,应了解自己皮肤的性质。皮肤分干性、中性、油性和混合性四种类型。不同性质的皮肤应选用不同的化妆品,并采用不同的方法保护。

(1) 中性皮肤。也称正常皮肤,油脂分泌量适中,皮肤表面柔滑滋润,富有光泽,是比较理想的皮肤。

(2) 干性皮肤。皮肤外观洁白细嫩,皮肤表面油脂分泌量少,毛孔不明显,不易长粉刺,但脸部无光泽,易起小皱纹。这类皮肤应选用含有保湿成分的化妆品,以保持皮肤的润泽。

(3) 油性皮肤。皮肤表面油脂分泌量多,面部油亮光泽,肌纹粗,毛孔明显,易生粉刺,但不易起皱纹。这类皮肤的护理,要注意皮肤表面的清洁。

(4) 混合性皮肤。额头、鼻子、下巴部位偏油性,其他部位偏干性。

随着季节和年龄的变化,皮肤的性质也会有所变化:夏季时,皮肤普遍偏油,干性皮肤也会显得光泽滋润;冬季时,皮肤偏干,皮脂分泌量相应减少。随着年龄的增长,皮肤的油脂分泌会逐渐减少,年轻时呈油性或中性皮肤,中年以后会逐渐转向中性或干性皮肤。

(二) 皮肤保养

随着年龄的增长,人的皮肤会老化,失去光泽和柔韧,产生皱纹,这些生理现象是不可避免的。但我们可以采用科学的方法保护皮肤,延缓皮肤衰老。皮肤的健康与身体的健康、精神的愉快是密切相关的。

要保持乐观的情绪,这是最好的"润肤剂"。人在笑的时候,能促进血液循环,增强皮肤弹性。

要保证充足的睡眠。睡眠充足,会使人精神振奋、容光焕发、眼睛光亮、神采奕奕。要养成多喝水的习惯。多喝水可以保持皮肤的细嫩、滋润,还要注意室内空气的湿润。要注意合理的饮食。从食物中摄取各种营养成分,其美容功效非任何化妆品所能及,而且所获得的是一种健康的美。

(三)护理皮肤

皮肤护理在日常生活中至关重要。要使皮肤健美,除培养正确的生活态度、积极的锻炼、充足的睡眠等良好生活习惯外,还可采取以下方法:

(1)用正确的方法洗脸。洗脸水的温度不宜过高。洗脸的方向应从下向上、从内向外。长期养成习惯,可以防止肌肉下垂。中性及干性皮肤不必每天用洗面乳,以减少碱性刺激;油性皮肤最好用去污力较强的洗面乳。

(2)蒸面。即用蒸汽发生器或用开水倒入脸盆中用蒸气蒸面,可加入薄荷、菊花等植物。蒸面可以使毛孔张开,体温升高,加速血液循环,促进皮肤吸收水分,增加皮肤光泽。

(3)面部按摩。按摩可以促进血液循环,改善皮肤营养,减缓皮肤的老化过程。一般可以用两手掌相互摩擦发热,然后顺着脸部肌肉的生长方向,逆着皱纹,由下向上,由内向外进行按摩,指法要轻。

三、美化双手

双手和面部一样常常暴露在服饰之外,也会成为别人关注的地方之一,它也被称为人的"第二面孔"。因此,适时、适度地去保养和美化双手也是十分必要的。干净、清洁、保养良好的双手会给人一种美感,因此手部和脸部都需要清洁和保养。

(1)勤洗双手。与洗脸相比,双手要洗得更勤一些。在人体各个部位中双手是接触物体最多的,也是最容易受到污染的,所以在用餐之前、方便之后或是取过不洁之物之后都要及时清洁双手。

(2)勤剪指甲。指甲长度以不超过指尖为宜,指甲内不得有污垢。过长的指甲会让人觉得不洁净,不仅容易积沉污垢,还很容易滋生细菌,影响卫生。

(3)手部保暖。冬季要注意手部保暖,避免长冻疮。可以适当涂抹护手霜保护手部皮肤。

四、美容化妆

美容化妆是指人们在日常生活、社交活动及工作中,采用化妆品通过一定的艺术描绘手法来装扮和美化自身形象。适度得体的化妆可体现女性端庄、优雅、自信、大方的气质,以达到振奋精神和尊重他人的目的。

(一)化妆的原则

(1)扬长避短。化妆是适当掩盖或淡化瑕疵的部分,适当强调或渲染漂亮的部分,使之成为瞩目的焦点。

(2)自然真实。化妆的最高境界是追求自然真实。如化妆可有浓有淡,但化妆的浓淡要视时间、场合而定。白天在工作场合适合化淡妆,如果浓妆艳抹就与周围的工作气氛不相适宜,会让人感觉你工作不认真。在工作场合应去掉雕饰,采用不露痕迹的化妆手法,尽力表现天然和质朴。夜晚在宴会、舞会等社交场合,可使妆色浓一些,以避免皮肤在灯光照耀下惨淡无光、没有血色。

(3)整体配合。化妆以修整统一、和谐自然为准则。恰到好处的化妆,会给人以文明、整洁、雅致的印象,而浓妆艳抹、矫揉造作、过分的修饰和夸张则往往适得其反。面部化妆就是给面部着衣,既要注意面部各基点的配合,又要兼顾点与面的配合,以及面部与年龄、衣着、身份、气质的协调等。

(二) 女性日妆基本步骤

日妆也称生活妆、淡妆,用在一般的日常生活和工作中。要求妆色淡雅、自然协调,尽量不突出化妆痕迹。一般10分钟内就可以化好妆。

(1) 洁面。用洗面奶、清水将面部洗干净,清洁皮肤后,要涂以膏霜类(适合油性皮肤)、乳蜜类(适合中性皮肤)或冷霜类(适合干性皮肤)护肤品,起到保护皮肤的作用。

(2) 化妆水、润肤霜。化妆前须使用化妆水,然后搽上合适的润肤霜。

(3) 乳液。化日妆易选用乳液,含油量不宜太大,可选用水溶性乳液。

(4) 修正液,修正粉底。用于调整皮肤的颜色,适合化日妆,使用方便、快捷。

(5) 粉底液。可以局部遮盖,用量宜少宜薄,斑点明显的部位或者高光部位可多涂点。

(6) 定妆。搓取少量散粉或粉饼在全脸薄薄定妆,尤其是脸颊及脸部。定妆可防止化妆脱落和抑制过度的油光,皮肤黑的人不宜使用。

(7) 眉毛。用眉笔描画或取少量眉粉刷眉,缺的眉毛要用眉笔一根根按眉毛生长方向画出。比较理想的眉形是:眉头与内眼角垂直,眉梢在鼻翼外侧至外眼角连一斜线成45度,眉峰在距眉梢三分之一眉长处。眉梢的高度与眉头成一水平线或略高。

(8) 眼影。一般使用1~2种眼影进行混染,显得眼睛明亮。

(9) 眼线。睫毛条件差的可选合适的眼线笔,画上下眼线,突出眼部的立体感。

(10) 睫毛。用睫毛夹使睫毛向上弯曲,增强眼睛的层次感。

(11) 腮红。涂腮红既能调整脸型,又能使面部呈现红润健康和立体感。

(12) 口红与唇彩。日妆的口红颜色尽量接近唇色。

一般情况下,化妆基本由7个步骤就可以完成,比较简单方便实用。七步化妆法如图9.3所示。

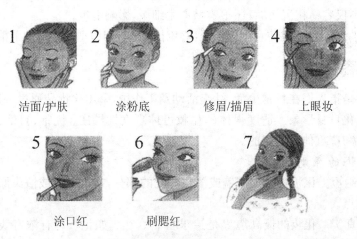

图 9.3 女性七步化妆法

(三) 面部化妆常识

1. 三庭五眼,面部协调

"三庭五眼"是中国古代关于面容比例关系的一种概括,如图9.4所示。三庭:将脸的横向分成三等分,上庭是发际线到眉头;中庭是眉头到鼻底;下庭是鼻底到颏底。五眼:以一只眼的长度为单位,将脸的纵向分成五等份。

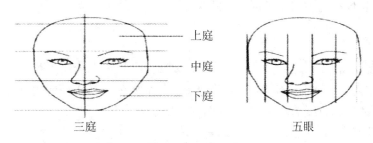

图9.4 三庭五眼

2. 化妆注意事项,整体美观大方

(1) 不要当众化妆。一般情况下,当众化妆、补妆是失礼的,这样做既有碍于他人,也是一种不尊重自己的表现。如果的确有必要进行化妆或补妆,应在自己房间、洗手间或无人处化妆。

(2) 不要非议他人的化妆。不要对他人的化妆评头论足。每个人都有自己的审美情趣和化妆手法,如当面点评,常常会令人尴尬难堪、心情不爽。由于民族、文化、修养和个人条件等方面的差异,每个人的化妆都与他人有所不同,尤其在国际交往过程中这种差异会更加明显,对别人的妆容既不要少见多怪,也不要指指点点,更没有必要与别人在公共场合讨论化妆的技术问题。

(3) 不要借用他人的化妆品。化妆品很难分用与清洗,因而极易携带病菌。借用他人的化妆品,既不卫生也不礼貌。除非有事可能忘了带化妆盒,却偏偏需要化妆,在这种情况下,在他人自愿为你提供方便的前提下,才可以借用他人的化妆品。

拓展阅读9.1

化妆的规则

在工作岗位中,应当化以淡妆为主的工作妆。商务人员在工作岗位上应当化淡妆,实际上就是限定在工作岗位上不仅要化妆,而且适宜化工作妆。有人将这一规定简洁地叫作"淡妆上岗"。

淡妆的主要特征是简约、清丽、素雅,具有鲜明的立体感。

男士所化的工作妆,一般包括:美发定型;清洁面部与手部,并使用护肤进行保护;使用无色唇膏和无色指甲油,保护嘴唇与手指甲;使用香水等。女士所化的工作妆,在以上基础上,还要注意对修饰型化妆品的适当使用。

资料来源:庄磊.商务礼仪[M].西安:西安交通大学出版社,2014:23.

第三节 仪态礼仪

仪态是指人在行为中表现出来的姿势。仪态属于人的行为美学范畴。它既依赖于人的内在气质的支撑,同时又取决于个人是否接受过规范和严格的体态训练。仪态的美丑是鉴别一个人是高雅还是粗俗、是严谨还是轻浮的标准之一。党的十九大报告指出,文化是一个国家、一个民族的灵魂。文化兴国运兴,文化强民族强。没有高度的文化自信,没有文化的繁荣兴盛,就没有中华民族伟大复兴。"站如松,坐如钟,走如风,卧如弓"是中国传统礼仪的要求,在当今社会仪态已被赋予了更丰富的含义。

一、站姿

(一) 基本站姿

站姿的基本要领为:端正、挺拔,具有稳定感。站立状的人从正面看去,应以鼻为点向地面作垂直线,人体在垂直线的两侧对称,如图9.5所示。

正规的礼仪基本站姿应是:

头平正:两眼平视前方,嘴微闭,收颌梗颈,表情自然,稍带微笑。

双肩平:肩部微微放松,稍向后下沉。

臂垂直:两肩平整,两臂自然下垂,中指对准裤缝。

腰挺直:挺胸收腹,臀部向内向上收紧。

腿并直:两腿立直,贴紧,脚跟靠拢,两脚夹角成60°。

(二) 男士站姿

男士标准站姿的关键要看3个部位:一是髋部向上提,脚趾抓地;二是腹肌、臀肌收缩上提;三是头顶上悬,肩向下沉。根据这个要求,男性站立时,身体要立直,挺胸抬头,下颌微收,双目平视,挺髋立腰,吸腹收臀,双手置于身体两侧自然下垂,或者两腿分开,两脚平行,不能超过肩宽,双手轻握于身前或身后,身体重心落于两腿正中。

(三) 女士站姿

女性站立有两种站姿可以选择:两脚尖张开呈45°角或双脚呈小"丁"字步站立,一只脚略前,一只脚略后,前脚的脚后跟稍稍向后脚的脚背靠拢,后腿的膝盖向前腿靠拢。这些站姿是规范的,但要避免僵直硬化,肌肉不能太紧张,可以适宜地变换姿态,追求动感美。

图9.5 站姿

(四) 站姿注意事项

在正式场合中,为了维持较长时间的站立或稍事休息,标准站姿的脚姿可做变化,如身体重心偏移到其中一只脚上,另一只脚稍曲以休息,然后轮换。但是上身仍须挺直,伸出的脚不可太远,双腿不可叉开得过大,变换不可过于频繁,膝部要注意伸直。应注意身体不可以不停摇摆,或两手插入口袋,或倚靠在其他物件上;也不可以双手叉腰,或抱在胸前。总之,站姿应该给人优美、亲切的感觉。

二、坐姿

(一) 基本坐姿

坐姿的基本要领为:上体直挺,勿弯腰驼背,也不可以前贴桌边后靠椅背,上体与桌、椅均应保持一拳左右的距离;双膝并拢,不可双腿分开;双脚自然垂地。双手应掌心向下相叠或两手相握,放于身体的一边或膝盖之上,头、额、颈保持站立时的样子不变。男士两腿之间可以有一拳到略小于肩的距离,而女生必须两腿并拢无空隙,如图9.6所示。

图9.6 坐姿

(二) 坐姿种类

除基本坐姿以外,由于双腿位置的改变,也可形成多种优美的坐姿,如垂直式、斜放式、内收式、叠放式等四种。

1. 双腿垂直式

此为最基本的坐姿,适用于最正规的场合。要求上身与大腿、大腿与小腿、小腿与地面都应当成直角,双膝双脚完全并拢。

2. 双腿斜放式

双膝先并拢,然后双脚向左或向右放,力求使斜放后的腿部与地面呈45°角。

3. 双脚内收式

主要要求是两条大腿首先并拢,两脚呈"丁"字步或小"八"字向内侧屈回,双脚脚掌着地。

4. 双腿叠放式

将双腿完全地一上一下交叠在一起,交叠后的两腿之间没有任何空隙,犹如一条直线,双腿斜放于左右一侧,斜放后的腿部与地面呈45°夹角,叠放在上的脚尖垂向地面。

(三) 坐姿注意事项

为了使坐姿更加正确优美,应该注意落座时声音要轻,动作要缓,落座过程中,腰、腿肌肉要稍有紧张感;坐下后不要随意挪动椅子或腿脚不停抖动;坐着时不盘腿、不脱鞋、头不上扬下垂、背不前俯后仰、腿不搭坐椅扶手。起立时要端庄稳重,不要弄得桌椅乱响。另外还要特别注意的是,一般不要坐满整张椅子,更不能舒舒服服地靠在椅背上。正确的坐法是坐满椅子的 2/3,背部挺直,身体稍向前倾,以表示尊重和谦虚。

三、走姿

行走是人的基本动作之一,最能体现出一个人的精神面貌。行姿的好坏可反映人的内心境界和文化素养,能够展现出一个人的风度、风采和韵味。

(一) 基本走姿

走姿的基本要领为:上身基本保持站立的标准姿势,双目平视,收颌,自然平和。挺胸收腹,腰背笔直。两臂以身体为中心,前后自然舞动。脚尖向前方伸出,行走时双脚踩在一条线上,如图 9.7 所示。

图 9.7 走姿

(二) 走姿种类

1. 一字步行姿

在站姿基础上,出左脚时稍前送左胯,出右脚时稍前送右胯,两脚尽量行走在一条直线上。

两手臂前后自然摆动,前后摆动的距离相等,手自然弯曲。

收腹,挺胸,立腰,沉肩,两肩后展。

头正,微收下颌,眼睛平视前方。

步送髋时,上身保持平稳,不左右摇摆。

此行姿适用于女士。

2. 平行步行姿

在站姿基础上向前迈步,两脚在两条直线上,出左脚时脚跟着地,迅速过渡到脚尖。

右脚动作同左脚,脚尖尽量放正。

收腹,挺胸,立腰,展肩,眼睛平视前方,下颌微收。

两手臂前后自然摆动,不能横摆、后摆,肘关节微屈。

此行姿适用于男士。

(三) 走姿注意事项

走路时不要弯腰驼背、低头无神、步履蹒跚,给人以倦怠的感觉。不要在商务等正式场合跛着、晃着八字脚,给人不雅之感。不要在行走时将手插在口袋里、双臂相抱或双手背后,给人留下漫不经心和傲慢的印象。

四、蹲姿

(一) 基本蹲姿

蹲姿是人在处于静态时的一种特殊体位，主要适用于整理工作环境、给予他人帮助、提供必要服务、捡拾地面物品和自我整理装扮。下蹲时一脚在前，一脚在后，两腿向下蹲，前脚全着地，小腿基本垂直于地面，后脚脚跟提起，脚尖着地，如图9.8所示。

图9.8　蹲姿

(二) 蹲姿种类

1. 交叉式蹲姿

在实际生活中常常会用到蹲姿，如集体合影前排需要蹲下时，女士可采用交叉式蹲姿，下蹲时右脚在前，左脚在后，右小腿垂直于地面，全脚着地。左膝由后面伸向右侧，左脚跟抬起，脚掌着地。两腿靠紧，合力支撑身体。臀部向下，上身稍前倾。

2. 半跪式蹲姿

半跪式蹲姿又叫单跪式蹲姿，多用于下蹲时间较长，或为了用力方便之时所采用的一种姿态。下蹲时，一腿部膝盖点地，臀部坐在点地腿的脚上，点地腿用脚尖着地，另一条腿全脚掌着地且小腿垂直于地面，双腿靠拢收紧，形成腿部一跪一蹲的姿态。

3. 高低式蹲姿

下蹲时右脚在前，左脚稍后，两腿靠紧向下蹲。左脚全脚着地，小腿基本垂直于地面，左脚脚跟提起，脚掌着地。左膝低于右膝，左膝内侧靠于右小腿内侧，形成右膝高左膝低的姿态，臀部向下，基本上以左腿支撑身体。

(三) 蹲姿注意事项

下蹲时应与他人保持一定距离，下蹲时的速度不宜过快、过猛，在他人身边下蹲时，最好是与之侧身相向。正面面对他人或者背部对他人下蹲，通常是不礼貌的。弯腰捡拾物品时，两腿叉开，臀部向后撅起，是不雅观的姿态，如图9.9所示。

图 9.9 错误蹲姿

五、手势

手势是人们交际活动中不可缺少的体态语言。手势美是动态美,要能够恰当地运用手势来表达真情实意,含蓄、彬彬有礼、优雅自如的手势,定会给你的交际形象增彩。

(一) 手势的要求

与人交谈,手势不宜过多,动作不宜过大,更不可手舞足蹈。比如,介绍某人或给对方指示方向时,应掌心向上,四指并拢,大拇指张开,以肘关节为轴,前臂自然上抬伸直。指示方向时上体稍向前倾,面带微笑。自己的眼睛看着目标方向并兼顾对方是否意会到目标。手势的使用应该有助于表达自己的意思,但不宜过于单调重复,也不能做得过多,反复做一种手势会让人感到修养不够。与他人交谈时,随便乱做手势、不停地做手势,会影响别人对你说话内容的理解。

(二) 手势的区域

手势活动的范围有上、中、下三个区域。此外,还有内区和外区之分。肩部以上称为上区,多用来表示理想、希望、宏大、激昂等情感,表达积极肯定的意思;肩部至腰部称为中区,多表示比较平静的思想,一般不带有浓厚的感情色彩;腰部以下称为下区,多表示不屑、厌烦、反对、失望等,表达消极否定的意思。

(三) 社交中几种常见的手势

1. 发出招呼信息

正确而有礼貌的做法是高抬手臂,手心朝下,轻挥手腕。如果手心朝上则是无礼而蛮横的行为。

2. 表示喜恶态度

一般来说,有拇指向上翘表示赞扬,伸出左手的小指表示"坏"或蔑视。食指与中指相交叉呈"V"状表示胜利。

3. 传递求谢情感

手掌向上,距身约45°角,拇指力张,食指伸直,其余手指微曲呈自然状,或者双掌合抱,表示请求、感谢等。

4. 引起对方的注意

食指伸直，余指内曲。这既表示指物，有时又是提醒对方注意的手势，一般在所讲事物很重要，或者表示警告的时候使用。

必须强调的是，手势动作是一种较为复杂的伴随语言，深受文化差异的影响，应首先了解其在不同民族中所表达的特定含义，才能有效地发挥手势语的交际作用。

（四）手势注意事项

在任何情况下，不要用拇指指自己的鼻尖和用手指点他人。谈到自己时，应用手掌轻按自己的左胸，那样会显得端庄、大方、可信。用手指点他人的手势是不礼貌的。

介绍某人、为某人指示方向、请人做某事时，均应使手指并拢，掌心向上，以肘关节为轴指示方向，上身宜稍向前倾以示尊敬。

六、表情

（一）目光

眼睛是人体最重要的器官之一，是面部表情的核心。它通常占人类总体感觉的70%左右。眼神是对眼睛的总体活动的一种统称，人们把借助于眼神所传递的信息称为眼语，眼神也经常被人们称为"心灵的窗口"，因为它能最明显、自然、准确地展示人们的心理信息，表达出人们最细微的内心感受。一个人的眼神，往往能传递出整个内心世界。我们从亲切、自然、友善、真诚的眼神中不难判断出教养和素质。

拓展阅读 9.2

注视的时间

> 据权威调查研究发现，人们在交谈时，视线接触对方脸部的时间占全部谈话时间的30%~60%。超过这一平均值，可认为对谈话者本人比谈话内容更感兴趣；低于这一平均值，则表示对谈话内容和谈话者本人都不怎么感兴趣。不难想象，如果谈话时心不在焉、东张西望，或只是由于紧张、羞怯不敢正视对方，目光注视时间不到谈话时间的1/3，这样的谈话，必然难以被人所接受和信任。当然，必须考虑到文化背景，如与南欧人交谈时，注视对方过久可能会被对方认为是一种冒犯行为。
>
> 资料来源：庄磊.商务礼仪[M].西安：西安交通大学出版社，2014：40.

1. 注视方式

公务注视区域：公务注视区域是指在公务洽谈或者协商问题时所使用的一种注视区域。若一直注视这个区域，会给人严肃、认真的感觉，使对方时刻感到你是要谈正事。对你来说，你就能保持主动。

社交注视区域：社交注视区域是指两眼到嘴之间的三角形区谈话时注视着对方这个部位，会给人理性、自信、平等、亲切和平等感觉。在一些茶话会、舞会和各种交友聚会的场所，人们都会采用这种注视区域进行沟通交流，以营造出一种良好的社交气氛。

亲密注视区域：亲密注视区域是适用于亲人、恋人之间使用的一种注视区域，这个区域位置是指视线停留在双眼与胸部之间的区域。注视这个区域表示爱护、宽容、亲密，往往带有亲昵和爱恋。

2. 不同的注视方向

俯视。即目光向下注视对方，用来表达爱护、宽容之意。

平视。即目光与对方的目光约在同一高度接触,用来表达平等、公正、自信、坦率等。

仰视。即目光向上注视对方,用来表达尊敬、崇拜、期待等。比如在隆重、正式的仪式上,尊者、领导、获奖者、发言人一般会被安排在主席台上接受台下的仰视,这是一种礼遇。

斜视。即视线斜行,用来表达怀疑、疑问等。

扫视。即目光向一侧扫视,用来表达兴趣、喜欢或轻视、敌意等。表示兴趣、喜欢时,伴有微笑,眉毛上扬;表示轻视、敌意时,伴有皱眉,嘴角下撇。

3. 注视注意事项

注视时间过长,会令人感到不自在;注视时间过短,甚至不看对方,让人感到不受重视。这两种行为都是非常失礼的,都不利于感情的交流,在交往时一定要避免发生。

在交谈过程中,除双方关系十分亲近外,目光连续接触的时间不宜过长。较长时间的目光接触会引起对方生理上和精神上的紧张,大多数人倾向于避开这种接触,把目光转移开,以示谦和、退让。

(二) 微笑

微笑可以表现出温馨、亲切的表情,能缩短沟通双方的距离,给对方留下美好的印象,从而形成融洽的交往氛围,因而微笑不仅是一种外化的形象,也是内心情感的一种写照。要做好微笑,最重要的莫过于真诚,而且这种真诚必须发自内心。要使自己的微笑显得真诚,就要对人常存恭敬、友爱之心,笑得有真情实意,与当时的情形相符。

1. 笑的种类

在社交中,合乎礼仪的笑容大致可以分为以下几种:

(1) 含笑。不出声,不露齿,只是面带笑意,表示接受对方、待人友善,适用范围较为广泛。

(2) 微笑。唇部向上移动,略呈弧形,但牙齿不外露,表示快乐、充实、满意、友好,适用范围最广。

(3) 轻笑。嘴巴微微张开一些,上齿显露在外,不发出声响,表示欣喜、愉快,多用于会见客户、向熟人打招呼等情况。

(4) 浅笑。笑时抿嘴,下唇大多被含于牙齿之中,多见于年轻女性表示害羞之时,通常又称为抿嘴而笑。

(5) 大笑。常见于小范围的社交场合,但由于表现太过张扬,一般不宜在正式场合中使用。

2. 微笑训练

(1) 放松面部肌肉,使嘴角微微向上翘起,让嘴唇略微呈弧形。最后在不牵动鼻子,不发出声音,不漏出牙齿,轻轻地一笑。

(2) 闭上眼睛,调动感情,并发挥想象力,回忆美好的过去或展望美好的未来,使微笑源自内心,有感而发。

(3) 坚持对着镜子练习,使眼睛、面部肌肉、口型等和谐自然。

(4) 当众练习,使微笑大方、自然,克服羞怯和胆怯心理,让观众加以评判并及时改进。

3. 笑的注意事项

在正式场合中,不能放肆大笑,让人感到没有教养;不应傻笑,令对方尴尬;不应皮笑肉不笑,使对方无所适从;不应冷笑,使对方产生敌意。总之,笑也要因时、因地、因事而异,否则毫无美感且令人生厌。

（三）人际交往距离

交往双方的人际关系以及所处情境决定着相互间自我空间的范围。美国人类学家爱德华·霍尔博士划分了四种区域或距离，各种距离都与对方的关系相称。人们的个体空间需求大体上可分为四种距离：公共距离、社交距离、个人距离、亲密距离。

1. 亲密距离

亲密距离的范围是 50 厘米之内。就交往情境而言，亲密距离属于私下情境，只限于在情感上联系高度密切的人之间使用，在社交场合，大庭广众之前，两个人（尤其是异性）如此贴近，就不太雅观。在同性之间，往往只限于贴心朋友，彼此十分熟识而随和，可以不拘小节，无话不谈。在异性之间，只限于夫妻和恋人之间。因此，在人际交往中，一个不属于这个亲密距离圈子内的人随意闯入这一空间，不管他的用心如何，都是不礼貌的，会引起对方的反感，也会自讨没趣。

2. 个人距离

个人距离的范围是 50～120 厘米之间。任何朋友和熟人都可以自由地进入这个空间，不过，在通常情况下，较为融洽的熟人之间交往时保持的距离在 50～80 厘米，而陌生人之间谈话则在 80～120 厘米之间。

3. 社交距离

社交距离的范围是 120～360 厘米。一般来说，在工作环境和社交聚会上，人们都保持这种程度的距离。在社交距离范围内，已经没有直接的身体接触，说话时也要适当提高声音，需要更充分的目光接触。如果谈话者得不到对方目光的支持，他就会有强烈的被忽视、被拒绝的感受。这时，相互间的目光接触已是交谈中不可或缺的感情交流形式了。

4. 公共距离

一般适用于演讲者与听众、彼此极为生硬的交谈及非正式的场合，其范围为 360 厘米之外。在商务活动中，根据其活动的对象和目的，选择和保持合适的距离是极为重要的。

本章精要

1. 服饰具有实用功能、伦理功能、审美功能、标识功能四大作用。
2. 服饰的原则是着装整洁、符合身份、突出个性、TPO 原则。
3. 色彩的搭配原则要有主色调，力避杂乱无章，采取调和、对比方法体现和谐美，以上轻下重的色系体现稳定感。
4. 男士着装要注意西装与衬衫、鞋袜等的搭配，女士着装要根据不同场合搭配不同风格的服饰。
5. 仪容礼仪包括头发清洁、皮肤养护、手的保养、妆容。
6. 仪态礼仪包括三姿、手势、蹲姿及表情等。

即测即评

一、单项选择题

1. （　　）姿态不符合男士正确站姿要领。
   A. 目光上扬　　B. 肩平挺胸　　C. 两腿相靠、直立　　D. 直腰收腹
2. 下列（　　）不符合女士的站立要领。
   A. 双脚呈 V 形站立　　　　B. 双膝和脚后跟靠紧

C. 脚尖张开的距离为20~25厘米　　D. 脚尖张开的距离约为5厘米

3. （　　）不符合男士的站立要领。
   A. 上身斜腰　　　　　　　　　　B. 上身保持正直
   C. 双脚与肩同宽　　　　　　　　D. 双脚不能叉开很大

4. 正确的走姿要求之一是（　　）。
   A. 两眼注视下方　　　　　　　　B. 两眼注视前上方
   C. 两眼平视　　　　　　　　　　D. 瞻前顾后

5. 国际社会公认的"第一礼俗"是（　　）。
   A. 女士优先　　B. 尊重原则　　C. 宽容的原则　　D. 男士优先

6. 在正式场合，女士不化妆会被认为是不礼貌的，要是活动时间长了，应适当补妆，但要在（　　）补妆。
   A. 办公室　　　B. 洗手间　　　C. 公共场所　　　D. 酒店大堂

7. 在正式场合中，男士穿的鞋子最好为黑色，面料为牛皮或羊皮，穿着时应注意鞋子的保洁和完好。袜子应选择深色的，切忌黑皮鞋配（　　）色袜子。
   A. 白　　　　　B. 灰　　　　　C. 蓝　　　　　　D. 黑

8. 正式场合着装，整体不应超过（　　）种颜色。
   A. 两　　　　　B. 三　　　　　C. 四　　　　　　D. 五

9. 登门拜访他人时，以下哪种做法正确？（　　）
   A. 未经主人许可，不可直接进入卧室
   B. 入座之后不能走动
   C. 主动参观主人家各个房间
   D. 进入房间后可随意翻阅主人家的物品

10. 参加正式宴请时，应穿（　　）。
    A. 工装　　　　B. 正装　　　　C. 便服　　　　　D. 运动装

11. 穿着西服套裙时，应穿（　　）。
    A. 短袜　　　　B. 彩色丝袜　　C. 光腿　　　　　D. 肉色长筒丝袜

12. 在正式场合中，可剪发、吹发、烫发，但（　　）染成自然色以外的颜色。
    A. 无所谓　　　B. 可以　　　　C. 不能　　　　　D. 有时可以

13. 职业女性应提倡剪短发，发长（　　）肩，刘海不过低，不留鬓角，不遮眼睛。
    A. 无所谓　　　B. 可以过　　　C. 有时不可以过　D. 不过

二、多项选择题

1. 香水涂抹的适当部位包括（　　）。
   A. 手　　　　　B. 脸上　　　　C. 耳垂　　　　　D. 腹部

2. 与人交往中，不恰当的举止有（　　）。
   A. 架起"二郎腿"　　　　　　　　B. 斜视对方
   C. 以食指点指对方　　　　　　　D. 头部仰靠在椅背上

3. 在正规的商务应酬中，白色衬衫是商界男士的唯一选择。除此之外，（　　）有时亦可加以考虑。
   A. 灰色　　　　B. 蓝色　　　　C. 黑色　　　　　D. 绿色

4. 握手原则有哪些？（　　）

A. 女士主动将手伸向男士   B. 男士主动将手伸向女士
C. 年轻者主动将手伸向年长者   D. 年长者主动将手伸向年轻者

5. 问候原则有哪几项？（ ）
 A. 男士主动向女士问候   B. 女士主动向男士问候
 C. 年轻人主动向年长者问候   D. 别人主动伸手时，不应拒绝

6. 商务礼仪中女士的唇彩的颜色应与（ ）的颜色相同。
 A. 手提包   B. 腮红   C. 衬衣   D. 指甲

7. 衬衫从图案上讲，正装衬衫大体可选择（ ）。
 A. 印花   B. 格子   C. 细竖条   D. 无任何图案

8. 主人在自助餐上对主宾所提供的照顾，主要表现在（ ）。
 A. 陪同其就餐   B. 给其介绍食品菜肴
 C. 与其适当地交谈   D. 始终陪伴左右

9. 休闲型派对的着装应选择（ ）。
 A. 牛仔装   B. 时装   C. 运动装   D. 礼服

10. 职业服饰的基本特征有（ ）。
 A. 现实性   B. 审美性   C. 象征性   D. 实用性

三、判断题

1. 拜访他人必须有约在先。（ ）
2. 接待多方来访者要注意待客有序。（ ）
3. 在观看演出时不要随意拨打或者接听电话。（ ）
4. 不允许在公共场合旁若无人地使用手机。（ ）
5. 参加舞会时可以穿民族服装。（ ）
6. 在英国，人们姓名一般是名字在前，姓氏在后。（ ）
7. 在社交活动中，对异性朋友，若关系极为亲密，则可以不称其姓，直呼其名。（ ）

思考与练习

一、思考题

1. 服饰的作用是什么？
2. 谈谈应如何据着装原则安排不同场合的着装。
3. 简述仪容礼仪的基本要求。
4. 简述三姿训练的基本要求。

二、案例分析题

某女生大学刚毕业，学校推荐她参加保洁公司的初试。初试合格后，保洁公司通知她一周后去复试。为此，她借了妈妈的首饰，穿上姐姐的时装，做了头发，化了妆，打扮了一番前去面试。在复试中，她因不习惯这样的装扮感到不自然，紧张不放松，回答得也不理想。三天后她接到通知，没有被录取。

根据上述案例，请分析：
1. 是什么原因导致了这位女生面试失败呢？
2. 如果你以后参加面试，对于着装有何好的建议？

三、小练习

练习内容:微笑训练,回忆美好的往事,想想微笑的好处,发自内心的微笑。

练习目的:掌握微笑技巧,人际交往中对他人真诚微笑。

练习要求:工具为一面镜子和一双一次性筷子。

1. 用上、下各两颗牙齿轻轻咬住筷子,检查嘴角的位置,比筷子水平线高还是低。
2. 咬住筷子,并用手指把嘴角使劲拉到不能再上升的位置为止,保持30秒。
3. 拿下筷子,检查能够看到几颗牙齿。合格线是8~10颗。
4. 再一次咬住筷子,在30秒内反复说:一、一……以不断提升嘴角。
5. 拿下筷子,一边说"一",一边用两手掌心按住左右脸蛋从下往上推按,把嘴角牢牢提起来。重复这个动作30秒。
6. 同样发"一",但这次不用手来提升嘴角。如果感到颧骨下方特别疲劳,就用手揉一下。

练习组织:两个人一组,对对方微笑,同学之间互相点评,教师点评。

思考:在人际交往中,如何做到对他人真诚微笑?

延 伸 阅 读

1. 张自慧.礼文化的人文精神与价值研究[D].郑州:郑州大学,2006.
2. 刘海波.当代大学生文明礼仪教育研究[D].长沙:湖南师范大学,2011.
3. 李华,沈青青.浅析高职高专学生文明礼仪教育实施路径研究:以杭州医学院为例[J].教育现代化,2016(3).
4. 李玲.大学生文明礼仪缺失的心理分析及教育对策[J].吉林省教育学院学报,2017(8).
5. 李慧芳.汉代丽人赋对容止礼仪的艺术升华[J].浙江工业大学学报(社会科学版),2017(1).

即测即评答案

一、单选题

1. A 2. D 3. A 4. C 5. A 6. B 7. A 8. B 9. A
10. B 11. D 12. C 13. D

二、多选题

1. AC　　2. ABCD　　3. ABCD　　4. AD　　5. ACD
6. CD　　7. CD　　8. AC　　9. AC　　10. BCD

三、判断题

1. √　2. √　3. √　4. √　5. √
6. √　7. √

思考与练习参考答案

一、思考题

1. 服饰具有实用功能、服饰具有伦理功能、服饰具有审美功能、服装具有标识功能四大作用。

2. 一是着装整洁。在职场中，我们应该保持服饰的整洁干净。衣服不能沾有污渍，更不能有破洞，扣子等配件应齐全，衣领和袖口处特别要注意整洁。二是符合身份。要恰当地表达自己，还要注意在不同的时空阶段穿着符合自己角色特点的服装。三是突出个性。服装往往能传递出一个人的性格、爱好、心理状态等多方面的信息。突出个性，即服装必须与人的身材、气质、爱好等相匹配。服装有自身代表的风格，只有个性化的着装，才能与自己的个性一致，才能更好地烘托个性，展示个性，保持自我。当所着服装恰当时，就会更好地塑造出自己的最佳形象和礼仪风貌。四是TPO原则。着装要与时间、场合、目的相和谐。要注意配合时间、场合、目的三个重要因素，要求在决定穿一件衣服时，要首先考虑所去的是一个什么场合，在什么时间去这种场合，是因为什么事情或是要和谁见面。

3. 仪容礼仪包括头发清洁、皮肤养护、手的保养、妆容。

4. 站姿的要求：端正、挺拔，具有稳定感。站立状的人从正面看去，应以鼻为点向地面作垂直线，人体在垂直线的两侧对称。坐姿的要求：上体直挺，勿弯腰驼背，也不可以前贴桌边后靠椅背，上体与桌、椅均应保持一拳左右的距离；双膝并拢，不可双腿分开；双脚自然垂地。双手应掌心向下相叠或两手相握，放于身体的一边或膝盖之上，头、额、颈保持站立时的样子不变。男士两腿之间可以有一拳到略小于肩的距离，而女生必须两腿并拢无空隙。走姿的要求：上身基本保持站立的标准姿势，双目平视，收颌，自然平和。挺胸收腹，腰背笔直。两臂以身体为中心，前后自然舞动。脚尖向前方伸出，行走时双脚踩在一条线上。

二、案例分析题

1. 这位女生装扮过于夸张，不端庄，不符合面试的着装要求。

2. 对于着装，从颜色上来讲，选择深蓝或是灰色等素色的比较好，不能够太过于花哨，如果是一些需要穿西装的工作，那么最好穿上西装参加面试。女性在着装上需要注意，上衣领口不能过大，裙子也不能过短。着装要干净、整洁，发型要利落大方，妆容不要太浓。女性如果要化妆，那首先得考虑清洁感，这是面试官的第一印象，妆容不能太浓。端正回答态度，回答面试官的问题时，应该保证一个良好的态度，一个不好的态度也会给面试官留下一个不良的印象。

第十章 语言礼仪

本章知识结构图

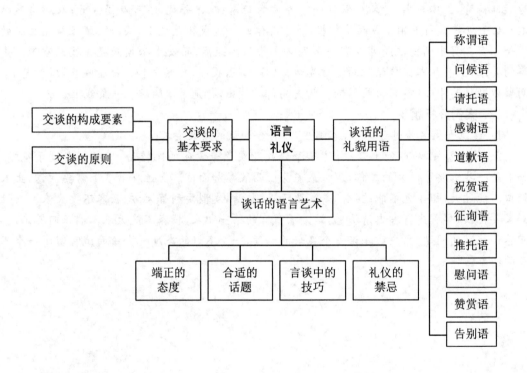

知识目标：了解交谈的构成要素和交谈的原则，熟练掌握谈话的礼貌用语，明确谈话的端正态度。

能力目标：能够灵活地选择适当的话题，正确地运用各种技巧与方法，并根据不同的场合，针对不同的对象采用特定的交谈方式。

实训目标：交流中可以根据不同的谈话对象选择合适的话题。

本章重点：礼貌用语的分类及使用。

本章难点：交谈的技巧。

某人早晨路过一个报摊，他想买一份报纸却找不到零钱。他在报摊上拿起一份报纸，扔下一张拾元钞票漫不经心地说："找钱吧。"卖报的老人很生气地说："我可没工夫给你找钱。"便从他手中拿回了报纸。这时另一位顾客也遇到类似的情况，但他却聪明多了。只见他和颜悦色地走到报摊前对老人笑着说："您好，朋友！您看，我碰到难题了，能不能帮帮我？我这儿只有一张拾元钞票，可我真想买您的报纸，怎么办呢？"老人笑了，拿过刚才那份报纸塞到他手里："拿去吧，什么时候有了零钱再给我。"

第二位顾客之所以能成功，是因为他注意到由于自己没带零钱会给售报的老人带来找零钱的额外麻烦，他特别为这一点向老人表示道歉，并且表情和善、态度真诚、语气恳切。因为他付出了礼貌和尊重，所以打动了人心，不但使气氛变得十分友好，协商也非常顺利地完成了。

思考一：第一位顾客为什么没有能够成功买到报纸？

思考二：第二位顾客运用什么方法买到了报纸？

资料来源：高岚.商务礼仪[M].大连：大连理工大学出版社，2007.

案例解读：语言是人们表达思想感情和进行交流的重要手段和工具，"言为心声"，人们的思想、品德、情操、志趣、文化素养等都可以通过语言得到一定的表现。美国著名的语言心理学家多罗西·萨尔诺夫曾经说过：说话艺术最重要的应用，就是与人交谈。交谈作为人类交流的重要手段，可以帮助人们传递信息、交流思想、沟通感情、缔结友谊、建立联系、协调关系、消除隔阂、促进合作，以获得生活的幸福、事业的成功。党的十九大报告指出，坚持正确舆论导向，高度重视传播手段建设和创新，提高新闻舆论传播力、引导力、影响力、公信力。那么如何与人沟通交流？如何在交流中选择合适的话题？带着这些问题，我们将进入本章内容的学习。

第一节 交谈的基本要求

一、交谈的构成要素

交谈就是人们相互间的谈话,是人们在交往过程中的表达方式之一。人们交谈的方式、内容等都随着交谈时间、场合、对象不同而不同。构成交谈的要素包括三个部分,即交谈主体、交谈客体和交谈载体。这三个要素构成了交谈的整体,缺少其中的任何一个部分,交谈活动都无法进行。只有了解各要素的具体内容,才能使交谈达到预期效果。

知识小贴士 10.1

言谈的含义

言谈,是人们在一定语境中有目的地以口语及体势语言进行信息传播和交流的一种活动。这种活动主要是利用有声语言符号系统通过口述和听觉来实现的,即通过对话来表达思想、传递信息。虽然由于形式本身的局限,使言谈的内容往往稍纵即逝,但与书面语言相比,言谈在表情达意方面因其直接、明了等优势而更易为对方所接受与理解,因此成为我们日常生活中最常用、最主要的一种人际传播手段。在社会互动中,悦目的个人仪表固然重要,而有礼有节的言谈更必不可少,因为这不仅有利于传递信息、交流思想,还有助于加深人与人之间的了解,增进双方的友谊。

资料来源:胡锐.现代礼仪教程[M].杭州:浙江大学出版社,2013:60.

(一)交谈的主体

沟通主体是指有目的地对沟通客体施加影响的个人和团体。沟通主体可以选择和决定沟通客体、沟通介体、沟通环境和沟通渠道,在沟通过程中处于主导地位。

交谈的主体是由交谈的双方甚至是多方共同组成的,他们是交谈活动的中心,是交谈内容和形式的体现者,对交谈活动的成功起决定作用的因素。

(二)交谈的客体

交谈的客体,即交谈的内容。既包括双方已约定或者由其中一方先期准备好的,适用于正式交谈的话题,也包括各种高雅的、轻松的、时尚的、适用于各类正式和非正式交谈场合的话题。话题的选择因人而异,因时机、场合、目的而异。话题的选择,既是内心所思所想的展露,一种自我水准、档次的亮相,同时又是对对方的一种定位,即对方在谈话者心目中是什么档次、水准的人。

(三)交谈的载体

交谈是以语言为载体的。口头语言是交谈最重要的工具,人们的交流离不开语言。语言运用得好不好,关系到交谈是否成功。这就要求交谈者在使用语言时注意语气、语调、谈话内容等。

二、交谈的原则

(一)真诚坦率的原则

真诚是做人的美德,也是言谈的原则。交谈双方态度要认真、诚恳,有了直率诚笃,才能有融洽的言谈环境,才能奠定言谈成功的基础。认真对待交谈的主题,坦诚相见,直抒胸臆,不躲不藏,明明白白地表达符合的观点和看法。出自肺腑的语言才能触动别人的心弦,真心实意的交流是自信的结果,是信任人的表现,只有用自己的真情激起对方感情的共鸣,言谈才能取得满意的效果。

(二)互相尊重的原则

交谈是双方思想、感情的交流,是双向活动。要取得满意的交谈效果,就必须顾及对方的心理需求。交谈中,来自对方的尊重是任何人都希望得到的。交谈双方无论地位高低,年纪大小,或长辈晚辈,在人格上都是平等的。所以,谈话时,要把对方作为平等的交流对象,在心理上、用词上、语调上体现出对对方的尊重。尽量使用礼貌语、敬语、谦虚语,尤其是谈到自己时要谦虚,谈到对方时要尊重。

第二节 谈话的礼貌用语

语言是交流的工具、沟通的桥梁。礼貌用语会使交流变得更顺畅,甚至能化解矛盾、缓和关系。

一、称谓语

称谓语指的是人们在日常交往应酬时采用的彼此之间的称呼语。在社交场合中,选择正确、恰当的称呼,既是对他人的尊重,又反映了社交人员的修养。常见的称呼方式有以下几种。

(一)一般性称呼

一般性称呼也叫性别称呼。这是最简单、最普遍、最常见的称呼,尤其是面对陌生人时常用。如称呼男性为"同志""先生"等,称呼女性为"小姐""夫人""太太""女士"等等。在国际上,一般称呼为"先生""小姐""夫人""女士"。

(二)职务性称呼

以交往对象的职务相称,以表示对对方身份的敬意,这是一种常见的称呼。运用此法有三种情况:称职务,如"处长";在职务前加上姓氏称呼,如"张总监""王部长""李组长"等;在职务前加上姓名(适用于极其正式的场合),如"王××部长""张××校长"等。

(三)职称性称呼

对于具有职称者,尤其是具有高级、中级职称者,在工作中直接以其职称相称,如"李教授""王工程师"等。

(四)职业性称呼

在工作中,有时可以根据对方所从事的职业进行称呼。对于从事特定职业的人,可以直接称呼对方的职业,如老师、会计、医生等。也可以在职业前加上姓氏或姓名,如"王老师""张医生""李律师"等。

(五)姓名性称呼

在工作岗位上称呼姓名,一般仅限于熟人、同事之间。可以直呼其名;只呼其姓,通常在其姓前加上"老、大、小"等前缀,如"老王、小王";只呼其名,不呼其姓,这种称呼一般限于同性之间,尤其是上级称呼下级,长辈称呼晚辈,在同学、亲友、邻里之间也可以使用这种称呼。

(六)亲属性称呼

称呼要考虑与对方关系的亲疏远近,注意区别,如"叔叔""阿姨"等。

在被介绍给他人,并且需要与多人同时打招呼时,称呼要注意有序性。一般来说,先长后幼,先上级后下级,先女后男,先疏后亲为宜。特别在涉外场合,称呼的次序更为重要。称呼问题有时不是一下子就能搞清楚的,在介绍时,假如不能准确掌握某一方称呼,可以礼貌地问一下"请问我怎么称呼您?"千万不能凭自己的主观臆断而胡乱称呼,使被介绍者处于尴尬的境地。

二、问候语

问候,又叫问好或打招呼,如"早上好""晚上好""圣诞好""国庆好""新年好"等。它主要适用于人们在公共场所里初次见面时,彼此向对方致以敬意、表达关切等。进行问候,通常应当是相互的。在正常情况下,应当由身份较低者首先向身份较高者进行问候。

三、请托语

请托语通常是指在请求他人帮忙或是托付他人代劳时使用的礼貌用语。一般有以下三种:

(一)标准式请托语

标准式请托语的内容主要是一个"请"字。当我们向对方提出某项具体要求时,只要加上一个"请"字,如"请等一下""请让一下"等,往往更容易为对方所接受。

(二)求助式请托语

最常见的求助式请托语有"拜托""打扰"等。它们往往是在向他人提出某一具体要求时,如请人让路、请人帮忙、打断对方谈话,或者要求对方照顾一下自己时,才被使用。

(三)组合式请托语

将标准式请托语与求助式请托语混合在一起使用,构成组合式请托语。如"您好,请问,您可以帮我一个忙吗"。

四、感谢语

使用感谢语,意在表达自己的感激之情。当获得他人帮助时,当得到他人支持时,当赢得他人理解时,当感到他人善意时,当婉言谢绝他人时,当受到他人赞美时,都应及时使用感谢语。当然,感谢语在实际运用时,内容会有些不同,但表达形式一般主要有以下三种。

(一)标准式感谢语

标准式感谢语通常只包括一个词汇,即"谢谢"。在任何需要表达谢意的时候,都可以采用这种形式。有时为使其对象性更为明确,在其后往往加上尊称或人称代词,如"谢谢您"。

(二)加强式感谢语

有时为了突出内心的感谢之意,可在标准式感谢语之前加上某些副词,如"十分感谢""万分感谢""多谢""太感谢了"等,如果运用得当,往往会令人感动。

(三)具体式感谢语

一般是因为某一具体事宜而向他人表示感谢。此时,感谢的原因往往会被一并提及,如"上次多亏你帮忙""谢谢你送给我的鲜花,我非常喜欢"。无论采用何种形式,在表达感谢的时候,都应以热情的目光注视对方,以积极的语态表达心声。

五、道歉语

道歉语对于消除误解、弥补感情上的裂痕或增进友谊有积极作用。在日常交际中,如果不小心出错,那就要诚恳道歉,主动承担责任,就会得到别人的原谅。常用的道歉语有"抱歉""对不起""实在对不起""真是失礼了""真过意不去""请不要介意"。

六、祝贺语

祝贺语是指每逢佳节或人逢喜事时表示祝福、贺喜之意的用语。祝贺用语非常多,根据庆祝的内容不同,主要有以下两种具体形式。应酬式祝贺语往往用来祝贺对方顺心如愿。常见的应酬式祝贺语主要有"祝您成功""祝您好运""一帆风顺""心想事成""身体健康""事业成功"。节庆式祝贺语主要在节日、庆典及对方喜庆之日时使用,如"节日愉快""新年好""春节快乐""生日快乐""新婚快乐"等。

七、征询语

征询语即征求他人意见时的礼貌用语,也叫询问用语,主要用在主动向对方提供帮助之时,如"请问需要帮助吗""请问我能为您做点儿什么""请问您需要什么""您还有别的事吗"等。或者用在向对方征求意见或建议之时,如"您觉得这件衣服怎么样""您是不是很喜欢这种颜色""请您讲慢一点好吗"等。

八、推托语

推托语是无法满足别人的要求时委婉地表示拒绝的用语。拒绝别人,也是一门艺术。在拒绝他人时,要语言得体、态度友好。反之,如果拒绝得过于冰冷、生硬,很有可能令对方感到尴尬、不快、不满。

九、慰问语

慰问语用来表达关心、体贴他人的意愿,如"大家辛苦了""让您受累了""给您添麻烦了"等。

十、赞赏语

在人际交往中,要建立良好的人际关系,恰当地赞美他人是必不可少的。赞美是对他人的行为、举止及进行的工作给予正面的评价,是发自内心的肯定与欣赏。赞美的目的是传达一种肯定的信息。

十一、告别语

告别语仅适用于与他人告别之际,如"谢谢您,请慢走""再见""明天见""祝您一路平安""请多保重"等。

第三节　谈话的语言艺术

在交际活动中,说话的方式不同,对方接受的信息、做出的反应也都不同。也就是说,虽然人人都会说话,但说话的效果却取决于表达的方式。语言表达是有技巧的,掌握好语言运用技巧是必备的基本功。

一、端正的态度

在谈话进行中,每个人谈话的态度,都为其他在场的人所关注。因为它是一种无声的语言和有意的暗示,通过对它的观察可以更准确地把握谈话者的心态、动机及其真实的想法。具体而言,人们在交谈时要使自己的态度显得既合乎礼貌,又与谈话的内容相适宜,就必须对自己谈话的表情、动作、语言、语气进行必要的规范。

（一）谈话对象

（1）与上级交谈。与上级或者领导交流时,要沉着冷静,把要交谈的话题提前准备好,做到不慌不忙,把事情说清楚。同时,不必过分拘谨,也不必过分谦卑。心态放平和,把自己的想法或者建议说出来。对领导不好的作风和不当的方法,可以做出含蓄、委婉的批评。这样,可以给领导留下深刻而不浅薄、真诚而不献媚的好印象。

（2）与同级交谈。与同级交谈,要一视同仁,不能表现出明显的倾向性。想要和同级愉快相处,自己首先要抱着积极融入大家的想法,平时多留心周围同级关注的事情,为寻找话题打下基础。要主动交流沟通,人与人感情的建立往往在于长时间的交流与沟通,对于同级间的关系也是如此。要适当赞美,在职场上每个人都希望得到别人的肯定,所以在职场中要善于发现别人的优点和长处,并且适当的时候对别人加以肯定和赞美,这样不但让对方对自己更有信心,而且在以后的相处中更加融洽。

（3）与下级交谈。要尊重下级,每个下级都有长处和短处,要相信下级的潜力,善于发现下级的长处,并用下级的长处补自己的短处,特别是自己不具备的技能。站在下级的立场想问题。不同的职位,职责和要求各不一样。职场上有个"八、十六、二十四原则",即作为员工,八小时想到工作就是一名非常优秀的员工,作为干部要十六小时想到工作,作为老板则要二十四小时想到工作。在管理下级时,领导越站在下级的立场想问题,与下级的沟通就越顺畅。

（4）与客户交谈。与客户交谈,不要转弯抹角,虚情假意,而应以诚相待。因为只有真诚,才能给对方一见如故的好感,才能使交谈在亲切友好的气氛中顺利、快速、深入地进行,并达到预期的目的,取得圆满的效果。

（二）谈话表情

一般认为,人们在谈话时所呈现出来的种种表情,可以更为真实、准确地反映出其内在的心理活动。表情是人体语言最为丰富的部分,人的喜、怒、哀、乐都可通过表情来体现和反应。表情主要由目光和脸部表情来体现。交谈时,目光应与对方相对而视,处于同一水平线上,这可使对方有一种平等感。若一个俯视,一个仰视,易造成双方心理上的不平衡。交谈时脸部表情要随交谈内容的变化而变化,或温文尔雅,或落落大方,或热烈,或感激,或同情,或高兴,不能一脸茫然,也不可过分做作与夸张,更不宜"陡然变色",要自然过渡方显真实。

总之,谈话时的面部表情应该是轻松友好、自然得体、由衷而发的,否则,就会从心理上把交谈的对象拒于千里之外。

在正常情况之下,谈话者的表情往往可以用来弥补其语言表达能力上的不足。要求人们在谈话时注意自己的表情,主要应当重视两个问题。第一,表情应与谈话的内容相配合。例如,与领导谈话时,人的表情应当恭敬而大方;与群众谈话时,表情应当亲切而温和;而在秉公执法时,谈话时的表情则应当严肃而认真。在上述情况下,人们应该根据谈话内容选择合适的表情,不然就会使谈话显得不伦不类。第二,切不可故作表情或是错用、滥用表情。那样的话,极有可能令谈话对象产生错觉。例如,在对外交往中,若是对初次见面的交往对象上上下下地反复打量,就很容易给人以挑剔、轻视之感。

(三) 谈话动作

同别人谈话时,人们有必要对自己的动作多加注意。要求人们在谈话时规范好自己的动作,最重要的是要注意两个方面的问题。第一,不可以动作伤人。与他人进行谈话时,如果不加注意的话,很容易在无意之中挫伤谈话对象的自尊心。比如,自己在谈话时左顾右盼,以双手抱在脑后,或是双腿架成二郎腿而坐,往往会给人以心不在焉或目空一切的印象;而在谈话时张牙舞爪,以手指对别人指指点点,则意味着指责、教训对方。第二,以动作表达敬人之心。与他人进行交谈时,应以正面面对对方。坐的时候,坐姿应当端正。站的时候,站姿要有模有样。不论是坐是站,都应把自己的双手置于适当的位置。在倾听他人的谈话时,如有必要,应以点头微笑来表示自己对对方观点的支持、赞同或理解。此类动作只要用得恰到好处,在谈话时往往可被用以向谈话对象表达自己的敬意。

(四) 谈话语言

1. 言为心声

在谈话时,最能够体现谈话者的态度的,当推其对语言的选择、组织以及运用。第一,通俗易懂。在谈话时理当以务实为本,其所使用的语言最好是清楚如白话,让人一听便知。若是人们在谈话时所使用的语言过于修饰,甚至咬文嚼字,满口之乎者也,一直用书面语言、专业术语或名词典故,只会令人闻之生畏、敬而远之。第二,清晰简洁。谈话最重要的是要让别人能听懂,并且准确无误地理解其本意,要做到这一点,就必须使谈话时所使用的语言清晰、标准。第三,生动形象。应避免谈话语言的枯燥乏味,以免令人厌烦。

2. 掌握分寸

谈话要掌握分寸在人际交往中,哪些话该说,哪些话不该说,哪些话应怎样去说才更符合人际交往的目的,这是交谈礼仪应注意的问题。一般来说,应该说善意的、诚恳的、赞许的、礼貌的、谦让的话语,且应该多说。恶意的、虚伪的、贬斥的、无礼的、强迫的话语不应该说,因为这样的话语只会造成冲突,破坏关系,伤及感情。有些话虽然出自好意,但措辞用语不当,方式方法不妥,好话也可能引出坏的效果。所以语言交际必须对要说的话进行有效的控制,掌握说话的分寸,才能获得好的效果。

语言是思想、情感、信息交流的载体和工具。语言是一门艺术,运用是否得体、恰当,综合反映了一个人的知识、智慧、阅历、经验和心境等,也将直接影响到交谈的氛围和交谈的效果。所以,与人交谈,语言应力求简洁精练,通俗易懂,恰当准确,生动幽默。简洁精练,意味着节省双方的时间,达到高效率;通俗易懂要求交谈者将深奥的道理用浅显的话语表达明白;恰当准确可以让听者把握真正意图,避免歧义;生动幽默则可以让人感觉妙趣横生,轻松愉快。要做到轻松自如地驾驭语言,则需要一个人终生地学习和实践。

(五) 谈话语气

语气指一个人谈话时的口气。在谈话时语气的轻重缓急、抑扬顿挫,不但可以体现情感变化和心理活动,而且可以反映出对待交谈对象的基本态度。

语音语调以柔言谈吐为宜。首先应加强个人的思想修养和性格锻炼,同时还要注意在遣词用句、语气语调上的一些特殊要求。比如应注意使用谦辞和敬语,忌用粗鲁污秽的词语;在句式上,应少用"否定句",多用"肯定句";在用词上,要注意感情色彩,多用褒义词、中性词,少用贬义词;在语气语调上,要亲切柔和、诚恳友善,不要以教训人的口吻谈话或摆出盛气凌人的架势。在交谈中,要眼神交汇,带着真诚的微笑,微笑将增加感染力。

交谈是一种有声语言,音量、语速、语调都至关重要。音量的大小往往受人员多少和周围环境的影响。人多、周边环境嘈杂的时候,声音自然要大些;人少、周边环境比较安静的时候,声音自然可以放轻一些,让对方听清即可。语速则应适中,语调应平和沉稳。毫无顾忌地高谈阔论、大声说话,是缺乏修养的表现。

自测:

(1) 你的声音是否听起来清晰、稳重而又充满自信?
(2) 你的声音是否充满活力与热情?
(3) 你说话时是否使语调保持适度变化?
(4) 你的声音是否坦率而明确?
(5) 你能避免说话时屈尊俯就、低三下四或咄咄逼人、拒人千里吗?
(6) 你发出的声音能让人听起来不感到单调乏味吗?
(7) 你能让他人从你说话的方式中感受到一种轻松自在和愉快吗?
(8) 当你情不自禁地讲话时,能否压低自己的嗓门?
(9) 你说话时能否避免使用"哼""啊""然后然后"等词?
(10) 你是否十分注重自己的声音悦耳动听?

二、合适的话题

交谈的话题,也被称作交谈的主题。在交谈中,话题常常处于开头的位置首先被提起。话题对交谈的进程具有重要作用。话题得当,就能使谈话有个良好的开端,双方可以就一个话题各抒己见,深入交谈,支撑起整个对话;话题不当,交谈就容易中断、错位,陷于交谈的困境。

选择话题不能仅以自己的好恶为标准,还应考虑到交谈的目的、交谈的对象和自己的身份。要想选择到适宜的话题,通常可选择的话题有5种类型:

(1) 拟谈的话题。即双方约定要谈论的话题或应和对方谈论的话题。
(2) 格调高雅的话题。如历史、地理、哲学、文学等有深度和广度的话题等。一个有见识、有教养的现代人,应在交谈中体现自己的风格、教养和品位。
(3) 轻松愉快的话题。如果感觉谈论哲学、历史的话题有难度或太沉重,则可选择电影、电视、旅游、休闲、烹饪、小吃等。
(4) 时尚流行的话题。如足球、美容化妆、流行歌曲、热播的电视剧、某选拔赛、演唱会等。
(5) 对方擅长的话题。俗话说"闻道有先后,术业有专攻",谈论交往对象所擅长的话题,给交往对象一个展示自己的机会,可以营造一个良好的交谈氛围。若实在找不着合适的话题,则可以谈天气。

三、言谈中的技巧

(一) 适当发问

在一定的社交场合,人们总是为了解决某个问题才去与人交谈的,而解决问题的前提就是提出问题。这样,提问语言在交际活动中起着双重作用。一方面获得自己所需要的信息,为自己或组织谋利益;另一方面也让对方了解自己的需要和追求,从而达到人与人之间的交流和合作,促成事业的成功,如"您看呢""您觉得如何""您怎么理解"等。发问可以激发对方思考并谈出自己的想法。同时,通过发问可以了解自己不了解的情况,获取更多的信息。

1. 提问要切境

要求语言运用与所处的特定语言环境相切合、相适应。构成语言环境的因素包括社会环境、自然环境、交际的场合、交际的对象、交际双方的各种相关因素,如身份、职业、经历、思想、性格、处境等。不同的交际场合,不同的交往目的,不同的交际对象,使用的提问语言也应不同,只有切境,才会做得恰当得体。

(1) 与人初次见面要找话题。从交际心理看,人们初次见面,彼此都有一种要了解对方的愿望,都有一种渴望得到尊重的心理。然而在交往中,往往是一阵寒暄之后,就无话可说了,于是出现冷场,使交谈陷于困境。在这种情况下,可以向对方发问,目的是引发自我介绍,从中找到继续交谈的话题。再者,与初次见面的人交谈时不要自己夸夸其谈说个不停,一点也不考虑人家的感受,要注意倾听人家都说什么,这样保证下次的交流。

(2) 熟人见面交谈要突出关怀和友谊。面对熟人时,提问更需强调感情关系。只有把对方当成老朋友,对方心理上和需求上得到满足,便搭好了一座感情的桥梁。

2. 提问的方法

提问语既可以是内心疑问的表达,也可以是对对方话语的引导,为了得到所需要的回答,达到一定的目的,就必须掌握提问语言的几种形式,并把握其中的规律,这样才能在交谈中发挥积极作用。

(1) 封闭式发问。这是可以在特定领域中获得特定答复的发问。例如:"你是否认为你的学习成绩没有提高的可能"(答复应为"是"或"否")。封闭式发问可使发问者获得一定的资料,而回答这种提问的人并不需要太多的思索即能给予答复。

(2) 开放式发问。这是一种能够在广泛领域内获得广泛答复的发问。通常均无法以"是"或"否"等简单的措辞作为答复。例如,"你对自己当前的学习成绩有何看法""假如你再有补考的话,我将通知你的家长,这样做你有何意见"等。开放式提问因为不限定答复的范围,故可使对话者畅所欲言,同时发问者也可以从中获悉对话者的立场与感受。

(3) 澄清式发问。这是针对对方的答复,重新提出问题使对方作出证实,或使其补充原先答复的一种问句。澄清式问句不但能确保谈判双方在"同一语言"基础上进行沟通,而且这是针对对方的话语进行反馈的一种理解方式。

(4) 探索式发问。这是针对对方的答复,要求引申或举例说明的一种问句。探索式问句不但可以用以发掘较充分的信息,而且可以用来显示发问者对对方答复的重视。

(5) 含有第三者意见的提问。这是借助第三者的意见以影响对方意见的一种问句。含有第三者意见的问句中的第三者,如果是对方所熟悉而且也是他所尊重的人,该问句会对对方产生很大的影响,否则,将适得其反,所以应慎用。

(6) 引导性问句。这是指对答案具有暗示性的问句。例如,"你们违法了,是不是应承担责任"。这类问题几乎使对方毫无选择地按发问者设计的答案来回答。

(二) 恰当答复

在谈话中有问必有答,"问"有问的艺术,"答"也要有答的技巧。

(1) 回答问题之前,给自己一些思考的时间。谈话中对提问回答的好坏,并不是看你回答的速度,特别是面对一些涉及重要既得利益的问题时,必须三思而后答。

(2) 有些问题是不值得回答的。谈话中,有时对方会提出有损己方形象、泄密或无聊的问题,对此可以不予理睬就是最好的回答。

(3) 某些问题可以做局部的答复。谈话中,如果交谈者提出的问题是自己并不熟悉,回答以后不一定能够完全清楚地表明己方的立场和态度,或者在某一方面一时难以说清楚而又勉强去说,反而会坏事,所以还不如有选择地对某些方面做出回答。

(4) 有些问题可以答非所问。谈话中,对方提出的问题很难直接从正面回答,但又不能用拒绝回答的方式来逃避问题,这时就只能应付对方,讲一些与此问题既有关又无关的事情,看上去回答了问题,其实没有实质性内容。

(三) 注意反应

交谈中应注意他人的反应。如果听者注意力集中,现场气氛活跃,说明大家对交谈的内容感兴趣,觉得有意义,原有的交谈内容可以继续。如果大家表情木讷,毫无反应,气氛沉闷或表现出不耐烦的情绪等,则应及时调整交谈的内容和技巧,使交谈能够顺畅有效地进行,达到预期的目的。

还要少讲自己,交谈中应多谈些大家共同关心或感兴趣的事情,切莫以自我为中心,搞一言堂。交谈时应以平等的态度待人,一味高谈阔论,借题发挥地炫耀自己,会引起对方的反感。如果是群体或小组形式的交谈,应设法使在座的每一个人都参与进来,调动每个人参与交谈的积极性,使每个人都能畅所欲言,真正形成现场的互动。这既是对人的一种理解与尊重,同时也是交谈最终的目的所在,即相互交流、相互学习、相互促进。

(四) 适当的赞美

心理学家马斯洛把人们多种多样的需要划分为五个层次,分别为生理需要、安全需要、归属与爱的需要、尊重的需要、自我实现的需要。需要存在着一个由低级(生理需要)向高级(心理需要)发展的过程。人是社会的一分子,每一个人都生活在一定的社会群体中,都希望与别人交往并被群体接受而有所归属,也都希望获得友情、亲情、爱情及家庭生活的温暖,渴望着爱与被爱。而自尊和得到别人尊重这种需要的产生和满足,促使人自尊、自爱和自信,去追求生活中美好的东西,进而实现自己的理想和抱负,实现自己的人生价值。人的这种较高级的心理需要,体现在交谈中,就是肯定与被肯定、尊重与被尊重的需要。而满足这种需要的具体表现,就是赞美对方和被对方赞美。适当地赞美对方,能够创造出一种热情友好的气氛,使交往朝着积极肯定的方向发展。

赞美不能随心所欲,要想达到好的效果,应注意以下几个方面:

(1) 赞美要发自内心,出于诚意。赞美必须真诚。如果赞美不是出于真心,人们不但不会接受这种赞美,甚至会怀疑赞美者的意图。特别在和陌生人打交道时,对方要么会对你很冷漠,要么会对你心存戒备,而真诚的赞美,能消除彼此的陌生感,顺利完成使命。

(2) 赞美要恰如其分,符合实际。赞美要恰如其分,如果言过其实,别人会认为赞美者是在阿谀奉承,不但被赞美者听起来不舒服,赞美者也会被大家轻看。通常不能用赞颂领袖的言辞去赞美普通人。

(3) 赞美要自然而然,简单顺畅。最高境界的赞美应该是自然而然、不着痕迹的。尤其是交情不深,又要有求于人的时候,赞美就具有为提出请求创造一个融洽气氛的作用。此时的赞美往往具有恭维的性质。赞美用词更应自然得体、优雅大方。赞美的话语还必须简单顺畅,要一口气说完,否则非但不能让对方感到愉快,反而会造成对方的紧张和压力。

(4) 赞美要富有创意。赞扬一个人最得意而别人不以为然的事情或不被别人注意的某些长处,最能博得他人的欢心。而从对方的缺点上发觉优点的赞美方法,也同样可以产生富有创意、出人意料的效果。

(5) 赞美要有所侧重。交谈并不完全等同于一般的谈话,并不是对方所有的优点都可以拿来赞美一番,对商务人员来讲,赞美对方优点和长处应有所侧重,比如可称赞对方的才华、能力、前途等。

四、礼仪的禁忌

(一)语言表达礼仪禁忌

1. 忌七种粗俗恶劣的语言态度

(1) 自我吹嘘。无论在公众场合还是在私人交往中,语言表达绘声绘色,富有激情,且情节生动,但内容却永远只有一个,就是吹嘘有关他自己的一切,这样会使他人敬而远之。

(2) 武断暴躁、任意否定。在交谈中,一般来讲要"求大同存小异",只要无关大是大非(如法律、道德、国格、人格或人身安全),一般不宜当面否定对方的见解,让别人下不了台。

(3) 尖酸刻薄。过分自以为是,缺乏与人为善的精神,看别人都有问题,喜欢吹毛求疵,遇到他人的言行有一点疏忽遗漏,立即就要刻薄挖苦一番,这些都是修养极差的表现。

(4) 空泛说教。如果自视为尊长,自认为比别人高明或有经验,优越感强烈,在与别人说话时喜欢带说教腔,喜欢评价别人的是与非,教导或指派别人等等,尽管说教有一定正确的建议,但说教腔却容易引起别人的反感,反而达不到最初的表达目的。

(5) 重复啰嗦、喋喋不休。语言表达有倾听的对象,而倾听的人同样有表达的欲望,但有的人交谈时口若悬河,自说自话,不给别人说话的机会,不考虑听者的存在,不理会听者的感受,这是修养不够的表现。

2. 常见的不文明用语

(1) 脏话。口带脏字,是一种文化教养低下、受人鄙夷的行为。对外来用语或网络语言中出现的骂人的话,不加鉴别地使用,不以为耻,反以为荣,严重污染了其周边的视听环境。

(2) 粗话。粗话,指粗俗不文明的话;特指猥亵的用词。语出曹禺《雷雨》第一幕:"他要是见你,你可少说粗话,听见了没有?"美国神经学家亚当·安德森和伊丽莎白·菲尔普斯认为,当人脑上层区域不再能够抑制住额叶系统中的情感阻塞之后,人就会说脏话。"一个人会说出什么样的粗话,是由社会环境决定的。"迪蒙瑟·杰说。这之间有一个固定规律:口头的脏话越是严重,说脏话的人意图对抗社会环境的冲动越是强烈。

(3) 荤话。爱说荤话不仅是对谈论对象的不尊重,同时也证明了自己的素质不高。

(4) 黑话。黑话就是流行于黑社会匪气十足的行话,不仅不能显示自己的风度,反而令人反感。

(5) 怪话。指说话阴阳怪气,或怨天尤人,或黑白颠倒,或耸人听闻。

(6) 气话。指说话意气用事,说气话。搞打击报复,指桑骂槐,挖苦讽刺、伤害他人,影响正常人际交往,也损坏自己的形象。发表意见时,应以事实为依据,应就事论事,勿主观猜测,不假思索横加责备。

(二)语言内容礼仪禁忌

1. 忌个人隐私话题

个人隐私,是指公民个人生活中不愿为他人(一定范围以外的人)公开或知悉的秘密。隐私权是自然人享有的对其个人的、与公共利益无关的个人信息、私人活动和私有领域进行支配的一种人格权。在生活中,每个人都有不愿让他人知道的个人生活的秘密,这个秘密在法律上称为隐私。下列八个方面的私人问题,被海外人士视为个人隐私问题:其一,收入支出;其二,年龄大小;其三,恋爱婚姻;其四,身体和健康;其五,家庭住址;其六,个人经历;其七,所忙何事;其八,信仰政见。

2. 忌说长道短、非义他人、搬弄是非、人身攻击话题

(1) 在与人交往中说长道短,毫无根据地批评、非议他人;尤其是捏造事实攻击他人,搞人身伤害;传播闲言碎语,挑拨离间,制造是非等等。上述是不负责任、无道德、不光彩的行为,持这种行为的人,恰恰是用事实证明自己是缺乏教养和爱搬弄是非的人。

(2) 人际交往,切忌随意转述私人间的交谈内容。私人交谈中经常涉及个人不愿对外广而告之的个人隐私,或私人间的思想评论,都应该是个人隐私的一部分,包括别人与你在手机短信、QQ、微博、微信里聊天的记录,还有其他一些个人情报,都应注意保密。如果你未经同意转给他人,或将其在网络或媒体等公开场合公布于众,不仅是一种不道德的行为,还会给他人带来伤害。在人际关系交往中凭空制造是非,会给自己的形象抹黑,使自己成为一个不被人信任的人。

3. 忌涉及国家机密和行业的秘密

恪守国家机密是每一个公民的义务,恪守行业机密是每一个从业人员应有的职业道德,和尊重个人隐私一样都是底线,泄露国家机密和行业秘密,都会给国家和行业带来损失,都会根据情节的轻重,被依法追究经济或刑事责任。

4. 倾向错误的话题

在谈话之中倾向错误的主题,例如,违背社会伦理道德、生活堕落、思想反动、政治错误、违法乱纪之类的主题,亦应避免。

5. 忌庸俗低级的内容

庸俗低级的话题在社交场合应该避免,不是所有人都喜欢谈论别人的私生活,而且这也是一种庸俗无聊的行为。

6. 忌捉弄刁难挖苦话题

交谈中切不可对交谈对象出言无忌、乱开玩笑、挖苦或调侃取笑,让人难堪或下不了台,这种低劣的行为,最后都是搬起石头砸自己的脚,反使自己受辱,弄得咎由自取,无话可说。

7. 忌令人反感话题

交谈中千万不能没有眼色,粗心大意地谈及交谈对象伤感、不快的话题,如对方的缺陷、伤心的往事,以及使人心理厌恶的话题,如疾病、死亡、灾难、凶杀、失意、挫败等。如不慎谈到这些话题,应立即转移话题,必要时要向对方道歉,不要将错就错,一意孤行,令人反感。

8. 忌枯燥无味话题

人际交往是双向的,大多数人都希望能从别人那里学习到或借鉴到有益的东西,所以言语乏味、话题陈旧、思想单调的话题,因为没有新意,容易导致别人不爱听,应尽量少说或不说。

9. 忌刨根问底话题

与人攀谈,要保持落落大方,简单回答几句足矣。切忌向人汇报自己的身世,追根究底,尤其是才结识的陌生人,别人未必对你的过往感兴趣。同样,一般的人也不会愿意轻易地就把涉及个人隐私的一切随便奉告。有的人一见面就刨根究底问别人家庭的历史过往、成员情况,查问家底,探询别人隐私;有的人为了满足自己的好奇心,不管对方如何反响,喜欢"打破砂锅问到底",极有可能会令对方极度不快,甚至还会因此损害双方之间的关系。

10. 忌逢人诉苦话题

诉苦要选择对象,最好是家人或要好的朋友,而不应是任意的交往对象。生活对每个人都是不易的,每个人也都有正在忙碌的事务。在工作之余,一般人都喜欢听别人说愉快的话题。有人爱逢人就将自己的痛苦不幸和烦恼作为重要话题谈论,让人不知所措。①

拓展阅读 10.1

商务交谈中注意的礼节

在别人交谈时如确实需要插话,应先打招呼,切忌突然打断对方,更忌出言不逊伤害对方。另外,在社交场所是禁止吸烟、禁止大声喧哗的。

主谈人交谈时,其他人员应认真倾听,不可交头接耳,或翻看无关的材料。不允许打断他人的发言,或使用人身攻击的语言。

双方人员入座后洽谈正式开始,这时,非洽谈人员应全部离开洽谈室;在洽谈进行中,双方要关闭所有的通信工具(或调到静音),工作人员也不要随便进出。

洽谈中,主方应提供茶水、咖啡等饮料,服务人员添续水不能影响洽谈进行,最好在休会或一方密谈时进行。

双方(多方)经过充分的洽谈磋商,就洽谈项目达成书面协议。在合同签署时,应举行郑重其事的签约礼仪。

洽谈结束后,主方人员应将客方人员送至电梯口或大楼门口上车,握手告别。目送客人汽车开动后再离开。

资料来源:王文华.公关关系与商务礼仪[M].北京:中国物资出版社,2010:214-215.

本 章 精 要

1. 交谈是由交谈的主题、交谈的客体、交谈的载体构成的。
2. 交谈的原则是真诚坦率原则、互相尊重原则。
3. 语言是交流的工具、沟通的桥梁。礼貌用语会使交流变得更顺畅,甚至能化解矛盾、缓和关系。礼貌用语分为称谓语、问候语、请托语、感谢语、道歉语、祝贺语、征询语、推托语、慰问语、赞赏语、告别语。
4. 谈话的语言艺术包括端正的态度、合适的话题、言谈中的技巧、礼仪的禁忌。

即 测 即 评

一、单项选择题

1. 运用诙谐、意味深长的语言传递信息的方法称为(　　)。

---

① 方丽萍.青少年实用礼仪[M].合肥:合肥工业大学出版社,2013.

　　　　A. 幽默语　　　　B. 委婉语　　　　C. 祈使语　　　　D. 暗示语
　2. 在正式谈判过程中,双方旁征博引,列举事实,质询与反驳以争取对方让步的阶段称为(　　)。
　　　　A. 妥协阶段　　　B. 协议阶段　　　C. 交锋阶段　　　D. 明示阶段
　3. 在(　　)中常常会因为意见不同而产生争论或分歧,但交谈本身就是一个寻求一致的过程。
　　　　A. 兴趣　　　　　B. 爱好　　　　　C. 反应式　　　　D. 交谈
　4. (　　)在适当的场合进行自我介绍,最好选择在对方有兴趣、有空闲、情绪好、干扰少、有要求之时,这样就不会打扰对方。
　　　　A. 讲究态度　　　B. 把握时机　　　C. 自我宣传　　　D. 掌握时间
　5. (　　)自我介绍时应镇定自信、真挚诚恳、落落大方、彬彬有礼。
　　　　A. 掌握时间　　　B. 讲究态度　　　C. 自我宣传　　　D. 把握时机
　6. (　　)倾听的效率比起被动倾听或者选择倾听高得多。
　　　　A. 选择　　　　　B. 被动　　　　　C. 积极　　　　　D. 专注
　7. (　　)倾听通常定义为想听的时候才听。
　　　　A. 专注　　　　　B. 被动　　　　　C. 积极　　　　　D. 选择
　8. (　　)是接受口头及非语言信息、确定其含义和对此做出反应的过程。
　　　　A. 品味　　　　　B. 爱好　　　　　C. 兴趣　　　　　D. 倾听
　9. 在倾听时最好保持的(　　)心态,这样可以客观地帮对方分析和解决问题。
　　　　A. 兴趣　　　　　B. 中立　　　　　C. 品味　　　　　D. 爱好
　10. (　　)是一门运用语言的艺术。
　　　　A. 幽默　　　　　B. 演讲　　　　　C. 爱好　　　　　D. 兴趣
　11. 善于(　　)对方,会避免交流失误而导致的行为偏差,提高工作效率。
　　　　A. 兴趣　　　　　B. 打量　　　　　C. 品味　　　　　D. 倾听
　12. 交谈的正确方式是(　　)。
　　　　A. 挑对方毛病　　　　　　　　　　B. 自我中心
　　　　C. 经常插话打断别人　　　　　　　D. 善于聆听,集中注意力
　13. 对于不知道婚否的女性,称呼(　　)较为合适。
　　　　A. 女士　　　　　B. 小姐　　　　　C. 夫人　　　　　D. 美女
　14. 称赞别人的见解应该用(　　)。
　　　　A. 高见　　　　　B. 赐教　　　　　C. 指教　　　　　D. 久仰
　15. 初次见面应该用(　　)。
　　　　A. 高见　　　　　B. 赐教　　　　　C. 指教　　　　　D. 久仰
　16. 求人解答时,应该用(　　)。
　　　　A. 赐教　　　　　B. 久仰　　　　　C. 请问　　　　　D. 高见

二、多项选择题

　1. 交谈的构成要素包括(　　)。
　　　　A. 主体　　　　　B. 客体　　　　　C. 载体　　　　　D. 媒体
　2. 自我介绍的基本形式包括(　　)。
　　　　A. 礼仪式　　　　B. 应酬式　　　　C. 工作式　　　　D. 交流式

3. 一个好的倾听者应当善于从倾听中了解对方的(　　),了解事情的来龙去脉,掌握事实。
   A. 意图   B. 打算   C. 目的   D. 心态
4. 以下关于交际礼仪的举止行为,哪一项是不适宜的?(　　)
   A. 用后跟着地走路
   B. 正式场合,女性文员的双腿可交叠跷成二郎腿
   C. 男性在任何场合都可戴着手套握手
   D. 穿着短裙的下蹲姿势,应跨前半步后腿虚跪,上身保持挺直,蹲下时慢悠悠地弯下
5. 倾听的方式分为(　　)倾听。
   A. 积极   B. 专注   C. 选择   D. 被动
6. 谈话双方的距离选择取决于(　　)。
   A. 谈话的内容   B. 谈话的方式   C. 谈话双方的关系   D. 谈话的时间
7. 打电话注意的礼仪问题主要包括(　　)。
   A. 选择恰当的通话时间   B. 通话目的明确
   C. 安排通话内容   D. 挂断电话时注意使用礼貌用语
8. 面试时的自我介绍主要考察(　　)。
   A. 专业背景   B. 仪表   C. 仪态   D. 表达能力
9. 谈话的请托语包括(　　)。
   A. 标准式请托语   B. 求助式请托语
   C. 组合式请托语   D. 感谢式请托语
10. 谈话中提问的方法包括(　　)。
    A. 封闭式发问   B. 开放式发问   C. 澄清式发问   D. 探索式发问

三、判断题

1. 语言介绍具体人时,要用敬辞。如"张先生,请允许我向您介绍一下,这位是王先生"。(　　)
2. 有声语言是演讲活动最主要的物质表达手段。(　　)
3. 与黑人交谈时应直视对方的眼睛。(　　)
4. 信息的总效果=7%言词+38%语调+55%面部表情。(　　)
5. 所谓开放式提问,是指在试图澄清事实真相,验证结论和推测,缩小讨论范围。(　　)
6. 在演讲的开头或过程中有意设计一些幽默,可激发听众的好奇心,引导听众耐心听下去。(　　)

思考与练习

一、思考题

1. 简述言谈中的技巧。
2. 论述语言的禁忌。

二、案例分析题

王丽是大学毕业不久,刚进入某公司工作的新人。她年轻、率真,对工作充满了热情和幻想。作为女秘书,她对上司张经理充满了敬意,对工作兢兢业业。不久前,张经理在体检中被发现得了癌症。公司和家属都尽可能瞒住张经理,不让他知道实情。一天下班后,王丽

买了鲜花、水果去医院探望张经理。推开病房门,王丽一脸惊讶地对上司说:"张经理,您得了这么重的病,怎么能不躺下好好休息?"张经理一脸疑惑:"是吗?你能告诉我,我得了什么病吗?"这时,王丽才意识到自己说漏了嘴。她只能支支吾吾地说:"其实没什么大病,你很快就会出院的……"王丽走后,本来情绪好好的张经理马上像变了个人似的。一个人躺在床上,两眼直瞪瞪地看着天花板。家属问他究竟发生了什么,他也不理不睬。

根据以上背景资料,请分析:

1. 王丽有什么不妥的地方?
2. 探望病人时该怎样做才是正确的?

三、小练习

练习内容:交流中可以根据不同的谈话对象选择合适的话题。

练习目的:掌握谈话技巧。

练习要求:注意谈话中的禁忌,在谈话中需掌握谈话的语言艺术。

练习组织:6个人一组,以自己熟悉的生活与事作素材编写小品或舞台剧进行演绎,15分钟内完成。上交小组合作编写的小品剧本,合作演出,同学之间互相点评,教师点评。

思考:针对不同的人,如何选择不同的话题?

延 伸 阅 读

1. 张俊玲.求职面试中语言礼仪规范的运用[J].郑州航空工业管理学院学报(社会科学版),2012(2).

2. 胡建.邓小平文化思想发展及其制度价值[J].毛泽东思想研究,2014(4).

3. 孙琼.商务礼仪在工作中作用研究[J].科技展望,2014(1).

4. 冯思洪.论习近平同志的传统文化观[J].毛泽东思想研究,2015(2).

5. 赵维娜.旅游接待礼仪中服务语言分类及运用艺术[J].淮北职业技术学院学报,2015(6).

即测即评答案

一、单选题

1. A 2. C 3. D 4. B 5. B 6. D 7. A 8. D 9. B 10. B
11. D 12. D 13. A 14. A 15. D 16. C

二、多选题

1. ABC   2. ABCD   3. ABCD   4. ABC   5. ABCD
6. AC   7. ABCD   8. BCD   9. ABC   10. ABCD

三、判断题

1. √   2. √   3. ×   4. √   5. ×   6. ×

思考与练习参考答案

一、思考题

1. 适当发问、恰当答复、注意反应、适当赞美。
2. 语言表达禁忌、语言内容礼仪禁忌。

二、案例分析题

1. 没敲门、惊讶的语气,泄露病情、没有及时弥补、讲话支支吾吾、没有及时跟家属联系。

2. 言谈上:首先要跟病人家属联系,对于病人的病情不做过多说明,如病人的病情需要保密时,不要和病人一起去乱猜,已知道应保密的病情,更不能对病人进行暗示。在谈话的内容上,针对患者的焦虑心态要多说一些轻松、宽慰的话,或释疑开导,或规劝安慰,以利于病人恢复平静稳定的心情。其次,要注意病人的情绪和习惯,不要送一些容易引起不好联想的东西,说些不吉利的话。生病的人本来就比较脆弱,也比较敏感,要是住院有一段时间的人,更是容易联想到不好的事情。探望病人时,多说一些让人宽心、给人鼓励的话。举止上:不要因为对方生病了,就"敬而远之"。

第十一章 社交礼仪

本章知识结构图

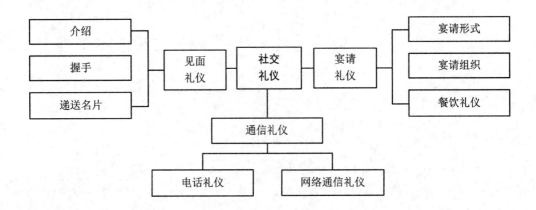

知识目标：了解称呼他人时应注意的事项，了解握手礼仪、通信礼仪、介绍礼仪，掌握名片递送礼仪，掌握中西餐宴请的桌次和座次安排。

能力目标：能够根据所学，在人际交往中熟练运用见面礼节。熟练掌握中西餐宴请礼仪规范。

实训目标：掌握与他人友好相处的礼仪礼节。

本章重点：中西餐宴请礼仪的程序。

本章难点：见面礼仪规范。

临下班5分钟，客户服务部的黄经理在收拾办公室桌上的文件准备下班。这时电话铃响了，他皱了皱眉，继续收拾文件。当电话铃响过七八声以后，他拿起话筒，微笑地说："我是客户服务部黄经理，我能帮你做点什么？"

思考一：案例中，黄经理错在哪里？

思考二：通信有哪些礼仪规范？

资料来源：朱友发.商务礼仪[M].长沙：湖南师范大学出版社，2012.

案例解读：党的十九大报告要求，善于运用互联网技术和信息化手段开展工作。现代社会是一个信息社会，对于大多数人来说，信息就是财富，信息可以通过社交等途径获取。那么在社交中，需要掌握哪些基本的社交礼仪呢？带着这个问题，我们将进入本章内容的学习。

第一节　见面礼仪

一、介绍

（一）介绍的基本规则

恰当、得体的介绍不仅能使被介绍者觉得得到了尊重，而且介绍者也会让人陡生敬意，这体现了介绍人训练有素、举止得体的商业素质。

1. 先后顺序

将男性介绍给女性；将年轻者介绍给年长者；将职位低的介绍给职位高的；将迟到者介绍给早到者；将未婚的介绍给已婚的。例如，"×总裁，这是×女士。""×经理，请允许我为您介绍×先生，他是我的秘书。"这是给予后者优先了解前者情况的权利。当被介绍的一方不止一个人时，应从职位最高的开始按顺序一一介绍。

2. 清楚准确

表达清晰、流畅、风趣、真实是介绍的基本礼仪。作介绍时不能过于冗长累赘，只要你所提供的信息能使交谈继续进行下去即可。通常只要一两句话便足够了,以后总有机会再作补充介绍。

3. 恰当的恭维

如果每个人的职位都相同,介绍人可先选择自己能够恰当恭维的那位,然后把其他人都介绍给他或她。如果在场的身份地位你不清楚或不想先恭维哪一位,那你可以按照前面最基本的方法,把较年轻的介绍给年长的那位。

4. 积极的介绍

积极的介绍原则体现为两点:第一,在介绍别人时,对其个人情况应做出客观或积极的评价。可以将被介绍人的爱好、兴趣、特长等能代表其独特个性的方面介绍一下,让别人更容易记住他的名字和个性,这也是人际交往的艺术。第二,可以积极地表扬被介绍人或肯定其某项成就。

(二)介绍的类型

1. 自我介绍、介绍他人和他人为你介绍

(1)自我介绍。介绍自我即自我介绍,简言之,就是在必要的社交场合,由自己担任介绍的主角,自己将自己介绍给其他人,以便使对方认识自己。自我介绍的内容,是指自我介绍时所表述的主体部分,即在自我介绍时表述的具体形式。确定自我介绍的具体内容,应兼顾实际需要、所处场景及具体对象。

第一,应酬式。适用于某些公共场合和一般性的社交场合,它的对象主要是进行一般接触的交往对象,因此介绍内容要少而精。应酬式的自我介绍内容最为简洁,往往只包括姓名一项即可。

第二,工作式。主要适用于工作之中。它是以工作为自我介绍的中心,因工作而交际,因工作而交友。它的介绍内容应当包括本人姓名、供职的单位及其部门、担任的职务或从事的具体工作等。

第三,交流式。主要适用于社交活动中。它是一种刻意寻求与交往对象进一步交流与沟通,希望对方认识自己、了解自己并与自己建立联系的自我介绍。

第四,礼仪式。适用于讲座、报告、演出、庆典、仪式等一些正规而隆重的场合。

自我介绍时要掌握分寸。在进行自我介绍时要掌握时间,一定要力求简洁,尽可能地节省时间,还应在适当的时间进行。另外,要讲究态度,进行自我介绍,态度务必要自然、友善、亲切、随和。最后要力求真实,进行自我介绍时所表述的各项内容,一定要实事求是、真实可信。

(2)介绍他人。介绍他人通常都是双向的,即将被介绍者双方各自均做一番介绍。有时,也可以进行单向的他人介绍,即只将被介绍者中的一方介绍给另一方。介绍他人的内容主要有:

第一,标准式。它适用于正式场合,其内容以双方的姓名、单位、职务等为主。

第二,简洁式。它适用于一般的社交场合,其内容往往只有双方姓名一项,甚至可以只提到双方姓氏为止。接下来,则是由被介绍者见机行事。

第三,引见式。它适用于普通的社交场合。做这种介绍时,介绍者所要做的,就是将被介绍者双方引导到一起,而不需要表达任何具有实质性的内容。

第四,推荐式。它适用于比较正规的场合,多是介绍者有备而来,通常会对被介绍者的优点加以重点介绍。

第五，礼仪式。它适用于正式场合，是一种最为正规的介绍他人式，但语气、表达、称呼上都更为礼貌、谦恭。

(3) 他人为你介绍。这是指你处在被介绍的地位，你被引见给第三者或更多人。此时，你应该站在另一位被介绍人的对面，当介绍完毕后，被介绍者双方应依照合乎礼仪的顺序进行握手，彼此问候一下对方。

2. 个人介绍和集体介绍

依据被介绍者的人来说，有个人介绍和集体介绍。个人介绍是指个人向另外一个人介绍对方的有关情况。集体介绍，是介绍他人的一种特殊形式，是指介绍者在为他人介绍时其中一方或者双方不止一人，甚至是许多人。

3. 正式介绍与非正式介绍

依据社交场合的方式，介绍分为正式介绍与非正式介绍。正式介绍是指在较为正式、隆重的场合进行的介绍。非正式介绍是指在非正式场合进行的介绍，在这种场合下不必过分拘泥于礼节，完全可以依据介绍人与双方的关系以及当时的具体情况进行介绍。

二、握手

两人相向，握手为礼，是当今世界最为流行的礼节。现代握手礼通常是先打招呼，然后相互握手，同时寒暄致意。

(一) 握手顺序

(1) 主人、长辈、上司、女士主动伸出手，客人、晚辈、下属、男士再相迎握手。在长辈与晚辈之间，长辈伸手后，晚辈才能伸手相握。

(2) 在上下级之间，上级伸手后，下级才能接握。

(3) 在主人与客人之间，主人宜主动伸手。

(4) 在男女之间，女方伸出手后，男方才能伸手相握。如果男性年长，是女性的父辈年龄，在一般的社交场合中仍以女性先伸手为主，除非男性已是祖辈年龄，或女性未成年在20岁以下，则男性先伸手是适宜的。

(二) 握手方式

1. 时间和力度

握手的力量、姿势与时间的长短往往能够表现握手人对对方的不同礼节与态度，应该根据不同的场合以及对方的年龄、性格、地位等因素正确使用。握手的时间要恰当，长短要因人而异。握手时间控制的一般原则可根据双方的熟悉程度灵活掌握。初次见面握手时间不宜过长，以3秒钟为宜。

握手时的力度要适当，可握得稍紧些，以示热情，但不可太用力。

2. 方法

(1) 一定要用右手握手。

(2) 要紧握对方的手，时间一般以1~3秒为宜。

(3) 被介绍之后，最好不要立即主动伸手。年轻者、职务低者被介绍给年长者、职务高者时，应根据年长者、职务高者的反应行事，即当年长者、职务高者用点头致意代替握手时，年轻者、职务低者也应随之点头致意。和女性握手，一般男士不要先伸手。

(4) 握手时，年轻者对年长者、职务低者对职务高者都应稍稍欠身相握。有时为表示特别尊敬，可用双手迎握。男士与女士握手时，男士应脱帽，切忌戴手套握手。

(5) 握手时双目应注视对方,微笑致意或问好,多人同时握手时应按顺序进行,切忌交叉握手。

(6) 在任何情况下拒绝对方主动要求握手的举动都是无礼的,但手上有水或不干净时,应谢绝握手,同时必须解释并致歉。

(三) 握手禁忌

(1) 不要用左手相握。

(2) 在和基督教信徒交往时,要避免两人握手时与另外两人相握的手形成交叉状,这种形状类似十字架,在他们眼里是很不吉利的。

(3) 不要在握手时戴着手套或墨镜,只有女士在社交场合戴着薄纱手套握手,才是被允许的。

(4) 不要在握手时另外一只手插在衣袋里或拿着东西。

(5) 不要在握手时面无表情、不置一词或长篇大论、点头哈腰、过分客套。

(6) 不要在握手时仅仅握住对方的手指尖,好像有意与对方保持距离。正确的做法是要握住整个手掌。

(7) 不要在握手时把对方的手拉过来、推过去。

(8) 不要拒绝和别人握手,以免造成不必要的误会。

三、递送名片

名片,又称卡片,中国古代称名刺,是标示姓名及其所属组织、公司单位和联系方法的纸片。名片是新朋友互相认识、自我介绍的最有效的方法。交换名片是商业交往的第一个标准官式动作。

(一) 名片用途

1. 介绍自己

初次与交往对象见面时,除了必要的口头自我介绍外,还可以名片作为辅助的介绍工具。这样不仅能向对方明确身份,还可以节省时间,强化效果。

2. 结交他人

在人际交往中,如欲结识某人,往往可以本人名片表示结交之意。

3. 保持联系

大多名片都有一定的联络方式印在其上。利用他人在名片上提供的联络方式,即可与对方取得并保持联系,促进交往。

4. 通报变更

如果变换了单位、调整了职务、改动了电话号码或者乔迁至新居后,都会重新制作自己的名片。向惯常的交往对象递交新名片,就能把本人的最新情况通报给对方,以一种更简单的方式避免联系上的失误。

(二) 名片分类

名片的产生主要是为了交往,过去由于经济与交通均不发达,人们交往面不太广,对名片的需求量不大。现在随着人口流动加快,人与人之间的交往增多,使用名片开始增多。特别是近几年经济发展,信息开始发达,用于商业活动的名片成为市场的主流。人们的交往方式有两种,一种是朋友间交往,一种是工作间交往,而工作间交往一种是商业性的,一种是非商业性的,由此成为名片分类的依据。

1. 商业名片

为公司或企业在进行业务活动中使用的名片,名片的使用大多以营利为目的。商业名片的主要特点为:名片常印有标志、注册商标、企业业务范围,大公司有统一的名片印刷格式,使用较高档纸张,名片没有私人家庭信息,主要用于商业活动。

2. 公用名片

为政府或社会团体在对外交往中所使用的名片,名片的使用不是以营利为目的。公用名片的主要特点为:名片常使用标志、部分印有对外服务范围,没有统一的名片印刷格式,名片印刷力求简单适用,注重个人头衔和职称,名片内没有私人家庭信息,主要用于对外交往与服务。

3. 个人名片

为朋友间交流感情,结识新朋友所使用的名片。个人名片的主要特点为:名片不使用标志,名片设计个性化,可自由发挥,常印有个人照片、爱好、头衔和职业,名片纸张根据个人喜好,名片中含有私人家庭信息,主要用于朋友交往、宣传。

(三) 名片递送礼仪

(1) 将名片的正面对着对方。这是要站在对方的角度看的,不要在递送名片时将名片的正面的正方向对着自己,这是不礼貌的行为。

(2) 将双手的拇指和食指分别持握名片上端的两角再递送给对方。若只有一只手有空闲(另一只手上拎着包),则只能用右手递送。

(3) 如果自己是坐着的,应该起位递送或者欠身递送,这是为了证明自己对对方的尊重。双方的高度应在比较一致的高度上。

(4) 递送时应该要说一些客气话。这是中国礼节上的要求。

(5) 拿到名片后,要回敬对方。拿到人家名片后,在国际交往中比较正规的场合,即便没有名片也不要说,宜采用委婉的表达方式如"不好意思,名片用完了"。

(6) 接过名片一定要看,这是对别人尊重、待人友善的表现。

第二节 宴请礼仪

宴请是国际交往中最常见的交际活动之一。各国宴请都有自己国家或民族的特点与习惯。国际上通用的宴请形式有宴会、招待会、茶会、工作餐等。举办宴请活动采用何种形式,通常根据活动目的、邀请对象以及经费开支等各种因素而定。

一、宴请形式

(一) 宴会

宴会是以餐饮聚会为表现形式的一种高品位的社交活动。举行宴会的目的一般是为了欢迎、告别、答谢、庆祝或者联谊。与其他餐饮活动最大的区别是安排坐席、分道上菜、有明确的时间要求。西方国家一般邀请夫妇共同参加。

1. 国宴

国宴是国家元首或政府首脑为国家的庆典,或为外国元首、政府首脑来访而举行的正式宴会,因而规格最高。宴会厅内悬挂国旗,安排乐队演奏国歌及席间乐。席间有致辞或祝酒。

2. 正式宴会

除不挂国旗、不奏国歌以及出席规格不同外,其余安排大体与国宴相同。有时亦安排乐队奏席间乐。宾主均按身份排位就座。许多国家正式宴会十分讲究排场,在请柬上注明对客人服饰的要求。外国人对宴会服饰比较讲究,往往从服饰规定体现宴会的隆重程度。对餐具、酒水、菜肴道数、陈设,以及服务员的装束、仪态都要求很严格。

3. 便宴

即非正式宴会,常见的有午宴、晚宴,有时亦有早上举行的早餐。这类宴会形式简便,可以不排席位,不做正式讲话,菜肴道数亦可酌减。西方人的午宴有时不上汤,不上烈性酒。便宴较随便、亲切,宜用于日常友好交往。

4. 家宴

即在家中设便宴招待客人。西方人喜欢采用这种形式,以示亲切友好。家宴往往由主妇亲自下厨烹调,家人共同招待。

(二) 招待会

招待会也叫自助餐或冷餐会,是指各种不备正餐的较为灵活的宴请形式,备有食品、酒水饮料,通常都不排席位,宾客可以自由活动。

菜肴以冷食为主,也可用热菜,连同餐具陈设在餐桌上,供客人自取。客人可自由活动,可多次取食。酒水可陈放在桌上,也可由招待员端送。冷餐会一般在室内或在院子里、花园里举行,可设小桌、椅子,让客人自由入座;也可不设座椅,站立进餐。

(三) 茶会

茶会是一种简便的招待形式。茶会通常设在客厅,不用餐厅。厅内设茶几、座椅。不排席位,但如是为某贵宾举行的活动,入座时应有意识地将主宾同主人安排坐到一起,其他人随意就座。茶会是请客人品茶,因此,茶叶、茶具的选择要有所讲究,一般用陶瓷器皿。外国人一般用红茶,略备点心和地方风味小吃。

(四) 工作餐

按用餐时间分为工作早餐、工作午餐、工作晚餐,是现代国际交往中经常采用的一种非正式宴请形式,利用进餐时间,边吃边谈问题。

二、宴请组织

(一) 确定宴请目的、对象和范围

宴请目的也就是举行宴请的缘由。宴请目的要明确,如庆祝纪念日、迎送宾客、庆功、答谢等。为此,要考虑邀请哪些方面的人士出席,请到哪一级,多少人,以及主人一方请什么人作陪等。根据既定的邀请对象和范围,草拟出具体的进请名单,包括被邀请人的姓名、职务、称呼等,都要尽可能准确无误。

(二) 确定宴请形式及规格

宴请采取何种形式,在很大程度上取决于当地的习惯做法。一般来说,正式、规格高、人数少的以宴会为宜,人数多则以冷餐或酒会更为合适,妇女界活动多用茶会。

目前各国礼宾工作都在简化,宴请范围趋向缩小,形式也更为简便。酒会、冷餐会被广泛采用,而且中午举行的酒会往往不请配偶,不少国家招待国宾宴会只请身份较高的陪同人员,不请随行人员。我国也在进行改革,提倡多举办冷餐会和酒会以代替宴会。

（三）确定宴请时间及地点

根据国际惯例，晚宴被视为规格最高的宴会。但在确定宴请的时间时，还要考虑宾主双方的情况，尤其是主宾是否方便。一般来说，不要选择对方的重大节假日或有禁忌的日子和时间。小型宴请要首先征询主宾意见，然后按确定的时间约请其他宾客。宴请地点的选择关系到给予客人礼遇的高低。因此，正式隆重的宴请应安排在环境幽雅、设施齐全的高级宴会厅举行。其他则可按宴请的性质、规模、形式以及主人意愿和实际可能而定。

（四）发出邀请

各种宴请活动，一般均发请柬，这既是礼貌，亦对客人起提醒、备忘之用。便宴经约妥后，可发亦可不发请柬。工作进餐一般不发请柬。在有些国家，邀请最高领导人作为主宾参加活动时，需单独发邀请信，其他宾客发请柬。

（五）确定宴请菜单

宴请的酒菜，需根据活动形式和性质，在规定的预算标准内安排。选菜不应以主人的爱好为准，而要尽可能地照顾赴宴者，尤其是主宾的年龄、性别、习惯以及特殊的口味。选菜还要注意合理搭配，包括荤素搭配、色彩组合、营养构成、时令菜与传统菜肴的搭配，以及菜肴与酒水饮料的搭配等。菜肴道数与份数都要适宜，不宜过多或不足，最好能用一些地方特色菜和名酒。

（六）席位安排

正式宴请一般均排桌次和席位。有的可以只排部分客人的席位，其他人只排桌次或自由入座。排列主要依据国际惯例与本国的礼宾序列。

（七）餐具准备

根据宴请人数和酒、菜的道数准备足够的餐具。餐桌上的一切用品都要十分清洁卫生。桌布、餐巾都应清洗并熨平。玻璃杯、酒杯、筷子、刀叉、碗碟在宴会之前都应洗净擦亮。如果是宴会，应该准备每道菜撤换用的菜盘。

（八）宴请程序及现场工作

主人一般在门口迎接客人。官方活动，除男女主人外，还有少数其他主要官员陪同主人排列成行迎宾，通常称为迎宾线。其位置宜在客人进门存衣以后进入休息厅之前。客人握手后，由工作人员引进休息厅。如无休息厅则直接进入宴会厅，但不入座。

主宾到达后，由主人陪同进入休息厅与其他客人见面。如其他客人尚未到齐，由迎宾线上其他官员代表主人在门口迎接。

主人陪同主宾进入宴会厅，全体客人就座，宴会即开始。如休息厅较小，或宴会规模大，也可以请主桌以外的客人先入座，贵宾席最后入座。

在正式宴会上一般均有致辞，但安排的时间不尽一致。有的宴会是一入席，双方即讲话致辞；有的在热菜上桌之后服食之前，由主人致辞，接着由客人致答词。冷餐会和酒会致辞时间则更灵活。

席间的服务顺序应从主人右侧的主宾开始，接着是主人，由此自右向左按顺时针方向进行。上菜应从每个人左侧端上，空盘应从其右侧撤下。新上的菜要放在主宾面前，斟酒则从右边斟上。

吃完水果，主人与主宾起立，宴会即告结束，随之离席。西餐之后还要饮咖啡或茶或餐后酒。宴会后也可安排一些其他活动。

主宾告辞时，主人把主宾送至门口，主宾离去后，原迎宾人员按顺序排列，与其他客人握手告别。

三、餐饮礼仪

餐饮礼仪是指人们在赴宴进餐过程中,根据一定的风俗习惯约定俗成的仪式和行为,在仪态、餐具使用、菜品食用等方面表现出的自律和敬人的行为,是餐饮活动中需要遵循的行为规范与准则。

(一) 中餐礼仪

1. 中餐桌次礼仪

宴席桌次与座次的排列是一项十分重要的内容,关系到来宾的身份和主人给予对方的礼遇,所以受到宾主双方的同等重视。

在中餐宴请活动中,往往采用圆桌布置菜肴、酒水。采用两桌及以上桌次安排宴请时,需明确桌次的主次。一般应首先确定主桌的位置,其他桌次依次安排。主桌的确定应以"面门、面南、观重点"为原则,其中"观重点"最重要,即将主桌安排在餐厅的重要位置。其他桌次按照离主桌以近为上、以右为上的原则安排。

(1) 两桌宴请。这种情况又可分为两种具体形式:一种是两桌横排,另一种是两桌竖排。当两桌横排时,其桌次是以右为上。这里讲的左与右,是由面对正门的位置来确定的,叫作"面门定位"。当两桌竖排时,其桌次则讲究以远为上,这是以距离正门的远近而言的,如图 11.1 所示。

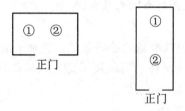

图 11.1 两桌宴请桌次

(2) 多桌宴请。在安排三桌及以上的多桌宴请时,应兼顾其他各桌距离主桌的远近。一般距离主桌越近,桌次越高;距离主桌越远,桌次越低。这项规则亦称"主桌定位",如图 11.2 所示。

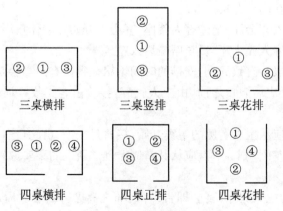

图 11.2 多桌宴请桌次

2. 中餐座次礼仪

在进行宴请时,每张桌上的具体座次也有主次之分。在排列座次时应注意:每张桌上的用餐人数不超过10人(为双数)。主人大都应面对正门而坐,并在主桌就座。以主人之右为尊,右高左低。当举行多桌宴请时,各桌均应有一位主桌主人的代表在座,其位置一般应与主桌主人同向,如图11.3所示。

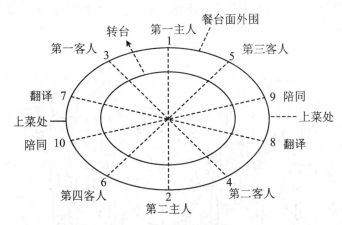

图11.3 中餐座次安排

3. 中餐用餐礼仪

(1) 尊重传统习俗。中餐有许多传统习惯和寓意。例如,鱼表示"年年有余";渔家、海员、驾驶员吃鱼时,忌讳把鱼翻身,因为有"翻船""翻车"之意。

(2) 举止文雅。正式宴请场合用餐时,主人或位尊者动筷说"请"之后,其他人才能动筷用餐。用餐时,应遵循"不马食、不牛饮、不虎咽、不鲸吞,嚼食物不出声,嘴唇边不留痕,骨与秽莫乱扔"的规矩,否则,既影响自己的形象,也败坏别人食欲。

取菜时,不要左顾右盼,在公用的菜盘内挑挑拣拣,夹起来又放回去,让人觉得缺乏教养。多人一桌用餐,取菜要相互礼让,依次而行,取用适量。夹不到的菜,可以请人帮助,不要起身或离座去取。

用餐时,不要比比划划、当众修饰等。

(3) 注重宗教禁忌。商务用餐时,要特别注重宗教禁忌。如佛教禁食荤菜、伊斯兰教禁食猪肉、犹太教禁食无鳞的鱼等。

(4) 尊重外宾的饮食习惯。在商务中餐宴请场合,要尊重外宾的饮食习惯。应主动询问外宾是否会用或者喜欢用筷子,是否需要另配刀叉进餐。许多中国人用餐前习惯用餐巾纸或餐巾擦拭餐具,但这会使外宾认为餐具不洁,没有经过消毒处理,进而影响外宾的进餐情绪。

(5) 礼貌送别。参加宴会最好不要中途离去,万不得已时应向同桌的人说声对不起,同时还要郑重地向主人道歉,说明原委。用餐尾声,应等大家都放下筷子,主人示意可以散席时才能离座。

宴会完毕,要依次走到主人面前,握手并说声"谢谢",向主人告辞,但不要拉着主人的手不停地说话,以免妨碍主人送别其他客人。

(二) 西餐礼仪

1. 西餐宴席摆台

西餐宴席由于用餐方式、使用餐具等方面的不同,故在摆台上与中餐宴席有明显的区别。西餐宴席摆台的基本要领是:展示盘或叠好的餐巾摆放于餐位正中,左叉右刀,刀刃向左。餐具与菜肴相配,根据食用菜肴的先后顺序,从里至外依次码放。同时,由于用餐方式的不同,西餐宴席餐具的摆放在各国各地都有所不同,有基本摆台、法式摆台、美式摆台等。下面介绍西餐的基本摆台,如图 11.4 所示。

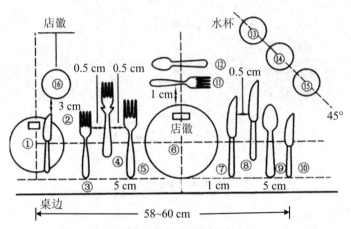

图 11.4 西餐宴席摆台

① 面包盘 ② 黄油刀 ③ 沙拉叉 ④ 鱼叉 ⑤ 主餐叉 ⑥ 装饰盘 ⑦ 主餐刀 ⑧ 鱼刀
⑨ 汤匙 ⑩ 沙拉刀 ⑪ 甜点叉 ⑫ 甜点匙 ⑬ 水杯 ⑭ 红酒杯 ⑮ 白酒杯 ⑯ 黄油碟

2. 西餐宴席席位安排

西餐习惯男女穿插安排,以女主人为准,主宾在女主人右方,主宾夫人在男主人右方。也可以根据宾客的习惯,将主宾夫人与主宾安排在一起。

一字形长台宴席安排有两种方式:一是将主人席位安排在餐台横向的上首中间,副主人(女主人)席位在主人席对面,即横向下首中间;另一种方式是将主人和副主人(女主人)席位安排在长台纵向的两端,这种安排可提供两个谈话中心,避免客人坐在末端,如图 11.5 所示。

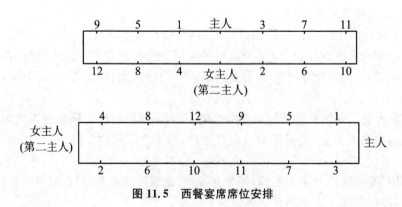

图 11.5 西餐宴席席位安排

3. 西餐用餐礼仪

(1) 注重服饰搭配。去高档的西餐厅,男士要穿正装,女士要穿晚礼服或套裙。因餐厅内的光线较暗,女士要化稍浓的妆容。

(2) 讲究姿态礼仪。在正式场合下,进入餐厅后要先把外套、雨伞、帽子、围巾、大包等交给餐厅的柜台衣帽处(贵重物品随身带),女士只拿皮包、披肩入内。当侍者带位时,尊者(女士、长者、上司、客人等)走在侍者的后面。就座时,侍者会替尊者拉椅子,当椅子被拉开后,身体在几乎碰到桌子的距离处站直,领位者会把椅子推进来,腿弯碰到后面的椅子时,就可以坐下来了。其他人正立等待尊者坐下后,才能坐下。

在餐厅就餐时最得体的入座方式是从左侧入座,因为大多数人习惯使用右手,故用右手拉开椅子比较便利。餐桌离席时,也从左侧离开。

就座后,坐姿应端正,但不僵硬,双手手腕靠在餐桌边。上身自然前倾一点,能显示出用餐者对参加宴请的积极性和对其他人的诚意。

入座后,随身的小包可以放在自己的背与椅背间或者放在餐巾下的腿上。比较大的包则放在自己右侧椅脚边,因为正式的餐厅大多是从用餐者的左边上菜的。切忌将皮包等物品放在餐桌上,以免影响餐桌的美观。

用餐时,腹部和桌子保持约一个拳头的距离。餐桌下的两脚要避免交叉、伸腿、抖脚等姿态,切忌脱鞋的行为。

用餐中,不要频频离席或挪动座椅,也不要出现随意摆弄餐具和餐巾、摘掉领带、卷起衣袖、头枕椅背打哈欠、伸懒腰等不合礼仪的举止体态。

拓展阅读 11.1

东西方饮鸡尾酒的习惯差异

东方人的"鸡尾酒时间",通常是和朋友一起喝上两杯饮料。一般需要1小时的时间。饮料可以是可乐、果汁、清水、葡萄酒和啤酒。有时会在饮料里加许多冰块。但只在很偶然的时候才会在饭后来点烈酒或令人兴奋的饮料。

在欧洲,饮料往往会被简化为一份。可能是因为那里的葡萄酒是和饭菜一起上的。在许多国家,人们对他们自己的葡萄酒感到特别的自豪,因此,你与其要求喝你喜欢的加利福尼亚葡萄酒,还不如和当地人一起体验这种自豪的滋味。晚餐过后,再来点白兰地或令人兴奋的饮料。这里冰块用的很少,所以如果你喜欢加大量的冰块,那你就不得不自己去点,而且还可能一次又一次地去点。

资料来源:王文华.公关关系与商务礼仪[M].北京:中国物资出版社,2010:223.

第三节 通 信 礼 仪

一、电话礼仪

(一) 接电话礼仪

1. 及时接听

一般来说,铃响三声之内必须接电话,如果铃响四遍后接听,应向对方说:"对不起,让您久等了。"如果铃响五六遍之后才接电话,除向对方道歉外,还应向对方说明迟接的原因。

2. 认真处理，做好记录

对于任何来电提到的问题，都应该认真答复。有些问题如果不能马上解决，应该做好记录，以备日后查询。不要因为对方看不见自己，就随意敷衍、轻易许诺。

3. 语言不可过于随便

热情、修辞恰当的语句是电话回答成功的一半。接电话要遵循"己所不欲，勿施于人"的原则。打电话的人通常只根据自己听到的声音判断对方对自己的态度，因而热情友好和及时地招呼对方是最基本的要求。听电话时要注意礼貌，仔细聆听对方的讲话，要把对方的重要讲话进行重复和复核，应不时地用"嗯""对""是"等，给对方以积极的反馈。

4. 礼貌结束通话

对重要的事，应做好记录。记录时要重复对方的话，以检验是否有误。然后等对方来结束谈话。结束电话要婉转，如果电话来得不是时候，自己正忙着办理其他更要紧的事，而对方谈兴正浓，还不想结束通话，擅自打断对方或要求停止交谈都是极不礼貌的。这时可以十分委婉的方式告诉对方："对不起，我真想和你多谈谈，可真不巧，现在有件急事要处理，改日我再打电话给您，好吗？"或者可以说："您还有事的话，希望以后再聊。"这样就会显得很有礼貌。

通话结束时，应说"谢谢您"等礼貌用语。通电话以对方挂断电话为通话完毕，任何时候不得用力掷听筒。

（二）打电话礼仪

接打电话的基本要求是声音清晰、态度和蔼、言语准确、反应迅速。打电话前应考虑这个电话是否该打、如何打。需要通报信息、祝贺问候、联系约会、表示感谢等时，都有必要利用一下电话。

1. 选择合适的通话时间

如果拨打电话的时间不合适，接听电话的一方不高兴，那么打电话的目的就可能无法实现。所以，拨打电话必须讲究时机，绝不能想什么时候打就什么时候打。除非事先已经约好了通话时间，否则，应该选择对方比较方便的或不影响对方休息的时间打电话。一般情况下，应考虑对方的作息时间，不要选择过早、过晚或对方休息的时间，如早晨7点前、晚上10点后、一日三餐的吃饭时间。其间若确有急事，通话之初要先说"对不起"，并说明理由。

2. 控制通话长度

为了取得较高的工作效率，打电话时应尽量长话短说、简明扼要，以节省通话时间。除非有重要的问题需反复强调解释，否则应尽量遵守"通话三分钟原则"。需要强调的是，"三分钟原则"不是每次通话时间不能超过三分钟或必须讲满三分钟，而是提醒大家有意识地控制通话时间。

3. 准备好通话内容

为了使通话简洁顺畅，打电话前应首先做好通话内容的准备。

知识小贴士 11.1

礼貌接听电话

无论来电者是谁，我们在接听电话时都不能说任何可能损害自己领导、同事、公司、部门形象的话，在回答来电者提出的问题时，例如"你经理去哪了"，我们更需注意维护领导的形象，不能让自己的回答成为信息的来源。

在正式的商务交往中，接电话时拿起话筒所讲的第一句话也有一定的规律，所讲的第一句话，常见的形式有：

> 第一种是以问候语加上单位、部门的名称,或是问候语加上部门名称。
> 第二种是以问候语直接加上本人姓名。它仅适用于普通的人际交往。
> 第三种是以问候语加上单位、部门的名称以及个人的姓名。
> 需要注意的是,在商务交往中,不允许接电话时以"喂,喂呀"作为"见面礼"。特别是不允许一张嘴就毫不客气地查问对方"你找谁""你是谁"或者"有什么事儿呀"。
> 在通话中,不要对着话筒打哈欠,或是吃东西;也不要同时与其他人聊天;不要让对方因此感到在受话人的心中无足轻重。
> 结束通话时,应认真地送别。而且要恭候对方先放下电话,不宜"越位"抢先。
> 资料来源:王文华.公关关系与商务礼仪[M].北京:中国物资出版社,2010:229-230.

二、网络通信礼仪

随着互联网技术的快速发展,通信工具种类增多,越来越多的人在网络上进行着交流沟通。

(一)电子邮件礼仪

电子邮件是重要的一种交流方式,很多材料通过电子邮件传递非常快捷。电子邮件是个人、企业组织与其他人、其他企业组织沟通的工具,因此,在使用电子邮件时,要注重礼仪。

1. 主题简洁清晰

在电子邮件的"主题"或"标题"一栏,一定要写清楚信件的主题或标题。邮件的主题要避免过长的句子,除非必要,一般主题不要使用标注紧急程度的用词,如"紧急"和"重要"的字样。

2. 内容要简短规范

不管是使用中文还是英文撰写邮件,内容都应遵照普通书写信件的格式和要求。邮件正文要简洁,以便收件人阅读。用语要礼貌,以表示对收件人的尊重。要注意使用标点符号,正确地断行、断句。发送邮件前必须再仔细阅读一遍。

3. 附件添加要谨慎

如果所发邮件有附件,一定要在信件内容里加以说明,以免对方没有注意到。

4. 定期检查电子邮箱

定期打开收件箱查看邮件,以免遗漏或耽误重要邮件的阅读和回复。一般应在收到邮件的当天予以回复。如果涉及较难处理的问题,要先告诉对方你已收到邮件,来信处理后会及时给予正式回复。

5. 及时妥善地回复邮件

收到电子邮件后,要考虑清楚后再及时回复对方。如果暂时回复不了,最好是先给对方发个简单的邮件表示你已经收到了,需要多一点的时间来处理这个问题。

6. 增强网络安全意识

网络是电子邮件、电子商务等诸多应用的重要入口。网络病毒的互联网化加剧了互联网的不安全状况。垃圾消息、诈骗信息、木马病毒的传播范围在大面积扩散,我们应该自觉增强网络安全习惯和意识,不发送或转发包含损害名誉的、诽谤的、攻击性的、种族主义的或淫秽语言以及含有病毒的电子邮件。

(二) QQ、微信、微博等网络通信礼仪

随着互联网的发展,即时通信已经成为人们日常生活中重要的交流沟通工具,QQ、微信、微博成为人们交流的主体,越来越多的人通过这些通信工具与同事、客户进行着广泛的联络。

1. 规范使用个性名称

大部分的网络通信工具都可以设置个性名称,但在工作中使用不能采用容易引起歧义的过于个性化的名称,要使用规范名称,如公司名称、个人性名等,以方便辨认。如果对方是个性名称,可以通过"更改对方昵称"等方式,改成"对方单位简称十对方姓名"。个人签名要避免使用过于消极或者不健康的内容。交流称呼上应和见面称呼一样,不能随意、失礼。

2. 内容表述要恰当

大部分的网络通信工具具有及时性的特点,发送的内容对方即时就能看到,所以要养成发送前再审核一遍所发内容的习惯,不要有错别字、容易引起歧义的内容。表述方式上尽可能多用短句,这样更加方便对方阅读,注意标点符号的使用,否则会让对方感到发送人正在不耐烦的状态中。

3. 适当设置

网络通信工具大部分都有设置功能。因此当要发布的消息不是大众喜好或所需时,可以通过设置让部分用户自行获取消息。

本 章 精 要

1. 介绍的基本规则是有先后顺序、清楚准确、恰当的恭维、熟悉者优先、积极的介绍。

2. 介绍的类型有自我介绍、介绍他人和他人为你介绍;个人介绍和集体介绍;正式介绍与非正式介绍。

3. 握手的方法包括右手握手;要紧握对方的手,时间一般以1~3秒为宜;被介绍之后,最好不要立即主动伸手;握手时,年轻者对年长者、职务低者对职务高者都应稍稍欠身相握;握手时双目应注视对方,微笑致意或问好,多人同时握手时应顺序进行,切忌交叉握手;在任何情况下拒绝对方主动要求握手的举动都是无礼的。

4. 名片递送要将正面对着对方,递送时应该要说一些客气话,拿到名片后,要回敬对方,拿到名片一定要看以表尊重。

5. 宴请组织包括确定宴请目的、对象和范围;确定宴请形式及规格;确定宴请时间及地点;发出邀请;确定宴请菜单;席位安排;餐具准备;宴请程序及现场工作。

6. 通信礼仪包括打电话礼仪和接电话礼仪。

即 测 即 评

一、单项选择题

1. 以下哪种使用手机短信的做法是不礼貌的?(　　)
   A. 与他人交谈时不停翻阅短信　　B. 在内容后面署名
   C. 尽量使用清楚明白的语言　　　D. 不使用有歧义的语言

2. 与人握手时,以下哪种做法是正确的?(　　)
   A. 目光应注视对方,以表示对对方的尊重
   B. 目光应转向他处,以表示对对方的尊重

C. 目光看哪里都行,只要热情就好

D. 目光只要不看着眼睛,看其他地方都可以

3. 看到残疾人遇到困难时应适当施以援手,正确的做法是( )。
   A. 事先征得对方同意方可提供帮助
   B. 不必征询对方,迅速直接上前帮助
   C. 只有在残疾人向自己发出请求时才前往帮助
   D. 看到跟没看到一样,事不关己

4. 根据礼仪规范,在握手时,由谁首先伸出手来"发起"握手?( )
   A. 尊者决定   B. 晚辈   C. 下级   D. 随便,没有讲究

5. 在正常情况下,每一次打电话的时间应当不超过( )。
   A. 2分钟   B. 3分钟   C. 5分钟   D. 10分钟

6. 关于西餐餐具的使用,下面哪项做法是错误的?( )
   A. 一般情况下,左手持刀,右手持叉
   B. 就餐过程中,若需同人交谈时,刀叉应在盘子上放成八字
   C. 进餐一半,若中途离席,餐巾应放在座椅的椅面上
   D. 取用刀叉或汤匙时,应从内侧向外侧取用

7. 讲究礼仪的原因,用一句话概括为( )。
   A. 内强素质   B. 外塑形象   C. 增进交往   D. 使问题最小化

8. 商务礼仪中交往应遵循的主要原则是( )。
   A. 以对方为中心原则   B. 以相互沟通为原则
   C. 以互相尊重为原则   D. 以合乎标准为原则

9. 一般情况下,礼节性拜访停留时间以多长为宜?拜访亲朋好友以多长为宜?( )
   A. 10分钟,20分钟   B. 10分钟,30分钟
   C. 20分钟,30分钟   D. 10分钟,10分钟

10. 宴会上,为表示对主宾的尊重,主宾的座位应是( )。
    A. 主人的左侧   B. 主人的右侧   C. 主人的对面   D. 面对门的位置

11. 在正式场合下用什么方式称呼对方较合适?( )
    A. 职务称呼   B. 代词称呼   C. 亲属称呼   D. 头衔称呼

12. 呈递名片时,下面哪项做法是不正确的?( )
    A. 名片正面朝向接受方   B. 双手拿着名片两个上角
    C. 右手拿着名片上角   D. 左手拿着名片上角

13. 以下说明宴会的种类与形式的内容,哪一项是正确的?( )
    A. 鸡尾酒会一般以邀请夫妇同时出席为好
    B. 茶会对茶叶和茶具的选择比较讲究,一般在餐厅举行
    C. 工作餐是非正式宴请形式,早、午、晚举行均可
    D. 午宴一般不设固定席位,以便于客人社交

14. 在国际交往中较隆重的场合,男子之间表示热情友好或祝贺、感谢的常用礼节是( )。
    A. 亲吻礼   B. 拥抱礼   C. 吻手礼   D. 贴面频

15. ( )的座次排列不是商务交往中的基本规则。

A. 面门为上　　B. 以右为上　　C. 居中为上　　D. 离远为上
16. 用餐未完,中途离开,可将餐巾放在(　　)。
　　　A. 桌面上　　B. 椅子背上　　C. 椅子面上　　D. 随手带着
17. 西餐中表示本道菜不用了,应将刀、叉放在(　　)。
　　　A. 餐桌上　　B. 餐巾上　　C. 菜单上　　D. 食盘上
18. 西餐吃面包应(　　)。
　　　A. 用嘴撕着吃　　B. 用手撕着吃　　C. 用刀切着吃　　D. 随意吃

二、多项选择题

1. 下列关于握手礼,哪一项是正确的?(　　)
　　A. 握手的顺序主要取决于"尊者优先"原则
　　B. 社交场合中应由先到者先伸手为礼
　　C. 客人告辞时,应由客人先伸手为礼
　　D. 职位低的人与职位高的人握手时应先伸手为礼
2. 下面的哪一项属于自我介绍的礼仪?(　　)
　　A. 先对交往对象的性格、爱好、特长、成就等做些了解
　　B. 表达出自己希望认识对方的愿望,同样也渴望对方能接纳自己
　　C. 要注视对方的眼睛后鞠躬
　　D. 在对方介绍自己的姓名或有关事物名称时,应全神贯注地倾听
3. 如果有人错打了你的电话,你不应该(　　)。
　　A. 埋怨辱骂对方
　　B. 粗暴地挂断
　　C. 提示对方查清楚电话号码后再次拨打
　　D. 假装认识和他(她)聊天
4. 子女与父母之间的礼仪,合适的是(　　)。
　　A. 孝敬父母,包括公婆和岳父母　　B. 不做干涉父母权益的事
　　C. 不让父母干涉子女的事　　D. 尊重父母的生活方式
5. 网络的基本礼仪包括(　　)。
　　　A. 真诚　　B. 安全使用　　C. 自由发挥　　D. 文明交流
6. 介绍的基本规则包括(　　)。
　　　A. 先后顺序　　B. 准确清楚　　C. 恰当的恭维　　D. 积极介绍
7. 下列属于名片的用途的是(　　)。
　　　A. 介绍自己　　B. 结交他人　　C. 保持联系　　D. 通报变更
8. 下列属于宴会的类型的是(　　)。
　　　A. 国宴　　B. 家宴　　C. 正式宴会　　D. 便宴
9. 宴请的桌次安排的原则为(　　)。
　　　A. 面门　　B. 面南　　C. 观重点　　D. 背门
10. 下列属于即时通信礼仪的是(　　)。
　　　A. 规范使用个性名称　　　　B. 内容表述要恰当
　　　C. 恰当设置　　　　D. 可以根据自己的喜好随意发表言论

三、判断题

1. 工作餐要求规模尽量大点。（　　）
2. 在正式场合和窗口岗位，一律不允许染发。（　　）
3. 男女之间通电话结束之时，应该由男士先挂电话。（　　）
4. 一般情况下，我军仪仗队只用以欢迎来访的外国元首和政府首脑。（　　）
5. 按照常规，道别应该由来宾先提出来。（　　）
6. 在用餐期间必要时可宽衣解带，松领带。（　　）
7. 接待贵宾通常只安排一次宴会，并大都是为对方洗尘的宴会。（　　）
8. 就餐时彼此之间可以让菜，必要时可以为客人布菜。（　　）
9. 在国际交往中，在位置的排序上与中国相同，都是"以左为上"。（　　）
10. 求职电话什么时候打都可以。（　　）

思考与练习

一、思考题

1. 简述宴请组织程序。
2. 简述接打电话需注意的事项。

二、案例分析题

方经理为何皱眉

某公司王经理约见了一个重要的客户方经理。见面之后，客户就将名片递上。王经理看完后随手将名片放在桌子上，两人继续谈事。过了一会儿，服务人员将咖啡端上桌，请两位经理慢用。王经理喝了一口，将咖啡放在了名片上，自己没有感觉到，客户方经理皱了皱眉头，没有说什么。

根据以上背景资料，请分析：

1. 在这个案例中王经理错在何处？
2. 互送名片有何需要注意的地方？

三、小练习

练习内容：递送名片。

练习目的：

1. 能针对不同场合和情境，灵活地掌握使用名片的时机。
2. 能根据不同场合、情境、交往对象，灵活地掌握名片递交的正确方式。
3. 能对名片进行科学合理的归类整理，建立良好的社交形象。

练习要求：掌握递送名片的技巧。

练习组织：分组收集资料，了解名片礼仪的信息。各小组上台演示，同学之间互相点评，教师点评。

思考：人际交往中掌握递送名片礼仪重要吗？

延 伸 阅 读

1. 代璐瑶.关于中国大学生跨文化交际能力的实证研究：以对外经贸大学学生为例[J].考试与评价(大学英语教研版),2016(6).
2. 郑爱英.以传统文化为内核的高校礼仪教育研究[J].开封教育学院学报,2016(11).

3. 严光菊.大学生礼仪现状与德性素质教育思考[J].攀枝花学院学报,2017(1).

4. 德吉曲珍.当代大学生礼仪礼节知识掌握与应用现状调查[J].海峡科技与产业,2017(4).

5. 王玥.社交礼仪对大学生就业的影响研究[J].北方文学,2017(8).

6. 曹炜.社交礼仪微视频课程设计与实践研究[J].黑龙江教育学院学报,2017(2).

7. 王麒.中美社交礼仪和价值取向的文化差异[J].重庆社会科学,2017(7).

8. 张乃华.礼仪实践:大学生礼仪认知与礼仪行为的有效弥合[J].教书育人(高教论坛),2017(2).

即测即评答案

一、单选题

1. A　2. A　3. A　4. A　5. B　6. A　7. B　8. C　9. B　10. D
11. D　12. D　13. C　14. B　15. D　16. C　17. D　18. B

二、多选题

1. ABC　　2. ABC　　3. ABD　　4. ABD　　5. ABD
6. ABCD　7. ABCD　8. ABCD　9. ABC　　10. ABC

三、判断题

1. ×　2. √　3. ×　4. ×　5. √
6. ×　7. √　8. ×　9. ×　10. ×

思考与练习参考答案

一、思考题

1. 确定宴请目的、对象和范围;确定宴请形式及规格;确定宴请时间及地点;发出邀请;确定宴请菜单;席位安排;餐具准备;宴请程序及现场工作。

2. 打电话注意事项:选择合适的通话时间;控制通话时间;准备好通话内容。接电话注意事项:及时接听;认真处理,做好记录;礼貌结束通话。

二、案例分析题

1. 在这个案例中王经理错在:对方经理把名片给他之后,他随手放在桌上,更为严重的是把咖啡放在了名片上,这显然是不妥的。

2. 将名片的正面对着对方。这要站在对方的角度看,不要在递送名片时将名片的正面的正方向对着自己,这是不礼貌的行为。将双手的拇指和食指分别持握名片上端的两角再递送给对方。若只有一只手有空闲时(另一只手上拎着包)只能用右手递送。如果自己是坐着的,应该起位递送或者欠身递送,这是为了证明自己对对方的尊重。双方的高度应在比较一致的高度上。递送时应该说一些客气话,这是中国礼节上的要求。拿到名片后,要回敬对方。拿到人家名片后,在国际交往中比较正规的场合下,即便没有名片也不要说,宜采用委婉的表达方式。接过名片一定要看,这是对别人尊重、待人友善的表现。

第十二章 职场礼仪

本章知识结构图

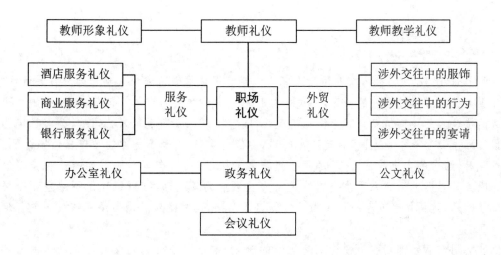

 学习目标

知识目标：了解酒店前厅服务礼仪基本要求、酒店餐饮服务礼仪基本要求、酒店客房服务礼仪基本要求，了解商业服务礼仪基本要求，了解银行服务礼仪基本要求，掌握涉外交往中的行为规范，掌握教师形象礼仪基本要求、教师教学礼仪基本要求，掌握办公室礼仪的基本要求，明确会议组织礼仪基本要求。

能力目标：能够把所学理论知识与实践相结合，在职业生涯中，熟练掌握职场礼仪规范，职业不同，礼仪要求也不同。

实训目标：能够根据所学，掌握行业的基本礼仪要求。

本章重点：涉外交往中的行为要求，会议礼仪的基本要求。

本章难点：服务礼仪的技巧。

 导入案例

8月31日18:00左右，有两位日本客人满带疲倦地拖着行李箱来到总台准备登记住宿。总台服务员一边接过客人的护照，一边在电脑上查询该客人的订单。但几分钟后，她并未找到这两位客人的预订信息。客人得知情况后，非常惊讶："我们是××公司的，公司已经为我们预订好了2个豪华单人间，肯定不会有错，你们再看一下，是不是你们酒店自己搞错了！"

此时，酒店的生意异常火爆，房间已经非常紧张，早已没有客人所需要的这种类型的房间。服务员当即电话联系了该公司的负责人及酒店的营销部经理，但还是不清楚哪个环节出现了问题；这两位客人坚持说公司已经预订了房间，但是酒店又确实没有该公司的任何预订信息。

在公司与营销部仍在为预订信息沟通的时候，这位服务员想到该公司是酒店的重要协议单位，无论怎样都不能让客人一直这么徒然等着。否则，等待时间过长、无法尽快休息会引起客人不满甚至不必要的投诉。她就主动地将酒店所剩无几的暂时也没有预订的其他几个房型推荐给客人，征得客人的同意后，先安排客人入住房间，等到第二天酒店与公司沟通后再变更房型和价格。客人对此做法很满意，表示明天会与公司联系。

思考一：总台服务员的做法有何可取之处？

思考二：酒店服务员的工作职责是什么？

资料来源：邢夫敏.现代酒店管理与服务案例[M].北京：北京大学出版社，2012.

案例解读：职场礼仪是人们在职业场所中应当遵循的一系列礼仪规范。学会这些礼仪规范，将使一个人的职业形象大为提高。职业形象包括内在的和外在的两种主要因素，而每一个职场人都需要树立塑造并维护自我职业形象的意识。那么职场上需要掌握哪些礼仪规范呢？本章将从服务礼仪、外贸礼仪、教师礼仪、政务礼仪等方面介绍职场中需要注意的礼仪细节。

第一节 服务礼仪

一、酒店服务礼仪

(一) 前厅服务

1. 大堂副理服务礼仪

大堂副理的主要工作职责是代表酒店接待每一位在酒店遇到困难而需要帮助的客人,并在自己的职权范围内予以解决,包括回答客人问讯、解决客人疑难、处理客人投诉等。因此,大堂副理是沟通酒店和客人之间的桥梁,是酒店建立良好宾客关系的重要环节。大堂副理每天分三班24小时当值。在夜间,除值班经理外,大堂副理是酒店的最高权力机构的指挥者,其还需要协助前厅经理直接督导前厅各岗位的业务操作。

(1) 讲究形象,谦逊有礼。大堂副理应精神饱满,面带微笑,仪态自然得体;出言谨慎,口气婉转,态度诚恳,谦逊有礼。当客人发脾气时,大堂副理应保持冷静,待客人平静后再做婉言解释和道歉,要宽容、忍耐,绝对不能与客人发生争执。

(2) 主动热情,礼貌待人。有客人前来,大堂副理应主动上前或起立,热情问候;然后请客人就座,集中注意力,认真倾听客人诉说。对外宾要用外语交谈,对内宾要说普通话。

(3) 客人询问,不厌其烦。对客人提出的询问,大堂副理应百问不厌并给予全面详细的答复,使对方感到可信、满意。自己能答复的问题,绝不借口推脱给其他部门解答。对确实不了解、没把握的事,不要不懂装懂,更不能不负责任地自以为是。

(4) 善于分析,沉着冷静。对于客人投诉所反映的问题,大堂副理应做到热情相待,耐心听取,认真记录,冷静分析。即使对方情绪激动,也要心平气和、善解人意,逐步引导,充分尊重投诉者的心情。大堂副理应善于察言观色,适时地用征询、商量、建议性的口吻与客人交谈。

(5) 维护形象,坚持原则。大堂副理应尽量维护客人的自尊,同时也要维护好酒店的形象和声誉,原则问题不能放弃立场,应机智灵活处理。

(6) 解决投诉,表示感谢。对客人的任何意见和投诉,大堂副理均应给予明确合理的交代,力争在客人离开酒店前解决,并向客人表示感谢。

2. 礼宾员服务礼仪

(1) 迎宾服务礼仪:

迎候客人。面带微笑地迎客。迎车时,应注意引车停在便于客人下车的位置,如遇雨天要停在无滴水、地面无水坑的地点;为客人开启车门;客人出车门后应迅速检查座位处有无遗留物,然后轻关车门(关车门时要特别注意别让车门夹住客人的衣角、裙脚);如果是出租车,应该迅速记下该车的车牌号码。

为客人卸运行李。客人下车时应礼貌地询问其有无行李,有行李时则迅速用手势招呼行李员,并积极协助行李员将行李搬上行李车,提醒行李员与客人核对行李件数。

请客人进店。用手势向客人示意"请进";对老年或行动不便的来宾,应主动搀扶。

(2) 行李服务礼仪:

装卸行李。热情地帮助客人从车上卸下行李;检查行李有无破损,并请客人核对行李件数和状况,然后按要求装行李车。应注意尽量让客人自己提贵重和易损物品。

引导宾客至前台办手续。客人先行到前台办理登记手续,行李员提(推)行李(车)紧跟在客人后面,保持1.5米距离。客人办理登记时,应站在客人身后2米处的行李车旁或后面,面对客人。

引导客人入房。客人登记完毕后,应主动上前向客人或前台接待员取住房单或房卡,记住客人房号,然后护送客人进电梯到房间,途中应主动向客人简要介绍酒店的服务设施或服务项目。搭乘电梯时,先将一只手按住电梯门,请客人先进电梯,随后进入电梯,靠控制盘旁站立,面向电梯门。到达该楼层时,行李员先出电梯,并用手挡住电梯门,示意请客人出电梯,然后继续引导客人;到达客房时,应先按门铃,再敲门,若房内无反应,才能用房卡开门入房。开门后将房卡插入电源孔开灯;将行李放在行李架上或客人指定可以放置行李的地方,请客人清点件数。

简单介绍房间设施。入房后,应根据酒店客房设施设备的具体情况向客人介绍房间有关设施,并认真回答客人的提问。介绍完毕后,征询客人有无其他吩咐,如没有,则退出客房,轻轻关上房门;退出客房时应面向客人,微笑点头并致意"祝您住得愉快!"。

3. 前台接待服务礼仪

(1) 前台预订服务礼仪:

① 接电话时,应正确问候宾客,同时报出部门名称。

② 应能准确确认宾客抵离时间,询问宾客是否需要交通接送服务。

③ 应能准确提供所有适合宾客要求房型的信息,正确描述房型的差异(如位置、大小、房内设施等),并能清楚说明房价及所含内容。

④ 如该日期没有宾客要求的房型,应能主动提供其他选择。

⑤ 应准确询问宾客姓名及其拼写,询问宾客地址或其联系方式。

⑥ 提供预订号码或预订姓名。

⑦ 说明酒店入住的有关规定。

⑧ 通话结束前重复确认预订的所有细节。

⑨ 通话结束,员工向宾客致谢。

(2) 前台登记入住礼仪:

① 宾客抵达前台后,应及时接待。登记时,应确保登记入住手续高效、准确、无差错。

② 接待时,应能主动、热情、友好地问候宾客。

③ 登记时,要准确填写宾客登记卡上的有关内容。

④ 应确认宾客姓名,并至少在对话中使用一次。

⑤ 询问宾客是否需要贵重物品寄存服务,并解释相关规定。

⑥ 应与宾客确认离店日期。

⑦ 登记完毕后,应主动指示客房或电梯方向,或招呼行李员为宾客服务,并祝愿宾客入住愉快。

4. 总机服务礼仪

(1) 话务员接打电话时,应使用普通话或相应的外语,做到发音清晰,语调柔和,语速适中,音量适宜,语言简练,表述准确,耐心倾听。

(2) 话务员应在电话铃响3声内及时接听电话,先问候客人并报酒店名称。

(3) 转接电话时,如果无人接听或电话占线,话务员应及时告知来电者,并主动提供留言服务。

(4) 转接外线电话时,话务员应保护住店客人的私人信息。

(5) 提供叫醒服务时,话务员应保证在预定的时间准时叫醒客人。叫醒的语言应简练,语音甜美柔和。

5. 商务中心服务礼仪

酒店商务中心是协助现代商旅客人进行旅途中商务工作的部门,能够提供电邮、传真、复印、打字、秘书等商务工作,配备了现代化的通信和文件处理设备。商务中心的服务人员是商旅宾客在办公室之外的临时工作伙伴。

商务中心提供打印、复印服务时,服务人员应将客人的文件码放整齐,注意文件保密,迅速、准确服务。向客人递送文件时,应微笑着注视客人用双手递送。

(二) 餐饮服务

1. 迎宾服务

(1) 热情迎宾。当客人进入餐厅时,领台员要面带微笑并且礼貌问候,迎宾引领客人入位。

(2) 引宾入座。服务人员面带笑容,引导客人入席,拉椅让座,然后慢慢地将椅子推回原位,以便客人坐稳坐好。拉椅的要领是,两手和右脚尖将椅子稍微后撤,然后向前轻推,使客人放心坐下。

(3) 接受点菜。客人坐下后,应将菜单送上征求点菜。客人点菜一般应从女宾开始,按顺时针方向进行。客人点菜时,服务员应站在客人左侧,与客人保持一定距离,腰部稍微弯下一点,认真倾听客人选定的菜点名称,并适时向客人介绍、推销菜点。如点的菜已暂时售完,应立即向客人表示歉意,并婉转地向客人建议其他类似的菜肴。如有些菜烹制时间较长,应向客人说明原因。服务员要做到神情专注,有问必答,百问不烦,主动推销。当客人点完菜后,要将记录下的菜点复述核对一遍。

2. 值台服务

(1) 按中餐零点要求摆好台,开餐前 30 分钟,值台员面带微笑地站在规定位置迎候客人。见到客人到来,要主动迎上前问候,应用礼貌用语"先生(小姐),中午(晚上)好,欢迎光临",同时接过客人衣帽、物品依次放好,严禁将客人的衣帽倒拿,应将客人的物品放在比较显眼、客人容易看得见的位置;拉椅让座时,应用礼貌用语"您请坐",如有小孩,应立即送上儿童座椅。

(2) 在客人的右侧斟倒第一杯礼貌茶,用语"请用茶",一般斟 2/3 为宜,不宜太满。为客人去掉筷子套,同时进行自我介绍:"先生/小姐,中午(晚上)好,我是×号服务员,很高兴为大家服务,祝大家用餐愉快!"

(3) 上菜:

① 点菜后 10 分钟要出第一道热菜,热菜由传菜员送进餐厅,再由值台员把菜送上桌,并报菜名(按上菜服务要求进行操作)。

② 每上一道菜,要在该台的菜单上划去此菜名。

③ 上第一道热菜时,在客人只吃饭、不用酒的情况下,主动征询客人是否上面点。

④ 上带壳的食品,要同时上毛巾(或洗手盅)。

⑤ 上有汁的菜或大盘菜时,要加公勺或公筷。

⑥ 上菜前注意观察菜肴色泽、新鲜程度,注意有无异常气味,检查菜肴有无灰尘、飞虫

等不洁之物。

⑦ 在检查菜肴卫生时,严禁用手翻动或用嘴吹除,翻动时,必须要用消过毒的器具。

⑧ 卫生达不到质量要求的菜要及时退回厨房。

(4) 席间服务要求:

① 服务员要严守自己的工作岗位,按站姿要求站立,面带笑容,并在客人的餐桌旁边巡视,以便随时为客人服务。

② 及时为客人斟添酒水、更换餐碟,如客人的餐碟有1/3杂物,要及时撤换。

③ 为客人提供点烟服务,并及时撤换烟缸,同时收去餐桌上的空酒瓶和菜盘等。

④ 用餐30分钟后,应检查客人的菜是否到齐。

⑤ 客人进餐中,应主动征求客人意见,是否需要加些什么。

⑥ 要经常为客人加满茶水,饭后要换上热茶。

⑦ 客人吃完饭,主动为客人介绍水果和饭后甜点。

(5) 客人用餐完毕,应尽快收去餐台上不需要的餐具,但不要催促客人。同时问清客人不再需要什么时,可为客人结账,并征求客人意见:"各位还满意吗?如果有什么建议的话,请填写'客人意见卡',相信下次来的时候,我们会有更好的改进。"

(6) 用收银夹送账单:"这是您的账单",此时注意不要报出账单上的价格。收款时要当面点清,"您给了××(钱),找您××(钱),谢谢!"找的钱与发票应放置于收银夹内一并交还客人,并说"多谢"。

(7) 如客人要将没吃完的食品打包带走,服务员应及时提供打包服务,用专用的饭盒盛装食品后装入专用塑料袋,以便客人携带。

(8) 客人就餐完毕起身离座时,值台员要拉椅,协助疏通走道。并进行衣物服务,为客人取衣,协助客人穿好,礼貌提醒客人不要遗忘物品。

(9) 送客到门口,边送边向客人告别(也可征询客人意见),并向客人表示感谢,同时欢迎客人再次光临。

(10) 及时检查有无遗留物品,如有,要设法归还客人;餐厅若要翻台,注意操作要轻,尽量不影响就餐客人。

(三) 客房服务

客房是宾客的主要休息场所,客房服务人员要承担宾客的日常生活服务,与宾客接触最多。客房服务质量的高低,直接反映了酒店的整体管理水平,因而讲求客房礼仪至关重要。

1. 接待服务礼仪

客房服务员在得到客人将要到达的通知后,应立即做好准备工作。

客人到达前要调好室温,如果客人是晚上到达,要拉上窗帘,开亮房灯,铺好夜床。完成准备工作后,楼层服务员应整理好个人仪表,要有礼貌地站在梯口旁,恭候宾客到来。

在客人到达时,要面带微笑,热情问候:"您好! 欢迎您!"并行鞠躬礼。随后,将客人带入客房。在打开房门之后,应先请客人入内。进入客房后,对客房内的设施做介绍,在客人无任何疑问后再离开房间。向客人告别时,注意礼貌用语的使用,离开时,要后退一步,再转身走出,随即把门轻轻带上,让客人安心休息。

2. 日常服务礼仪

打扫客房之前,要先轻轻敲门,征得客人同意后方可进入。敲门的规范动作是:用右手的中指或食指关节轻轻敲门3下。若无回音,间隔3秒后再敲3下,共敲3次后,方可开门进房。按门铃时,每次间隔3秒,共按三次,然后开门。敲门的同时报上自己的身份:"客房服务员/Housekeeping"。

(1) 房门上挂有"请勿打扰"的牌子时,不能擅自闯入,应放置清洁说明牌。过了午后两点,客房仍处于"请勿打扰"状态的,可打电话到该房间,礼貌问候:"您好,客房服务员,请问可以进房收拾卫生吗?"客人同意后方可进入。

(2) 打扫客房时,不能随意翻动宾客的物品。如遇打扫时要移动的,打扫结束后,一定要把物品放回原处。打扫房间时,如客人会客、打电话等,服务人员不能在一旁偷听或插话,更不能在工作时打听客人隐私,不能向客人索取钱财物品等。

(3) 工作中不慎打坏杯盘时,应表示歉意并马上清扫。如宾客不慎损坏易耗物品,应给予安慰并马上更换,不能流露厌烦情绪和责备口气。

(4) 客房与卫生间清扫应整洁,做到无灰尘、无污迹。如发现客房卫生间门关着或虚掩着,应敲门三下,确认里面无人后方可进入。

(5) 不放过任何一个细节,养成勤于检查的习惯。如检查客房内所有用具是否已放回原处,文具用品是否已补足,用过的洗衣袋/单是否已补足,烟灰缸、垃圾桶是否已清空洗净,宾客的衣服是否已折叠整齐或已悬挂,是否已将宾客个人的浴室用品摆放整齐,所有的鞋子是否已成双整齐码放,报纸、杂志是否已码放整齐,用过的杯子或送餐盘是否已从房内撤出,门把手上挂的标志牌是否已放回原处,等等。

(6) 整理房间前后应保证客人留在房里的零钱和首饰未被移动位置。

(7) 其他时间若宾客要求更新浴室用具、水杯、面巾纸等,也应及时补足或更换。

(8) 开夜床服务包括两个内容:一是开夜床以便客人休息;二是整理房间清洁卫生间、补充必需的客用品、恢复客房环境卫生,使客人感到舒适温馨。正常情况下,每天17:00到21:00提供开夜床服务。进入房间时,如果悬挂"请勿打扰"牌,可在门下放置或在门把手挂开床卡片。如客人在房间,需征得客人同意后方可进房。如客人不需要服务,要做好记录。打开地灯、卫生间灯、壁灯和床头灯,尤其强调床头灯在打开状态。将白纱帘、遮光帘均拉严至窗户居中位置。将散放在床上的客衣折叠整齐,或悬挂入衣柜内,倒掉垃圾桶和烟灰缸内垃圾,并清理干净;将用过的杯具撤换;撤掉浴室已用过的各种棉织品。检查床头是否已放置晚安卡或晚安致意品;房内早餐卡是否已放在醒目位置;客房内所有用具是否都已归于原处;所有的鞋子是否已成双整齐码放;文具用品、浴室用品是否已补足;报纸、杂志是否已码放整齐;电视遥控器是否已放在显著位置,电视节目单是否齐全,电视机频道是否已调好;宾客个人的浴室用品是否已摆放整齐等等。

3. 送别服务礼仪

要了解客人离店的日期、时间、所乘交通工具的班次,所有委托代办的项目是否已经办妥,账款是否已经结清,是否需要安排车辆送到车站、机场等。

检查客人有无物品遗留在房间,如有,要及时提醒客人,当客人离开时,将客人送到电梯口,并热情告别。

知识小贴士 12.1

服务礼仪

礼仪一词出自《诗经》:"献酬交错,礼仪卒度,笑语卒获。"礼仪,行礼之仪,它是存在于社会的一切交往活动中的有形的行为习惯。

> 服务礼仪是指特定的服务行业中人们所遵循的礼仪规范，它是各服务行业人员应具备的基本素质和基本条件，是律己敬人的表现形式和行为技巧，是个人素养和社会价值观的外在表现，也是企业形象的具体表现。
>
> 资料来源：吕艳芝.饭店服务礼仪标准培训[M].北京：中国纺织出版社，2014:3.

二、商业服务礼仪

商场交易的达成最终是通过营业员与消费者之间面对面的交流和沟通来实现的，营业员作为商场的代表，他的一言一行不仅是个人形象的体现，更重要的是企业形象的体现，高水平的礼貌服务不仅可以弥补环境因素的不足，对树立良好的企业形象、加深企业与消费者的感情交流亦有极大的作用。总体上说，一名称职的商场营业员在服务中应做到：主动微笑迎客，使用敬语待客，公平诚实交易，当好顾客参谋，真心诚意谢客。

（一）举止大方得体

商场服务员应统一着装、穿戴整齐、洁净大方。统一的着装不仅便于消费者识别，更重要的是它能体现企业的素质、品位和文化内涵。良好的仪态容易使消费者产生信任感和进一步沟通的欲望；反之，则会加大与消费者之间的距离，令消费者感到不自在，避之唯恐不及。

营业员在工作中，无论是站是走都应始终保持姿态的大方、自然，给消费者以自信、热情的感觉；反之，心不在焉，则易使消费者产生不信任或受冷落的感觉。

营业员与顾客交流时两眼应正视对方，给顾客以真诚的感觉，否则，会给人以缺乏自信，或是轻视对方的感觉，这是人际沟通之大忌。

（二）语言文明礼貌

语言是礼貌不仅体现在语言的掌握程度上，更重要的是表现在语言的表达技巧上，所以作为服务行业的从业者，营业员在与顾客语言交流时要注意谈话的技巧，礼貌用语的使用。恰如其分的称谓常给人以亲切感，可以起到很好的感情沟通作用，反之，则使人感到不愉快。称呼顾客时应注意根据年龄、性别、职业、地区、民族、习惯的不同，因人而异。会使用"10字"礼貌用语。使用"10字"礼貌用语是对服务业员工的基本要求，所谓"10字"是指"您好""请""谢谢""对不起""再见"。但作为一个高素质的营业员，在实际工作中不应以此为满足，因为千篇一律的词句会使人厌烦，所以应注意根据具体情况使用不同的方式来表达你的意思。

（三）态度热情周到

满意周到的服务是与营业员的服务态度密切相关的，营业员如果对待消费者的态度有所偏差，再好的仪表、再标准的语言也是枉然。服务态度以公正、热情、主动、耐心、周到为基本要求。营业员要一视同仁，以正直的心态对待所有消费者，不因职业、地位、民族、地域、年龄、性别、外貌等的差异而有所不同，做到"童叟无欺"，处处体现平等待人、公平交易的精神。

营业员在工作中主动接近顾客，不消极等待，更不能对顾客视而不见，要让顾客有时刻被人关注和重视的感觉。应做到：主动和顾客打招呼；主动询问顾客的需求；主动当好顾客的参谋；主动帮助挑选商品；主动帮助顾客解决问题，处处体现顾客至上的精神。

营业员以饱满的精神状态投入工作，以真诚、自如的微笑，以温和、清楚的语调对待顾客。应做到：顾客来时有招呼；顾客询问有回应；挑选商品有介绍；收款找零有交代；顾客离开有道别,处处体现礼貌服务的精神。在热情为顾客服务时,营业员必须恰当地表达热情,把握分寸,适当的感情距离有时更有利于沟通和交流。

营业员在服务工作中充分理解消费者,把方便让给消费者,把困难留给自己,以百问不烦、有问必答的态度对待消费者。应做到:买与不买一个样;买多买少一个样;大人小孩一个样;生人熟人一个样;退货买货一个样;忙时闲时一个样,处处体现一切为了顾客的精神。

营业员在工作中从顾客的利益出发想顾客之所想,急顾客之所急;从专业服务的角度出发为顾客解疑排难,相关事宜应向顾客解释清楚,不应对顾客有所隐瞒。每笔业务要有头有尾、善始善终,不能虎头蛇尾、粗枝大叶。要处处体现一切为了顾客的精神。

三、银行服务礼仪

(一)准备礼仪

提前10分钟到岗,检查仪容仪表是否符合基本要求;检查工作台是否清洁;检查工作必需品是否齐全;检查机器设备是否运转正常。

(二)大堂经理礼仪

大堂经理以良好的自身形象、高度的责任心、文明的言谈举止、丰富的金融知识,做到眼勤、口勤、手勤、脚勤,穿梭服务于客户之间,确保客户在银行网点顺心、舒心、开心享受各项金融服务的同时,也充分展示银行良好的社会形象,是银行各网点名副其实的形象大使。

(1) 热情、文明地对进出网点的客户迎来送往,从客户进门时起,大堂经理就主动地迎接客户,询问客户需求,对客户进行相应的业务引导,诚恳、耐心、准确地解答客户的业务咨询。

(2) 根据客户需求,主动向客户推介、营销银行先进、方便、快捷的金融产品和交易方式、方法,为其当好理财参谋。

(3) 利用大堂服务阵地,广泛收集市场信息和客户信息,充分挖掘重点客户资源,记录重点客户服务信息,用适当的方式与重点客户建立长期稳定的关系。

(4) 负责对网点的标识、利率牌、宣传牌、告示牌、机具、意见簿、宣传资料、便民设施等整齐摆放和维护,使客户一走进银行就有一种家庭的温暖和关怀。

(5) 维护正常的营业秩序,提醒客户遵守"一米线",根据柜面客户排队现象,及时进行疏导,减少客户等候时间。

(6) 快速妥善地处理客户提出的批评性意见,避免客户与柜员发生直接争执,化解矛盾,减少客户投诉。对客户意见和有效投诉的处理结果在规定时间内及时回复。

(7) 密切关注营业场所动态,发现异常情况及时报告,维护银行和客户的资金及人身安全。

(三)柜台服务礼仪

(1) 客户来到柜台,柜台服务人员应在距离客户3米以内时起身迎候客户,注视客户,面带微笑,主动问候客户:"您好,请坐。"

(2) 客户递交过来存折、现金、证件等物品时,服务人员需及时接过。服务人员需迅速按照客户需求办理相应业务,做到热情、耐心。

(3) 客户办理业务过程中,服务人员如果需要称呼客户时,应使用某某先生/小姐(或女士),这种个性化的称呼会给客户以亲切感。服务人员如果需要暂时离开座位,应主动告知客户,并说:"对不起,我需要离开一会儿,请您稍等。"回来后,服务人员需向客户致歉:"对不起,让您久等了。"

(4) 业务办理完毕后,需要客户签名时,服务人员应递出凭条,并请客户核对后在指定位置签名确认。如果客户办理的是比较大额的取款业务,服务人员需主动为客户提供信封等。

(5) 客户离开柜台时,服务人员应礼貌地与客户道别。

第二节 外贸礼仪

涉外交往礼仪中涉及的范围比较广,本节仅从涉外交往中的服饰、行为、宴请三个方面来介绍。

一、涉外交往中的服饰

因为民族不同以及性别、习惯、年龄等方面的差异,所以在服饰上也有很大的区别。在外贸活动中,服饰的颜色、样式及搭配等的合适与否,给对方的印象和感觉等方面都将带来一定的影响。如穿着一般选择灰色或者褐色甚至黑色,这些颜色会给人一种坚实、端庄、严肃的感觉。

从服饰的样式来看,在西方国家的社会交往场合下,服饰大致可分为便服与礼服。原则上看,在正式、隆重、严肃的场合多着深色礼服,而在一般场合可着便服。在外贸活动中着西装已是被普通认可的服装。另外,女士在对外场合穿牛仔裤、靴子是有失身份的。旗袍是中国特有的女装,但应与服务员的旗袍有所区别,两侧开口不应到胯部,只能到膝部。

二、涉外交往中的行为

(一) 举止文明

举止是一种不说话的"语言",能在很大程度上反映一个人的素质、受教育的程度及能够被别人信任的程度。在交往中,一个人的行为既体现他的道德修养、文化水平,又能表现出他与别人交往是否有诚意,更关系到一个人形象的塑造,甚至会影响国家民族的形象。

(二) 谈吐优雅

1. 谈吐首先要注意是话题

合适的话题对进一步交往很重要。不恰当的话题不仅使谈话难以深入,还可能引起不愉快。要注意商谈的距离。在一般情况下,人们在商谈时或坐着或站着,都应保持一定的角度,而实质性的谈判则基本上都是面对面进行的,双方距离一般在1~1.5米之间。

2. 注意商谈的手势

说话时的手势有利于表现自己的情绪,帮助说明问题,增强说话的说服力与感染力。

3. 要注意商谈的眼光

比较好的做法是:以平静的目光注视对方的脸与眼。这样做一方面表示你在认真倾听对方的发言和意见,或者在认真地回答他的问题,提出你的意见;另一方面通过注视对方的脸部表情和眼神来观察对方的心理活动,捕捉对方的思想。

三、涉外交往中的宴请

西方人邀请别人吃饭一般提前一周左右,客人一般有三种反应:接受、不接受、暂时的答复。不接受的回答一般是"谢谢你,真想去,但我恐怕……";暂时的答复可以是"谢谢你,太好了,但那天晚上我也许要工作,让我明天告诉你,好吧?"无论哪一种反应,都不能模棱两可。

赴宴入席中怎样就座应由主人安排;对同桌者应表现极为友好的礼让态度;就座后举止必须斯文。宴会也是一种社交礼仪活动,如果把追求吃喝放在主要位置,就是本末倒置了。酒宴中不能只专心于进食,而应注意主人的举动,是否在席间讲话,是否逐桌敬酒,以便采取"客随主便"的合作态度;同时还应亲切照顾自己身边的来宾。当别人为自己布菜或斟酒时,应立即道谢,不能摆出一副受之无愧的样子。进食要不慌不忙,咀嚼或喝汤时都不能出声,当嘴中有食物时最好避免与别人交谈,食具应随时放回原处,使自己的举止显得有教养。如果有事要先走,必须向同桌者和主人表示歉意。

第三节 教师礼仪

党的十九大报告指出,建设教育强国是中华民族伟大复兴的基础工程,必须把教育事业放在优先位置,加快教育现代化,办好人民满意的教育。办好教育的同时必须壮大教师队伍的力量,提升教师的形象。教师的形象主要从言谈举止上体现出来,即教师礼仪。教师的礼仪包括形象礼仪、教学礼仪两部分。

一、教师形象礼仪

(一) 教师仪态

1. 保证面部清洁

要经常洗脸,洗脸可以去掉脸上的灰尘(粉笔灰)、污垢、汗渍及分泌物。女教师上岗时,应化简约、清丽、素雅的淡妆,既不要不化妆,也不要化浓妆;男教师注意保洁即可。

2. 保持头发整齐

教师的头发要整齐、干净,不能有异味或蓬松凌乱。在发型的选择上,要与自己的脸形、体形、性别、年龄相适应,做到雅致大方、统一协调。女教师的发型不要过于夸张,不要选用不自然的颜色染发,不要佩戴大型花哨的发饰;男教师的发型不要过短或过长。任何怪异新潮的发型都不适合教师这个职业。此外,爱掉头发和头屑的教师,每次出门前还应对自己的头发进行精心的检查和梳理,并将落发和头屑认真地清理干净。

3. 保养双手

教师的双手堪称是自己的"第二张名片",教师在办公室伏案工作、在课堂板书、在课余辅导学生时都需要用手。所以,不论饭前便后、板书完毕、外出回来以及接触各种东西后,都应及时洗手。指甲缝里要清洗干净,不要有残留物,不得蓄长指甲,不要使用醒目的指甲油,不得在他人面前修剪指甲。

(二) 教师仪表

1. 穿着合适的衣服

教师在服装的选择上,要以身体条件为依据,根据自己的高矮、胖瘦、肤色深浅来选择不同质地、颜色和样式的衣服,以求扬长避短,通过服装来起到一定的修饰作用。老教师着装要注意庄重、雅致、整洁,给学生德高望重、沉稳通达之感;青年教师着装则要鲜艳、活泼、随意一些,给学生朝气蓬勃、充满活力之感。服装的选择,应随课程性质、课程内容的不同而不同。

2. 树立良好的形象

教师树立良好的个人形象,同时也会给学生带来正面影响。教师可以适当佩戴饰物,以达到衬托仪表、体现个性、展示内在气质和高雅品位的作用。佩戴饰物时,要少而精,使风格、外形、颜色、质地与服装相配,还应考虑场合和季节,并与个人的体形、发型、脸形、肤色及年龄协调一致。此外,佩戴首饰时,要懂得寓意,遵守民间地域文化习俗,避免尴尬。女教师可根据恋爱及婚否来选择戴戒指的手指;耳环戴一对。有外事活动时,不要戴有十字架或猪、蛇等生肖挂件的项链;课堂上不提倡戴手镯。男教师皮带的颜色应与裤子同色或相近;皮夹中不宜塞满东西;笔应放入公文包内或上衣内侧的口袋中,不要放在口袋中。

(三)教师教态

1. 手势和姿势

教师教学时,通常应保持站立姿势。要做到直立、挺胸、收腹、梗颈,给人以端正、稳重、自然、亲切之感。要站在教室中央,这样既利于自己随时参阅教案、提笔板书,又利于学生视力健康和身体卫生,不会让学生形成斜视。学生思考或做练习时,教师应到学生座位行间巡视;擦黑板时,要稳,不能全身猛抖;讲课时,要面对学生,不要侧身甚至面对黑板站立;不要靠在讲台、黑板或课桌上;不要双手交叉抱在胸前;不要两脚分得太开,也不要交叉两腿而站。学生回答问题时,教师应身体微微前倾,不要把手放在裤兜里或反在背后,更不要背对学生,只顾自己板书。

教师在课堂上授课时应适当走动。要做到抬头、挺胸、收腹;两臂自然摆动,前摆约35°,后摆约15°;步幅适度、频率适中、步态轻盈,重心落在前脚掌,两脚内侧落在同一条直线的边沿上,脚尖偏离中心线约10°。不论是一字步走姿,还是平行步走姿,都不要东张西望、面无表情、内外八字、身板不直、蹭着地走。更不要在课堂上走动过频,造成学生视觉疲劳,分散学生注意力。走动时,不要吃东西或吸烟。

2. 面部表情

面部表情是内心感情的重要表现,双唇紧闭反映沉思,双唇弯曲表示怀疑或嘲笑,但在面部表情中最能表情达意的就是微笑。

拓展阅读 12.1

关于教态的调查

学生喜欢怎样的教态?我们曾向100名不同文化层次的学生做了问卷调查。调查表明,学生十分注重教师的教态,普遍认为教态对教学效果会产生重要的影响,这100份问卷对教态问题的回答情况是:

新教师走进教室,你首先注意的是什么?有62%的学生注意新教师的眼睛,35%的学生注意新教师的衣着气质,3%的学生注意新教师讲话是否标准。

当教师在课堂上看着你讲课时,你是否喜欢正视老师的目光?58%的学生回答不喜欢,38%的学回答喜欢,有4%的学生回答有时喜欢。

当你回答教师提出的问题时,是迎着教师的目光还是把脸扭开?66%的学生迎着教师的目光,34%的学生躲避教师的目光。

当你答完问题时,是否瞧着教师,以求教师对你的回答做一评价?80%的学生希望教师作评价,17%的学生不希望做评价,3%的学生认为无所谓。

你是否理解教师用姿态动作来表情达意？表示能够理解的占88%,表示基本理解的占12%。

你希望教师在课堂上表现出什么样的面部表情？希望微笑的占83%,答"当教室里吵闹时严肃"的占10%。4%的同学希望教师"在生气时表现出镇静",3%的学生希望教师能在"气氛紧张时保持笑容"。

资料来源：孙汝建.职业礼仪[M].重庆：重庆大学出版社,2014:156.

二、教师教学礼仪

(一)教师语言礼仪

1. 语言文明健康

教师是学生的榜样和楷模,教师可以通过课堂语言来塑造学生磊落的人格魅力,培养学生坚强的意志品质和高尚的道德情操。因此,课堂语言必须注意积极向上、文明健康,符合语言美的要求。

2. 使用普通话,讲求语言规范

标准的普通话是教师的职业语言。在实际教学中,如果教师能用一口纯正、流利的普通话文雅规范地授课,无疑会对学生学习产生良好的效果。此外,教师语言规范还表现在遣词造句方面要符合普通话的规范和现代汉语的习惯。

3. 语言准确,讲求科学性

教师在课堂上要准确地使用概念,科学地做出判断,合乎逻辑地进行推理,从而准确无误地讲解知识,透彻精辟地说明道理。各科教学都有其严密的科学性和系统性,教师上课必须使用准确、严谨的语言。

4. 语言简洁,条理清晰

教师讲课要做到语言精练,条理清晰,表达准确,避免冗长。用简洁的语言传达丰富的信息,节省时间以增加课时的容量。中心明确、有的放矢、有层次,才能更好地讲清重点,突破难点。

5. 语音自然清晰,语调抑扬顿挫

教师的课堂语言应注意语音柔和动听,亲切自然,吐字清晰,发音纯正饱满。音量要适中,以教室里后排的学生能听清所讲内容为准。同时,在讲课过程中,教师的语调应抑扬顿挫,避免始终一个音调,使学生昏昏欲睡。

6. 语言生动形象,具有艺术美

好的语言表达往往含蓄深刻、生动活泼,具有启发性和幽默感,使人能从中得到高雅的享受。教师的课堂语言更应讲究分寸、锤词炼句、生动活泼、通俗易懂,融思想、学术、智慧及灵感于语言表达之中,在营造良好教学氛围的同时,用哲理启迪学生,这才是教师语言的最高境界。

(二)教师板书礼仪

板书是课堂教学中的一个重要组成部分。好的板书能加强理论教学的直观性,能更加突出教学重点,显示某种条理,提纲挈领,起到画龙点睛的作用。因此,教师要认真设计好每节课的板书,重视板书的礼仪规范。

板书文字应简明扼要。要注重难点,分清主次,抓住关键性环节。预先明确板书的内容,文字要反复推敲、筛选,力保简单,尽量做到在黑板上"写下的是真理"。板书字迹要端庄秀丽,大小适度,不写错别字、潦草字和不规范的简化字。板书线条、符号要运用得体。

第四节　政　务　礼　仪

一、办公室礼仪

办公室是公共区域,所有的办公人员都要遵守办公室礼仪。

(一)办公环境礼仪

办公环境礼仪主要指办公环境的布置、布局符合礼仪要求。办公环境布局和布置要充分考虑办公礼仪的需要。办公室内部的布置既要有共性,又要有个性,以体现环境的严肃庄重与温馨和谐。

(1)办公室应有鲜明的标志,办公桌应放在房间内采光条件较好、正对门口的地方。人多的办公室可用隔板把各个工作人员的办公区域分割开来,以保证彼此不受影响。

(2)领导和一般员工的办公室既要在规格和陈设上有一定的区别,又要整体协调,同中有异,异中有同,体现对员工的尊重。

(3)文件柜的摆放以有利于工作为原则,通常应靠墙角放置,不宜占据较大的办公空间。所有文件应及时按类归档、装订整理后放入文件柜。

(4)所有办公用品的购置统一由办公室做计划,报经领导批准后方可购置。用具统一由办公室专人管理。

(5)个人办公区要保持办公桌清洁,非办公用品不外露,桌面摆放整齐。当有事离开自己的办公座位时,应将座椅推回办公桌内。下班离开办公室前,使用人应该关闭所用机器的电源,将台面的物品归位,锁好贵重物品和重要文件。

(二)办公公共区域礼仪

工作期间,在办公室以外的公共区域也应该注意相应的行为规范。

(1)不在公共办公区吸烟、扎堆聊天、大声喧哗;节约水电;禁止在办公家具和公共设施上乱写、乱画、乱贴;保持卫生间清洁;在指定区域内停放车辆。

(2)饮水时,如不是接待来宾,应使用个人的水杯,减少一次性水杯的浪费。不得擅自带外来人员进入办公区,会谈和接待安排在洽谈区域。最后离开办公区的人员应关电灯、门窗,以及室内总开关。

(3)注意谈话的声音控制,一般是两个人能够听到即可,避免打扰他人工作。

(4)进出任何一个办公区域都应轻敲房门,得到允许方可进入。即使房门敞开,也不可直接进入他人办公室。

(5)使用各类办公设备时,应遵循先来后到的原则,注意机密文件的保密,不能用办公设备处理私事,更不能在工作时间玩电脑游戏。

(6)在餐厅就餐应自觉排队,不要敲击碗筷,文明就餐,勤俭节约,吃不完的食物应倒入指定容器中。避免在办公区域和自己的座位上进餐,实在不能避免,应尽量节省时间,并在就餐后迅速通风,以保持工作区域空气不留异味。

(7) 使用洗手间应保持洗手间的清洁、无异味,节约用水。

(三) 办公行为礼仪

办公行为礼仪主要指日常工作行为的礼仪要求。在办公室工作时间内,要注意的礼仪有上下级礼仪、工作汇报礼仪、同事交往礼仪等。

1. 上下级礼仪

(1) 尊重上级。就被领导者来说,在工作上,不能超越自己的一定范围内的权限,不能越俎代庖。如果下级替代了上级,就会给工作造成混乱。下级要服从上级领导,要严格按照上级的指示工作,并维护上级的威信。尊敬上级,争取上级的帮助和支持。认清自己工作的位置和地位,尽可能地帮助上级排忧解难,识大体、顾大局。另外,要摆正关系。摆正关系是搞好上下级关系的前提。在工作上,摆正领导与被领导的关系,理解上司意图,出错不要找借口。对领导交办的工作,应愉快地、创造性地完成,如果确实完不成的要向领导说明原因。

(2) 关心下级。上级只有尊重下级,才能充分调动下级的积极性、主动性,进而把工作做好。尊重下级主要体现在尊重下级的人格、尊重下级的意见、尊重下级的职权、尊重下级的劳动成果。

2. 工作汇报礼仪

(1) 汇报工作的礼仪。遵守时间,不可失约。轻轻敲门,经允许后才能进门。汇报时,要注意仪表、姿态,站有站相,坐有坐相,文雅大方,彬彬有礼。汇报内容要实事求是,汇报口音要吐字清晰,语调、声音应大小恰当。

(2) 听取工作汇报的礼仪。已约定时间,应准时等候,如有可能可稍提前一点时间等候,并做好记录要点的准备以及其他准备。及时招呼汇报者进门入座。当下级汇报时,可与之进行目光交流,配之以点头等表示自己认真倾听的体态动作。不要随意批评、拍板,要先思而后言。听取汇报时不要有频繁看表或打呵欠、做其他事情等不礼貌的行为。

要求下级结束汇报时可以通过合适的体态语言或委婉的语气告诉对方,不能粗暴打断。当下级告辞时,应站起来相送。如果联系不多的下级来汇报时,还应送至门口,并亲切道别。

3. 同事交往礼仪

同事关系是指同一组织中平级工作人员之间因工作联系而产生的关系。同事关系通常具有稳定性。因此,长期共处一室的同事应当彼此尊重、互相帮助、一视同仁,以便建立与保持和谐的同事关系。同事交往礼仪的要点是:彼此尊重、互相帮助、一视同仁、正确处理同事及上司的关系。

二、公文礼仪

公文是公务文书的简称,它是指机关、团体、企事业单位在处理公务或联系工作时所形成的具有特定格式的书画文字材料的总称。单位的指示、决定、通知、请示、批复、报告、公函等均属公文范畴。公文是实现公务活动目标的有效手段,使用公文可以起到互通信息、联络感情的作用。公文在具体操作过程中渐渐形成的一些约定俗成的格式和规则就是公文礼仪。

(一) 公文的类型

我国现行的法定公文的范围以参考《党政机关公文处理工作条例》(2012年4月16日由中共中央办公厅和国务院办公厅联合印发,2012年7月1日起施行)所载为准,可分为15种。

(1) 决议。适用于会议讨论通过的重大决策事项。

(2) 决定。适用于对重要事项作出决策和部署、奖惩有关单位和人员、变更或者撤销下级机关不适当的决定事项。

(3) 命令(令)。适用于公布行政法规和规章、宣布施行重大强制性措施、批准授予和晋升衔级、嘉奖有关单位和人员。

(4) 公报。适用于公布重要决定或者重大事项。

(5) 公告。适用于向国内外宣布重要事项或者法定事项。

(6) 通告。适用于在一定范围内公布应当遵守或者周知的事项。

(7) 意见。适用于对重要问题提出见解和处理办法。

(8) 通知。适用于发布、传达要求下级机关执行和有关单位周知或者执行的事项,批转、转发公文。

(9) 通报。适用于表彰先进、批评错误、传达重要精神和告知重要情况。

(10) 报告。适用于向上级机关汇报工作、反映情况,回复上级机关的询问。

(11) 请示。适用于向上级机关请求指示、批准。

(12) 批复。适用于答复下级机关请示事项。

(13) 议案。适用于各级人民政府按照法律程序向同级人民代表大会或者人民代表大会常务委员会提请审议事项。

(14) 函。适用于不相隶属机关之间商洽工作、询问和答复问题、请求批准和答复审批事项。

(15) 纪要。适用于记载会议主要情况和议定事项。

(二) 公文礼仪的特点

与一般应用文相比,公文从内容到形式上都有其显著的特点。公文礼仪的特点则是由公文自身的性质和特点派生而来的。

1. 格式固定化

公文的格式包括标题、主送机关、正义、附件、发文机关、发文日期、报送单位、文件版头、公文编号、机密等级、紧急程度、阅读范围等项。为了维护公文的严肃性,便于公文的处理,国务院办公厅要求有关单位对公文的种类、格式、行文规则、处理都必须严格按照国家有关规定,绝不允许自作主张,任意违反。对公文不讲格式,随意乱造,从礼仪角度看,就是一种不尊重收文者、阅读者的表现。

2. 行文关系化

公文的关系是以原有的行政关系、职能关系、隶属关系为依据,除特殊情况外,应一级一级依次行文,不应越级行文,以免破坏正常的行文关系。拟制涉及部门职权的公文时,主办单位要主动同有关部门进行协商,在取得一致的意见后联合行文。平行或不相隶属的单位之间,只能使用平行文,不能使用下行文或上行文,以体现相互间的管理与平等。另外,抄、送、发的关系应明确。

3. 辞章逻辑化

提高公文写作技巧、写作水平也是讲究礼仪的具体表现。文书写作中的词语组合要严密精确,易产生歧义的词语尽量少用或不用。在一篇具体的文书中,应该写什么,不应该写什么;哪些禁止写,哪些可以写;如何措辞,如何称呼,采用何种语气等等,都要和公文内容相一致。同时,还要考虑对方能否接受,会作出何种反应。文书中语言的不得体,不仅失礼,对问题的解决可能还会产生某些负面作用,故应多加注意。

(三) 公文礼仪的规则

公文在编制和处理的过程中是否能按公文礼仪规则行事，直接影响着工作效率的高低，同时，也反映着对他人的尊敬与否。概括地说，公文在编制和处理的过程中应遵循的基本礼仪规则有以下9项：

(1) 各级国家行政机关的行文关系，应根据各自隶属关系和职权范围确定。

(2) 政府各部门在自己的权限内，可以互相行文，可以同下一级人民政府的有关业务部门互相行文；也可以根据本级政府授权的有关规定，对下一级直接行文。

(3) 向上级机关的重要行文，应抄报直接上级机关。

(4) 凡部门之间未对有关问题协商一致时，一律不得各自向下行文。

(5) 政府各部门可以联合行文。

(6) 各级国家行政机关不得越级请示。因特殊情况，必须越级行文时，应抄报越过的机关。

(7) 请示的公文，一般应一文一事。除领导直接交办的事项外，请示不要直接送领导个人，也不要同时报送同级和下级机关。

(8) 受双重领导的机关上报公文，应根据内容写明主报机关和抄报机关，由主报机关负责答复请示的问题。上级机关向受双重领导的下级机关行文时，应同时抄送另一上级机关。

(9) 经过批准在报刊发表的国家行政机关公文，应视为正式公文依照执行。如不另行文，应在报刊发表时注明。

(四) 公文办理礼仪

公文办理的基本礼仪要求涉及的内容很多，范围也较广，具体包括以下15项内容：

(1) 公文办理一般包括传递、签收、登记、分办、拟办、承办、催办、办结、立卷、归档、销毁等程序。

(2) 凡需办理的公文，文书部门应根据内容和性质，送领导人批示或送交有关业务部门办理。对于紧急公文，文书部门应提出办理时限。

(3) 凡涉及其他部门或地区的问题，主办机关应主动与有关部门或地区协商、上报的公文，如有关方面意见不一，要如实反映。

(4) 已送领导人批示或交有关业务部门办理的公文，文书部门要负责检查催办避免漏办和延误。

(5) 公文写作中要符合国家政策、法律，时间要用具体的年月日，数字书写一般用汉字，同一公文中的数字写法要前后一致，人名、地名、数字、引文要准确真实，使用简称时必须先用全称，并加以说明。

(6) 各级行政机关下发的公文，由机关领导人签发。重要的或涉及面广的，由正职或主持日常工作的副职领导人签发。有的公文，可由秘书长或办公室主任根据授权签发。

(7) 各级领导人审批公文要认真负责，文件主批人要签署自己的意见、姓名和时间。

(8) 拟写、签发公文时应使用黑色钢笔或毛笔。

(9) 各级国家行政机关的办公室在将公文送领导人签发之前，应认真做好审核工作。审核重点为：是否需要行文，公文内容、文字表述、文件使用、格式等是否符合有关规定。

(10) 上级机关的发文，除绝密或注明不准翻印的以外，经下一级机关的秘书长或办公室主任批准，可以翻印、转发。翻印时要注明翻印的机关和时间。

(11) 传递秘密公文时，必须采取相应的保密措施，确保文件安全。

(12) 公文办完后,应根据文书立卷、归档的有关规定,及时将公文定稿、正文和有关材料整理立卷。

(13) 公文立卷应根据其特征、相互联系和保存价值分类整理,保证齐全、完整、正确反映本机关的主要情况,便于保管、查找和利用。

(14) 立好的案卷,应按照有关规定定期向档案部门移交。个人不得保存存档的公文。

(15) 没有存档价值和存查必要的公文,经过鉴别和主管领导人批准,可定期销毁。销毁的秘密公文要进行登记,由专人监督,以保证不丢失、不漏销。

(五) 公文写作礼仪

尽管公文的种类众多、形式各异,然而不论何种公文,在写作上均应符合一定的礼仪规范。

1. 实事求是,讲求实效

公文是为解决公务的实际问题而制发的,因此,公文写作首先应考虑拟定公文的制发是否有其必要,是否有助于关键问题的解决,是否能够真正取得理想成效。对那些不能很好解决实际问题的公文,能不发的就应坚决不发,能少发的绝不多发。要使公文能够真正有效地解决实际问题,公文的内容就必须符合实际情况,如实反映事物的本来面目和客观规律。

2. 依法办事,保证质量

公文写作还必须依法办事,保证质量。首先,公文的内容必须符合国家的法律、法令,符合党和政府的方针政策及有关规定。尽管一般公文都是按照领导指示、根据领导意图而制发的,撰写者也应自觉依法维护公文的严肃性,不得盲目行事。其次,公文是一种有特定体式的文书,必须严格按其特定的体式写作,不得随意行文。此外,一般文书的写作基本要求如重点突出、观点鲜明、结构严谨、条理清楚等,对公文写作同样重要。

3. 按部就班,有条不紊

凡事按照既定的方案有序地进行方能达到预期的目标,公文写作自然也不例外。公文的性质特点决定了公文必须严格规范写作,不得自行其是。因此,动笔之前应首先明确发文的主题和目的,即弄清楚发文的缘由、发文的对象等问题;写作的具体要求同时也应一并明了。

三、会议礼仪

(一) 会议准备礼仪

1. 会议筹备组的建立

组织一个高效率的会议筹备组,选好一个干练、认真的筹备组负责人,是会议成功的先决条件。会议筹备组的负责人,应是本单位比较有影响的人物,不但有较强的组织才能,而且有一定的凝聚力;不但自身各方面能力较强,而且能以身作则,关键时候可以带领会议筹备组全体人员突击某项工作。如果允许,筹备组的负责人最好是会议主持人。会议筹备组应下设两个小组:秘书小组与会务小组,前者主要负责文字宣传准备,后者主要负责除文字宣传以外的所有工作,即从会前的准备、会议开始的接待、会议中间的服务直至会后的送行等等。

2. 会务准备

会务准备工作由会务小组负责。会务准备的内容很多,主要有:

(1) 拟好会议通知。会议时间一般不应选择在重大节日和假日,因为这些日子是与会者的休息日。为了使会议参加者能对自己的工作做好安排,有的会议通知还应写明闭会时间。发会议通知要提前一定的时间,以便会议参加者有所准备。

(2) 安排好会场。会场的大小,要根据会议内容和参加者多少而定。会场的布置也要和会议的内容相称。座位的安排应根据会议的类型,选择半圆形会场排列或正方形、长方形、对称形、凹字形等座位排列。摆设方面,应根据会议类型摆设,烘托会议气氛。布置上还要注意颜色的明亮效果和花草、盆景的安排。

(3) 其他准备。根据会议的需要,决定会议是否需要组织参观、小型便宴等活动,并提前做好相应的准备。

(4) 做会务预算。会议的预算一般包括场地租用费、会场布置费、印刷品费、文书用品费、交通费、电话费、茶点饮料费、礼品费等。

(二) 会议组织礼仪

1. 工作性会议的组织与礼仪

工作性会议是指由不同方面的人聚集在一起为达成统一目标、得到统一结论而召开的会议。工作性会议的通知,应该写明会议的目的。如有必要,还需写明会上计划讨论的事项,以便会议参加者准备资料。会场应适于讨论。工作性会议主要是为讨论工作而召开的,如果会场太大、座位安排太疏散,则不易集中,因此,会场座位安排宜采用"圆桌形"。在工作性会议的进行过程中,有时需要对少数人的意见给予尊重,这是因为有时少数人的意见可能是正确的。

2. 例会的组织与礼仪

例会是指有固定时间、固定地点、固定人员参加的制度性会议。例会的内容主要是传递信息或讨论工作。例会是制度化的会议,一般不发通知和告示。因此,参加者应该准时赴会。如遇到特殊情况不能赴会,应请有关合适人员代为参加,或者事先请假,以免其他参会者无端等候。对例会的主持人来说,如有特殊情况要取消或者推迟会议,更要在事先通知有关人员,以免让很多人徒劳往返,浪费时间。座位安排应紧凑。通常,会议室正中间要设有圆桌或长桌,会议参加者应围桌而坐。坐的集中紧凑,便于会议参加者发言与倾听别人的发言。会议的时间不宜过长。在讨论工作时,也应抓住实质性的问题。

3. 报告会的组织与礼仪

报告会是指邀请某领导干部、专家学者或其他有关人员做专题报告的会议。报告会的礼仪,首先是选好报告人,举行报告会应在条件允许的情况下,选择与会议主题相关的造诣较高、体会较深、影响较大的人作为报告人。选定报告人后,举办者应将参加报告会的听众情况简要向报告人作介绍,并针对具体情况提出要求。这样便于报告人事先有针对性地做好准备工作,并对自己讲话的内容、范围、深浅程度有所了解。对报告人要以礼相待。对报告人的邀请、迎送及招待应周到、热情。报告人作报告时,会议主持人应在场作陪,并仔细倾听报告。

4. 座谈会的组织与礼仪

座谈会是指邀请有关人员参加交谈,讨论某个或某些问题,以达到沟通信息、联络感情的目的。座谈会的礼仪,首先是及时通知并说明内容。注明会议时间、地点、座谈内容,并且写上举办座谈会的单位或部门名称。在座位安排上,会议主持者最好是与会议参加者围圈而坐。开会时,主持者应事先讲明会议宗旨,以便参加者能有目的地积极思考如何发言。如果参加者与主持者互相不熟悉,主持者应先作自我介绍。有必要时也可请参加者互相介绍,以融洽会议气氛。为了使会议气氛活跃，可以鼓励大家发言。

5. 讨论会的组织与礼仪

讨论会是指就某一专门问题而召集有关人员参加探讨的会议，目的在于沟通信息、互通情况、求同存异，从而加深对探讨问题的认识。讨论会的礼仪，首先是适当控制会议规模。讨论会的规模可大可小，应视会议内容而定，应请与讨论问题有关的人士参加。不论是学术性的还是非学术性的讨论会，只有畅所欲言才能发现真知灼见。

（三）会后工作礼仪

1. 整理会议记录

会后必须对现场记录进行整理，以更正现场记录中由于紧张而造成的字迹不清、语言文字不规范等问题，保证会议记录的真实、清晰、准确、完整和规范，最后成为会议文件之一或编发会议报告的依据。

2. 安排与会人员离会

包括为与会人员结算钱款、回收需要保留的会议文件等，对于外地与会者，还应提前登记并代购返程车（船、机）票。

3. 会议文件的立卷归档

会议文件必须在会议结束后归入卷内，其排列顺序一般是会议通知、会议纪要、会议议题及有关文件。对修改过的文件，立卷时应将原稿放在前面，然后将修改稿依次排在后面。大型会议完整的会议案卷，应包括以下部分：会议正式文件，如决定、计划等；会议参阅文件；会议安排的发言稿；会议上的讲话记录；其他有关材料。

4. 会议新闻报道

重要会议往往要邀请记者到会。办公室或会务组应及时向新闻记者提出宣传会议精神的要求和建议。根据各种会议的不同情况，会议可发布新闻消息，或进行典型报道。新闻报道稿通常由会议工作人员与新闻记者共同编写，以示及时、准确地反映会议精神。新闻稿件在发布前应送领导人审核，以免出现差错。

5. 会务工作总结

这是会务工作的最后一件事，一般由会议领导人员召集会务人员和工作人员来进行，有时还要写出会务工作的总结报告。①

本 章 精 要

1. 酒店服务礼仪包括前厅服务礼仪、餐饮服务礼仪、客房服务礼仪。
2. 商业服务礼仪的要求是举止大方得体、语言文明礼貌、态度热情周到。
3. 涉外交往中的行为规范包括举止文明、谈吐优雅。
4. 教师形象礼仪包括教师仪态仪表、教师教态。教师教学礼仪规范包括教师语言和板书规范。
5. 公文礼仪的特点是格式固定化、行文关系化、辞章逻辑化。公文写作礼仪要求实事求是，讲求实效；依法办事，保证质量；按部就班，有条不紊。
6. 会议礼仪包括会议准备、会议组织、会后工作三个方面的规则。

---

① 王文华. 公关关系与商务礼仪[M]. 北京：中国物资出版社，2010.

即 测 即 评

一、单项选择题

1. 下列标准中,哪项不符合酒店热情服务中要求的三个一样的标准?(　　)
   A. 生人熟人一样　　　　　　　B. 本地外地人一样
   C. 内宾外宾一样　　　　　　　D. 点菜多寡一样

2. (　　)不符合接待生人熟人一样的基本要求。
   A. 一视同仁　　B. 热情服务　　C. 真诚相待　　D. 光接待熟人

3. (　　)是热情服务标准中,服务人员接待本地人和外地人的要求。
   A. 对外地人热情　　　　　　　B. 同样热情
   C. 对本地人热情　　　　　　　D. 对本地人关心备至

4. 在服务接待中,无论是内宾还是外宾都要做到(　　)热情服务。
   A. 买卖公平　　B. 追求卖点　　C. 追求高价　　D. 追求热卖

5. 协调得体的语言可以使宾客感到服务的(　　)相互配合,从而达到最佳的效果。
   A. 声、情、意、行　　　　　　B. 动、声、舒、便
   C. 声、舒、便、捷　　　　　　D. 舒、便、捷、情

6. 下列不属于西餐座次安排的是(　　)。
   A. 女士优先　　B. 以右为尊　　C. 背门为上　　D. 距离定位

7. 下列不属于教师礼仪的是(　　)。
   A. 穿着合适的衣服　　　　　　B. 文明用语
   C. 板书清晰　　　　　　　　　D. 优待成绩好的学生

8. 如果为与会外宾准备矿泉水作饮料,最好选择(　　)品牌。
   A. 国内新出的　　　　　　　　B. 有国际知名度的
   C. 价格便宜的　　　　　　　　D. 包装精致的

9. 作为会议的出席者,假如你对会议的议题毫无兴趣,而同时你手边还有很多其他工作等着你去完成,你将会(　　)。
   A. 在不打扰别人的情况下,不再听取会议议题内容,而是将其他工作拿到会议中进行处理
   B. 既不听取会议内容也不做其他的工作,开始睡觉
   C. 努力平和自己的心态,告诉自己既来之,则安之,参加会议多少都会有所收获,使自己静下心来继续听,甚至尝试着适当发表自己的观点
   D. 既不听取会议内容也不做其他工作,而是开始向邻座的人发牢骚,寻求共同感受

10. 在办公室里,员工用温和和商量的语气请假,这体现了政务礼仪中的(　　)原则。
    A. 认清主客场　　　　　　　　B. 尊重他人
    C. 适度　　　　　　　　　　　D. 真诚

11. 银行工作人员在收到客户填写的不清楚的个人信息表格时,(　　)。
    A. 应小声与客户交谈核对
    B. 大声与客户交谈核对
    C. 应请客户自己大声读出来核对
    D. 不核对直接凭自己猜测输入客户信息

12. 女性在商务交往中佩戴首饰时,应该注意到的有(　　)。
    A. 与众不同　　　B. 同质同色　　　C. 不能佩戴　　　D. 彰显价值
13. 女士跷二郎腿的坐姿是(　　)。
    A. 不符合规范,因为会显得草率而轻浮
    B. 男士可以,女士不可以
    C. 只要注意上边的小腿往回收,脚尖向下,女士也可以采用
    D. 可以和男士一样
14. 每逢得到帮助、承蒙关照、受到礼遇时,都应立刻向对方说(　　)。
    A. 再见　　　　　B. 谢谢　　　　　C. 失陪　　　　　D. 不客气
15. 下列哪些是不得正式赠予的礼品?(　　)
    A. 烟、酒　　　　B. 书画　　　　　C. 纪念章　　　　D. 产品模型

二、多项选择题

1. 当有发言者正在进行发言而你对其所述十分迷惑时,你不应该(　　)。
    A. 向坐在你旁边的与会者询问
    B. 直接向发言者提出自己的疑问
    C. 向其他与会者发牢骚,寻求共同的感受
    D. 把有疑问的地方记录下来,会下了解
2. 提问的最佳时机包括(　　)。
    A. 对方发言的间歇之时
    B. 对方发言中
    C. 对方发言结束之后
    D. 自己发言前后
3. 下列属于商业服务礼仪应该做到的是(　　)。
    A. 举止大方得体
    B. 语言文明礼貌
    C. 态度热情周到
    D. 熟人优先
4. 在会议过程中,当出现由于某种原因造成部分与会者对议题讨论情绪冷淡的情况时,身为会议主席你不应当(　　)。
    A. 不予理睬
    B. 采取一些措施对与会者进行激励,使会议气氛活跃起来
    C. 对于情绪冷淡的与会者直接提出批评
    D. 结束该议题的讨论
5. 公共场所吸烟应注意(　　)。
    A. 不在室内禁烟区吸烟
    B. 不在妇女儿童面前吸烟
    C. 不把烟雾喷向他人
    D. 不乱扔烟头、不乱弹烟灰
6. 如果你要宴请你的外国朋友吃饭,下列哪些事项不是你应该做的?(　　)
    A. 为了显得自己热情,只要是价格贵的菜就点,管他特色不特色

B. 宴请的朋友中有信奉印度教的,应避免点牛肉或者猪肉
C. 中餐的上菜顺序是:汤—肉类—蔬菜类—水果或者点心
D. 冬天宜选择红烧、红焖、火锅等为上;夏天宜选清蒸、清炒等为好

7. 掌握职场行为的技巧有(　　)。
　　A. 学会倾听,学会尊重　　　　　　B. 信任源于做的比说的好
　　C. 再简单的工作都需要注意细节　　D. 靠自己的行动来证实对职场的忠诚
8. 书写感谢信时应该注意的礼仪有(　　)。
　　A. 尽量用手写　　　　　　　　　　B. 用纸须慎重
　　C. 内容简洁　　　　　　　　　　　D. 感谢面广些
9. 洽谈的礼仪规范有(　　)。
　　A. 重视信誉,塑造组织形象　　　　B. 要以礼相待,坚持平等原则
　　C. 要讲究文明,注重谈话礼节　　　D. 要实事求是,注重提问方式
10. 在涉外公关交往中,以下哪些方面能够体现"遵时守约"?(　　)
　　A. 在非正式宴请如家宴,应提前15分钟到达
　　B. 不可轻易做出承诺,做出的承诺一定要做到
　　C. 在与日本和德国的商务交往中,尤其要注意强烈的时间观念
　　D. 因某种原因无法履行的承诺应及早向对方说明原因并道歉

三、判断题

1. 公务会议中的主持词不可涉及隐私、机密,需交由领导审阅。(　　)
2. 就餐中,一位女宾客不小心把菜汁洒到衣服上时,男服务员应迅速用湿毛巾给女宾客擦干净衣服。(　　)
3. 教师上课时经常需要使用粉笔,因此没有必要经常洗手而保持手部干净。(　　)
4. 服务人员对活泼型顾客要主动表现出乐于相知相助。(　　)
5. 客人对服务是否满意,是确定员工工作质量是否达到标准的一项重要依据。(　　)
6. 公务员谈话时,为了平易近人,尽可能使用方言。(　　)
7. 在欧美许多国家,两名同性不可同居一室。(　　)
8. 电子商务不需要注重写作能力。(　　)
9. 职场交谈不涉及私人问题。(　　)

思考与练习

一、思考题

1. 会议准备礼仪有哪些?
2. 公文礼仪的特点包括哪几个方面?
3. 简述教师教态礼仪。
4. 简述涉外交往的要求。

二、案例分析题

一次失败的拜访

中国某外贸公司总经理应美国合作方的要求到美国进行访谈,双方要讨论下一步的合作方案。到达美国之后,美方对中方提出的合作方案十分感兴趣,合作事宜基本确定,就等着签合同。等待合同期间,美国代表出于礼貌邀请该外贸公司总经理到他家里参加宴会,该

总经理欣然应邀,他也很想看看美国人的家里是什么样子。

到达美方代表家里之后,他开始了习惯性的中国式的谈话方式,为了拉近双方的距离,他一开始就问美国代表:你的脸色看起来不太好,是不是昨天晚上没有休息好?还详细追问是不是生病了,或是其他的原因,后来感觉到美方代表的脸色不是很好看才停口。为了表示自己的品位高他又问美方代表:你的房子装修得很漂亮,应该花了不少钱吧?

拜访结束后,美方代表说合同具体内容他还要仔细考虑一下,让总经理先回去等他的消息。这位总经理回去不久,美方代表就派人通知总经理取消合同。理由是美国代表觉得这位总经理不尊重他,对总经理的合作诚意产生了怀疑。

根据以上背景资料,请分析:

1. 这次合作为什么会失败?
2. 中方外贸公司总经理有何过错?

三、小练习

练习内容:如果你是一名教师,给你15分钟的时间,给同学们上一次课。

练习目的:掌握教师职业礼仪规则。

练习要求:熟练掌握教师教学仪表仪态、教师教态。

练习组织:分组讨论并备课,每组选出一名代表上台讲课,15分钟内完成。上交小组合作的讲稿,同学之间互相点评,教师点评。

思考:为什么良好的教师礼仪是一名合格人民教师必须掌握的基本技能?

延 伸 阅 读

1. 阎芳.高校教师形象礼仪在教学中的正能量传递[J].太原师范学院学报(社会科学版),2013(4).

2. 栾凤.关于提升公务员公众形象礼仪的策略研究[J].渤海大学学报,2016(2).

3. 葛雅兰.浅议青年公务员的形象礼仪[J].中共乐山市委党校学报,2017(3).

即测即评答案

一、单选题

1. D 2. D 3. B 4. A 5. A 6. C 7. D 8. B 9. C 10. B
11. A 12. B 13. A 14. B 15. A

二、多选题

1. ABC   2. ACD   3. ABC   4. ACD   5. ABCD
6. ABC   7. ABCD   8. ABCD   9. ABCD   10. ABCD

三、判断题

1. √   2. ×   3. ×   4. √   5. √
6. ×   7. √   8. ×   9. √

思考与练习参考答案

一、思考题

1. 会议筹备组的建立,会务准备,包括拟好会议通知、安排好会场、其他准备、做会务预算。

2. 格式固定化,行文关系化,辞章逻辑化。

3. 教师教学时,通常应保持站立姿势。要做到直立、挺胸、收腹、梗颈,给人以端正、稳重、自然、亲切之感。面部表情是内心感情的重要表现,双唇紧闭反映沉思,双唇弯曲表示怀疑或嘲笑,但在面部表情中最能表情达意的就是微笑。

4. 涉外交往的行为、服饰、宴请。

二、案例分析题

1. 外贸公司总经理到达对方家中的表现不符合国外的礼节。

2. 他一开始就问美国代表的脸色。接着讨论房子装修很漂亮,房子的装修费用。在涉外交往中一定要尊重他们的礼仪规则。

第三单元
公关与礼仪实训

第十三章 公关能力实训

第一节 公关能力实训的作用和意义

一、实训的作用

公共关系学是一门实践性非常强的应用型学科,因此在课程教学中要突出实训。公关实训的主要目的就是促进学生对本课程基础理论的理解,强化学生的实际动手能力和创新能力,强化能力与素质的培养,有效地指导学生把理论知识运用于实践,提高学生的整体素质,树立公关意识,掌握基本的公关原理和方法,拥有一定的公关策划能力、协调关系能力和交际能力;能以良好的个人风貌得体地与人交往,成为学习、交往、沟通、求职的向导。

二、实训的意义

现代社会是一个开放的社会,无论你从事什么样的职业,都需要具备一定的公关能力。公关能力表现为一个人在社交场合的介入能力、适应能力、控制能力以及协调能力等等。良好的公关能力是现代社会生活中人的重要素质之一。

公关实训的意义就在于它能够通过各种公关技能的训练,培养学生的公关能力,提高学生的社会适应性。公关能力主要包括以下方面:

(1) 组织管理能力。公共关系人员要经常组织各种类型的公共关系活动,因此,必须具备较强的组织管理能力,它主要表现在落实和实施公共关系计划、方案过程中所需的组织与指挥控制能力,也就是执行方案的落实能力。

(2) 收集、处理信息的能力。信息传播是公关的主要内容,要提供符合公众需求的信息并为社会组织进行科学决策提供依据,公关人员必须具备收集、处理信息的能力。

(3) 社交、宣传能力。为了广结善缘,争取公众的理解和支持,公关人员必须具备进行交往、联络公众的社交能力,以及必要的宣传表达能力。

(4) 应变、创新能力。应变能力能够使公关人员面临公关危机时保持清醒的头脑;只有不断创新,运用新颖的方法和方式,才能不断满足公众求新、求变的心理需求。

第二节　公关能力实训的要求

一、实训方法

本教材采取的实训方法主要是创设情景，模拟公关角色，解决"实际问题"。

在教学中要注意以下几个方面：

首先，尽可能设置具体周密的模拟情境。有时甚至可利用大家都熟悉的真实场景，让学生能把握并充分利用教师给出的各种条件和因素，真正进入模拟的公关角色。如模拟危机公关时，可以把同学分成若干小组，由他们自己确定公关人员、消费者和媒体记者，教师只负责引导即可。

其次，每位学生都要有参与的机会，尽可能发挥学生的特长。如小型新闻发布会的模拟，可以选择在公关实训室进行，以学院活动或某一事件作为新闻发布主题。又如公关调查的训练，不必要求每位学生都提交一份公关计划书，而应划定若干组，由每组推举或指定一位负责人，在分工合作的基础上完成实训。

再次，根据教学内容的不同可采用多种形式。例如，在角色模拟中，可灵活运用分析研究、设计方案或提出问题等形式，以培养和锻炼学生的表演、演讲、应变等多种能力。

最后，还应结合公关理论对学生的模拟过程进行分析和评判，进一步加深学生对理论的认识与理解，并促使他们加强课外阅读，补充课外知识。

二、实训流程

（1）所需实训物品的准备。
（2）教师讲解实训要点。
（3）学生进行模拟练习。
（4）老师进行实训总结。
（5）学生完成实训报告。

三、实训评价评分表（表 13.1）

表 13.1　实训项目评价评分表

考评人		被考评人（组）	
考评地点		考评时间	
考评内容（实训项目名称）			

考评人		被考评人（组）	
考评标准	内容	分值（分）	评分（分）
	实训前准备工作充足	20	
	实训组织完善，效率高	20	
	实训中配合好，效果佳	30	
	实训程序规范	20	
	实训报告符合要求	10	
	合计	100	

第三节　公关能力实训项目

实训项目一　公共关系调查的组织与实施

一、实训目的

通过调查活动的组织与实施，使学生能够锻炼实践操作技能和动手能力，提升学生的组织能力和协调能力。

二、实训内容

为了了解大学生对其所在高校食堂用餐及服务的状况，打算进行一次食堂满意度调查，需要制订一个调查方案，并根据调查方案来组织实施调查活动。试根据所在高校食堂的情况制订一个调查方案，并根据调查方案实施有效的调查活动，撰写食堂调查报告。

三、实训步骤与要求

第一步：制订调查方案。调查方案应包括：调查目的、调查对象、调查项目、调查提纲、调查问卷、调查的时间与地点、调查计划、调查研究的方法、调查预算等。

第二步：设计调查方法。常用的调查方法有观察法、访谈法、文献调查法和问卷调查法。本实训场景主要应用问卷调查法调查。

第三步：调查活动的组织与实施。主要是搜集调查资料和处理调查结果。

（1）学生每5～8人为一组，小组成员分工合作，开展公共关系调查。

（2）根据调查方案的步骤有序组织与实施调查。

（3）选择调查场所，发放调查问卷，搜集资料。

（4）统计、汇总调查数据，分析调查结果。

（5）以小组为单位写出调查报告，注明具体分工。

四、实训小结

（1）每组制作PPT汇报调查情况与调查结果。
（2）教师点评各组实训结果并进行考核评定。

实训项目二　新闻发布会的组织

一、实训目的

通过训练,能准备有关新闻发布资料,能联络新闻发布会场事宜并接待媒体现场采访;能了解和掌握新闻发布会的程序及礼仪。

二、实训内容

某省高校要召开一次"校园歌手大奖赛",为发动全省各高校的在校大学生踊跃参加,特召开一次新闻发布会。假如由你来组织这次新闻发布会,你该如何组织呢?

三、实训步骤与要求

第一步:说明本次实训的内容及模拟场景。
第二步:把全班同学分成三组。一组担任新闻发布会的组织工作;一组作为新闻发布组,负责新闻发布;一组作为媒体组,负责向新闻发布组提问。
第三步:进行新闻发布会的组织工作。主要包括:确定被邀请记者的范围、时间和场所、主持人与发言人、发言材料与布置会场、经费预算和发布会后的活动安排及搜集有关新闻报道等。
第四步:新闻发布组要对人员进行分工,确认各自担任的角色以及围绕主题新闻发布的内容,提前准备发言稿以及答记者问的相关资料。
第五步:媒体组主要是讨论和准备好向新闻发布组的提问提纲。
第六步:模拟新闻发布会的举办。
（1）提前做好新闻发布会的准备工作。
（2）按要求布置新闻发布会场。
（3）记者入场,组织者进行接待,包括发放资料、签到及安排座位。
（4）按程序实施新闻发布会。
（5）新闻发布会十分强调礼仪规范,其核心是"诚"——举办单位要真诚地面对新闻记者,坦诚地公布与组织机构相关的信息。涉及新闻发布会的相关知识及应遵循的礼仪参见本教材的有关章节。

四、实训小结

（1）教师要就训练过程中出现的问题进行及时处理,并做分析和总结。
（2）教师点评各组实训表现并进行考核评定。

实训项目三　庆典活动的组织与实施

一、实训目的

通过实训,使学生能够掌握各种庆典活动的类型及注意事项,并能够熟练地组织和协调各种类型的庆典活动,锻炼实际操作能力。

二、实训内容

你所在的学校要组织××周年校庆活动,请你为其策划活动主题,制订庆典活动方案,并承担庆典活动的组织实施工作。

三、实训步骤与要求

第一步:校庆典礼的准备。主要包括典礼前的宣传工作、典礼的开幕词、拟定典礼议程、发放请柬邀请来宾、场地布置、准备相关物品和安排接待等。

第二步:模拟典礼的流程。学生分组模拟典礼活动,每5~8人为一组,在模拟过程中要按照规范的程序和要求来进行模拟。

（1）迎宾。安排好负责人和迎宾人员在规定的位置门口等候来宾的光临。按照事先安排的规则有礼貌地引导来宾入场、安排座次,并给予规范的服务。

（2）主持人宣布典礼开始,奏国歌。

（3）致开幕词。

（4）嘉宾致贺词。

（5）参观校园。

四、实训小结

（1）教师要注意过程引导,调动学生的积极性。

（2）教师要精心组织,保证课堂实训的效果。

实训项目四　危机公关

一、实训目的

通过实训,使学生能够应对各种危机,并灵活运用各种技巧,化解危机,协调矛盾,通过实训提高学生的随机应变能力和分析问题、解决问题的能力。

二、实训内容

有人投诉本公司产品含有危害人体健康的物质,并威胁如果不给予解决将要向媒体曝光。如果你是公关部的经理,该如何来应对这场危机?

三、实训步骤与要求

第一步：在老师的指导下分组，拟订活动方案并选好自己扮演的角色；通过模拟实训，以当场表演的形式掌握危机公关程序与技巧。

第二步：精心准备，妥善安排，全班同学分成两组，轮流扮演组织和公众，并要提前进行预演。

第三步：现场模拟。电话铃响，有人投诉本公某产品含有危害人体健康的物质，并威胁如果不给予解决将要向媒体曝光。负责接听电话的学生要能够灵活应对。

第四步：组织成立危机管理小组，制定危机对策，采取措施，控制事态发展。

第五步：对危机进行调查（事件产生的原因、涉及的公众对象、对企业的形象影响等），提出危机公关管理方案。

第六步：落实危机公关工作步骤，全面开展危机公关工作。

第七步：制定危机解决后的重塑形象工作计划。

四、实训小结

（1）可以由学生组成评审团，评定和分析情景模拟过程。

（2）教师进行实训点评；学生撰写实训报告。

第十四章　现代礼仪实训

第一节　现代礼仪实训的作用和意义

一、实训的作用

现代礼仪可以帮助人们在日常沟通、协调、维护、教育等方面起到一定的作用。礼仪是人与人之间的"桥梁",因而交往双方的感情才能得到沟通,从而人们之间的交往得以成功,进而人们从事的各种事业得以发展。用礼作为维持人际关系的准则,意在用"和"来调节人际关系。通过学习现代礼仪实训课程,让同学们初步掌握礼仪的一般原理,掌握现代礼仪的基本知识和基本技能,并建立相应的知识框架,以便能够在将来的实际工作中逐步把握现代礼仪的内在规律,更好地为社会和国家的发展服务,为其他课程的学习奠定一个理论和实践基础。

二、实训的意义

礼仪教育是人生的第一课,礼仪必须通过学习、培养和训练,才能成为人们的行为习惯。每一位社会成员都有义务和责任,通过学习礼仪、传承礼仪,自然而然地成为这个民族和团体的一员。个人文明礼仪一旦养成,必然会在社会生活中发挥重要的作用。

第二节　现代礼仪实训的要求

一、实训方法

现代礼仪实训课程的基本要求是通过实训能够使学生在进入社会之前把所学的专业知识应用到相关领域,培养其发现问题、分析问题和解决问题的综合能力和良好的职业素养,从而在毕业后能更好地符合社会需求,并尽快地适应实际工作环境。现代礼仪课程实训教学要求在教学中有新的方法、新的观念和理念;实行两种教学方法:一是案例分析教学,一是互动教学方法;把握三个重点:礼仪基本原理、礼仪常识、职场礼仪创新;联系四个实际:国内外实际礼仪问题联系、企业成功实际案例联系、学校实际情况结合、个人实际情况符合。

一是通过案例分析的教学,让同学们掌握有关职场礼仪行为,学习职场礼仪的先进活动等,提高分析问题和解决问题的能力。

二是通过角色模拟的教学,使同学们能够运用所学知识和理论对特定的现象或问题加以分析和综合,自主分析与决策,提高实际决策的技能。

三是通过小组讨论、展示,锻炼学生的语言表达能力,提高学生的综合分析能力。

二、实训流程

(1) 所需实训物品的准备。
(2) 教师讲解实训要点。
(3) 学生进行模拟练习。
(4) 老师进行实训总结。
(5) 学生完成实训报告。

三、实训评价评分表(表14.1)

表14.1 实训项目评价评分表

考评人		被考评人(组)	
考评地点		考评时间	
考评内容 (实训项目名称)			
考评标准	内容	分值(分)	评分(分)
	实训前准备工作充足	20	
	实训组织完善,效率高	20	
	实训中配合好,效果佳	30	
	实训程序规范	20	
	实训报告符合要求	10	
	合计	100	

第三节 现代礼仪实训项目

实训项目一 形象礼仪

一、实训目的

通过训练,使学生掌握仪容、服饰、站姿、坐姿、走姿、表情、手势等礼仪要求,掌握西装穿着规范、领带的系法及服饰的搭配,掌握女性职业淡妆的化妆技巧。

二、实训内容

举办一次"形象大使大赛",发动班级每位同学参与。作为参赛同学,你将如何为此次比赛设计自身的形象呢?

三、实训步骤与要求

第一步:教师介绍本次实训的内容。
第二步:教师示范讲解仪表、仪容、正式场合着装礼仪规范。
第三步:观看相关视频。
第四步:全班同学分成5人/组,以小组为单位上台演示。
(1) 男生穿西装、系领带;女生穿职业装,化职业淡妆。
(2) 熟练掌握几种领带的打法。

四、实训小结

(1) 小组同学间互相评议当天的仪容、着装是否规范及服饰搭配是否协调。
(2) 教师最终做出统计和效果综合评价。
(3) 每位学生以书面形式提交实训报告。实训报告的主要内容是:通过本实验,谈谈自己本次实训的收获,可以突出对某一方面的理解。

实训项目二　交往礼仪

一、实训目的

通过训练,使学生掌握见面的各种基本要求与操作标准。通过对问候、握手、鞠躬、递送名片的训练,提高学生的礼仪修养。

二、实训内容

你所在的学校要举办一次大型的招聘会,你作为接待人员,在接待参会单位人员时如何恰当与对方交往呢?

三、实训步骤与要求

第一步:教师介绍本次实训的内容。
第二步:教师示范讲解问候、握手、鞠躬、递送名片的礼仪规范。
第三步:观看相关视频。
第四步:全班同学分成2人/组,进行握手、鞠躬、递送名片的练习,注意时间、方法、顺序及问候语言。以小组为单位上台演示。
(1) 握手:注意方式,两人相距约1步,上身稍向前倾,伸出右手,拇指张开,4指并拢,手掌相握。时间不宜过长。年长者与年幼者、女士与男士、已婚者与未婚者、上级与下级、主人与客人,应由前者先伸出手,后者再相握。
(2) 鞠躬:立正站好,保持身体端正,距受礼者2~3步。双手放在身体两侧或在身体前搭好,面带微笑,上身前倾,幅度越大则表示对受礼者越尊敬(30度、45度、90度鞠躬礼),同时问候。受礼者应以与施礼者的上体前倾幅度大致相同的鞠躬还礼。

(3) 递送名片：递送名片时，要把名片的正面朝向对方，口头上应有所表示，可说"请多关照"之类的礼貌用语。接受名片时，应双手或右手接，并点头致谢，接受后要认真看一遍。

四、实训小结

(1) 小组同学间互相评议问候、握手、鞠躬、递送名片是否符合礼仪规范。
(2) 教师最终做出统计和效果综合评价。
(3) 每位学生以书面形式提交实训报告。实训报告的主要内容是：通过本实训，谈谈自己本次实训的收获，可以突出对某一方面的理解。

实训项目三　中餐宴请

一、实训目的

通过训练，使学生熟悉宴会餐具的摆放，使用规则，掌握中餐用餐礼仪。

二、实训内容

学校举办校庆活动，你的任务是在宴请校友的酒店做好中餐服务工作。为了顺利完成本次工作，你应该怎么做呢？

三、实训步骤与要求

第一步：教师介绍本次实训的内容。
第二步：教师示范讲解餐具摆放、座次安排、使用餐具、进餐礼仪规范。
第三步：观看相关视频。
第四步：全班同学分成5人/组，以小组为单位进行演示。
(1) 餐具摆放：中餐餐具主要有骨碟、筷子、筷架、勺垫、汤勺、饮具、餐巾等。所有餐具不允许用手直接拿取，需要用托盘盛装餐具摆台。餐具应该摆放有序，其他辅助物品及器具也应该摆放整齐，位置得当。
(2) 座次安排：按照礼仪规范合理地安排好宾主的席位。
(3) 进餐礼仪：符合中餐进餐习惯，尊重习俗，举止文明。

四、实训小结

(1) 小组同学间互相评议餐具摆放、座次安排、使用餐具、进餐礼仪是否符合规范。
(2) 教师最终做出统计和效果综合评价。
(3) 每位学生以书面形式提交实训报告。实训报告的主要内容是：通过本实训，谈谈自己本次实训的收获，可以突出对某一方面的理解。

实训项目四　电　话　礼　仪

一、实训目的

让学生通过电话交流,体验电话礼仪的一般规则和基本程序,了解电话礼仪的技巧和禁忌。

二、实训内容

情景设计:要与实际生活、工作内容相吻合,既包括日常生活内容(如家人之间、朋友之间),又包括工作内容(如同事之间、上下级之间、客户之间)。

三、实训步骤与要求

第一步:教师介绍本次实训的内容。
第二步:教师示范讲解接打电话规范。
第三步:观看相关视频。
第四步:全班同学分成 2 人/组,以小组为单位进行演示。
(1) 通话内容:要遵循尊重、礼貌等原则。语言应当简洁、明了、文明。
(2) 通话语言:声音应当清晰而柔和,吐字应当清楚,句子应当简短,语速应当适中,语气应当亲切、和谐、自然。
(3) 通话时间:一般不宜过长,根据与对方关系的亲疏选择合适的通话时间。

四、实训小结

(1) 小组同学间互相评议电话礼仪是否符合规范。
(2) 教师最终做出统计和效果综合评价。
(3) 每位学生以书面形式提交实训报告。实训报告的主要内容是:通过本实训,谈谈自己本次实训的收获,可以突出对某一方面的理解。

实训项目五　会　议　服　务

一、实训目的

通过训练,掌握会议组织工作的基本要求和一般程序,熟悉会议筹备方案的主要内容,注重会议组织分工协调的重要性,熟悉会议材料的基本种类及要求。掌握会议组织的全方位内容。掌握会议期间的组织、协调、服务工作的基本要求。

二、实训内容

举办一次"就业指导专题研讨会",作为会议的组织者,为了保证本次研讨会的顺利举办,你应该做好哪些工作呢?

三、实训步骤与要求

第一步:教师介绍本次实训的内容及模拟情景。
第二步:教师示范讲解会议相关内容的规范。
第三步:观看相关视频。
第四步:全班同学设置情景并分成组,设定上级领导若干人、来宾若干人、会务组若干人、礼仪服务组若干人。以小组为单位进行演示。

(1) 会前布置、准备:议题及会议方案审核。会场布置,座位牌制作与摆放,会场环境布置等。

(2) 会议组织控制:会议主持人的确定与表演,注意语言表达和应变协调等。小组发言人角色扮演。

(3) 会务服务与材料整理:材料发放规范,包括方位、顺序、姿势、用语等。茶水服务,礼仪训练。会议记录。

四、实训小结

(1) 小组同学间互相评议会议服务礼仪是否符合规范。
(2) 教师最终做出统计和效果综合评价。
(3) 每位学生以书面形式提交实训报告。实训报告的主要内容是:通过本实训,谈谈自己本次实训的收获,可以突出对某一方面的理解。

实训项目六　应聘礼仪

一、实训目的

了解应聘过程,熟悉简历制作,掌握应聘技巧,培养学生招聘工作的能力,培养与训练学生应聘的能力与心理素质。

二、实训内容

某公司召开招聘会,作为招聘方或者应聘方应该做哪些准备呢?

三、实训步骤与要求

第一步:教师介绍本次实训的内容及模拟情景。
第二步:教师示范讲解应聘相关内容的规范。
第三步:观看相关视频。
第四步:全班同学分为4个组,2个组担任招聘方,2个组担任应聘方,以公司为单位组织招聘活动。

(1) 招聘方公司要制订招聘计划,包括招聘目的、招聘岗位、聘用条件、招聘程序等,特别是聘用的决定办法。

(2) 应聘方学生要制作简历或者应聘演讲稿,一定要体现出应聘者的竞争优势。

(3) 模拟招聘场景,根据招聘公司的战略发展计划建立相应的组织结构和部门,公司招聘由人力资源部经理主持,公司成员均为招聘组成员,制定招聘程序,公司根据每个应聘者的综合表现决定是否聘任。

四、实训小结

(1) 小组同学间互相评议招聘或应聘礼仪是否符合规范。

(2) 教师最终做出统计和效果综合评价。

(3) 每位学生以书面形式提交实训报告。实训报告的主要内容是:通过本实训,谈谈自己本次实训的收获,可以突出对某一方面的理解。

参 考 文 献

[1] 卡特里普,森持. 公共关系教程[M]. 明安香,译. 北京:华夏出版社,2001.
[2] 里杰斯特. 危机公关[M]. 陈向阳,等译. 上海:复旦大学出版社,1995.
[3] 李秀忠,曲延春. 公共关系原理与实务[M]. 北京:人民邮电出版社,2017.
[4] 乜瑛. 公共关系学[M]. 杭州:浙江大学出版社,2017.
[5] 黄禧祯,刘树谦. 公共关系学通用教程案例集[M]. 北京:理工大学出版社,2012.
[6] 张雷. 公共关系学派:一种广域的视野[M]. 杭州:浙江大学出版社,2013.
[7] 徐美恒. 公共关系学[M]. 天津:天津人民出版社,2015.
[8] 李明华,夏慧夷. 公共关系学[M]. 长春:吉林人民出版社,2015.
[9] 张岩松. 公关与礼仪[M]. 大连:东北财经大学出版社,2012.
[10] 陶稀. 公共关系礼仪[M]. 上海:华东师范大学出版社,2014.
[11] 陈丽清. 公共关系管理[M]. 北京:电子工业出版社,2015.
[12] 蔡炜. 公共关系学[M]. 上海:华东理工大学出版社,2014.
[13] 熊源伟. 公共关系学[M]. 合肥:安徽人民出版社,2000.
[14] 居延安,等. 公共关系学[M]. 上海:复旦大学出版社,2013.
[15] 陶应虎. 公共关系原理与实务[M]. 北京:清华大学出版社,2015.
[16] 周华. 公共关系学实用教程[M]. 北京:北京大学出版社,2015.
[17] 范徵,潘红梅. 公共关系学:组织形象管理的学问[M]. 北京:高等教育出版社,2014.
[18] 谭昆智. 公关原理与案例剖析[M]. 北京:清华大学出版社,2015.
[19] 张兴杰. 网络时代危机公关手册[M]. 武汉:武汉大学出版社,2012.
[20] 王培才. 公共关系理论与实务[M]. 北京:电子工业出版社,2014.
[21] 徐白. 公关礼仪教程[M]. 上海:同济大学出版社,2013.
[22] 金正昆. 公关礼仪[M]. 北京:中国人民大学出版社,2003.
[23] 刘晖,刘丽君,郭宾雁. 公共关系理论与实务[M]. 北京:机械工业出版社,2012.
[24] 崔景茂. 新编公共关系教程[M]. 北京:高等教育出版社,2010.
[25] 孙光磊. 公共关系原理与实务[M]. 北京:清华大学出版社,2012.
[26] 倪东辉. 公共关系策划[M]. 合肥:中国科学技术大学出版社,2011.
[27] 张践. 公共关系学[M]. 北京:中国人民大学出版社,2011.
[28] 薛可,余明阳. 公共关系学:战略、管理与传授[M]. 北京:科学出版社,2010.
[29] 黄忠怀,邓宏武,张堃. 公共关系学[M]. 上海:华东理工大学出版社,2010.
[30] 丁桂兰. 公共关系学[M]. 武汉:华中科技大学出版社,2012.
[31] 中国公共关系网编委会. 2013最具公众影响力公共关系案例集[M]. 北京:企业管理出版社,2013.

[32] 白巍. 公关论[M]. 北京:中国经济出版社. 2009.
[33] 奥利弗. 战略化公共关系[M]. 李志宏,译. 北京:中国市场出版社,2008.
[34] 孟建. 中国公共关系发展报告(2007—2008)[M]. 上海:复旦大学出版社,2008.
[35] 孙迎光,韩秀景. 组织形象塑造:现代公共关系理论与实践[M]. 上海:上海三联书店,2009.
[36] 胡锐. 现代礼仪教程[M]. 杭州:浙江大学出版社,2013.
[37] 秦勇,李东进. 现代广告学[M]. 北京:清华大学出版社,2013.
[38] 谭昆智,等. 人际关系学[M]. 北京:首都经济贸易大学出版社,2007.
[39] 何修锰. 现代公共关系学[M]. 上海:复旦大学出版社,2011.
[40] 吴国章. 公共关系原理与实务[M]. 北京:北京理工大学出版社,2009.
[41] 蒋楠. 公共关系原理与实务[M]. 北京:科学出版社,2011.
[42] 司爱丽,王样武. 公共关系实用教程[M]. 北京:机械工业出版社. 2011.
[43] 王伟娅. 公共关系论[M]. 大连:东北财经大学出版社,2010.
[44] 牛海鹏. 公共关系[M]. 北京:中国人民大学出版社,2011.
[45] 张岩松. 现代公共关系案例教程[M]. 北京:清华大学出版社,2001.
[46] 任正臣. 公共关系学[M]. 北京:北京大学出版社,2011.
[47] 余禾. 公共关系学[M]. 成都:西南交通大学出版社,2010.
[48] 方丽萍. 青少年实用礼仪[M]. 合肥:合肥工业大学出版社,2013.
[49] 李霞. 社交礼仪[M]. 北京:北京大学出版社,2013.
[50] 庄磊. 商务礼仪[M]. 西安:西安交通大学出版社,2014.
[51] 吕艳芝. 银行服务礼仪标准培训[M]. 北京:中国纺织出版社,2014.
[52] 全球品牌网. http://www.globrand.com/special/prcases/.
[53] 中国公关网. http://www.Chinapr.com.cn/.
[54] 中国公共关系协会. http://www.Cpra.org.cn/.